BLUE BOOK

智库成果出版与传播平台

权威·前沿·原创

皮书系列为

“十二五”“十三五”国家重点图书出版规划项目

驾培行业蓝皮书

BLUE BOOK OF
CHINA'S DRIVER TRAINING INDUSTRY

中国驾培行业发展报告
（2020）

ANNUAL REPORT ON CHINA'S DRIVER TRAINING INDUSTRY
(2020)

中国交通运输协会驾驶培训分会
趣学车安全驾驶研究院
主　编／刘治国　刘伟俊
副主编／熊燕舞　秦　磊　胡小婧

社会科学文献出版社
SOCIAL SCIENCES ACADEMIC PRESS (CHINA)

图书在版编目(CIP)数据

中国驾培行业发展报告. 2020 / 刘治国, 刘伟俊主编. -- 北京 : 社会科学文献出版社, 2020.7
（驾培行业蓝皮书）
ISBN 978-7-5201-6791-8

Ⅰ. ①中… Ⅱ. ①刘… ②刘… Ⅲ. ①汽车驾驶员-培训-研究报告-中国-2020 Ⅳ. ①U471.3

中国版本图书馆CIP数据核字（2020）第102665号

驾培行业蓝皮书
中国驾培行业发展报告（2020）

主　　编 / 刘治国　刘伟俊
副 主 编 / 熊燕舞　秦　磊　胡小婧

出 版 人 / 谢寿光
组稿编辑 / 陈凤玲
责任编辑 / 陈凤玲　宋淑洁

出　　版 / 社会科学文献出版社 · 经济与管理分社（010）59367226
地址：北京市北三环中路甲29号院华龙大厦　邮编：100029
网址：www.ssap.com.cn
发　　行 / 市场营销中心（010）59367081　59367083
印　　装 / 三河市东方印刷有限公司

规　　格 / 开　本：787mm×1092mm　1/16
印　张：16.75　字　数：247千字
版　　次 / 2020年7月第1版　2020年7月第1次印刷
书　　号 / ISBN 978-7-5201-6791-8
定　　价 / 168.00元

《中国驾培行业发展报告（2020）》指导委员会

主　　任　李　华　中国交通运输协会副会长兼驾驶培训分会会长，交通运输部公路局原局长

副 主 任　李志强　交通运输部安全与质量监督司原司长，中国交通运输协会驾驶培训分会副会长

俞卫江　交通运输部路网中心原副主任，中国交通运输协会驾驶培训分会副会长

成　　员　张柱庭　交通运输部管理干部学院发展研究中心主任、教授，中国交通运输协会驾驶培训分会专家委员会副主任

黄新宇　湖南省道路运输管理局副局长

谢伏娅　中国交通运输协会工作部主任

范　立　中国交通运输协会驾驶培训分会专家委员会副主任

姜占峰　人民交通出版社信息技术总监

牛文江　中国交通通信信息中心国交信息股份有限公司总经理

张燕晨　北京海淀驾校校长，中国交通运输协会驾驶培训分会常务副会长

吴　昊　昊羽咨询 CEO，《SaaS 创业路线图》作者，纷享销客天使投资人、前执行总裁

《中国驾培行业发展报告（2020）》
编　委　会

何晓平　中国交通运输协会驾驶培训分会专家，湖南鸿运驾培玉林驾校执行校长

何雪莲　中国交通运输协会驾驶培训分会副会长，深圳深港驾培集团深港学院院长

胡　煜　趣学车安全驾驶研究院研究员

冷若冰　中国交通运输协会驾驶培训分会理事，云南省昭通市机动车驾驶员职业技术学校党支部书记、董事长

李　茜　河南省驾培行业协会会长，驰诚集团总经理，华中科技大学工商管理硕士研究生

李珠峰　趣学车安全驾驶研究院研究员，趣学车人力行政部负责人

刘　彬　趣学车安全驾驶研究院研究员，驾多多学院负责人

刘　辉　天津五八驾考信息技术有限公司驾校运营总监

刘俊利　山东交通学院机动车驾驶培训中心总工程师，高级工程师

刘文海　北京德行科技有限公司 CEO

罗建忠　中国交通运输协会驾驶培训分会理事，重庆西南驾培集团董事长

孟　虎　中国交通运输协会驾驶培训分会专家，中国交建智能交通研发中心研发主管

祁贤俊　安徽军源科技有限公司副总经理

束龙友　安徽省驾培行业协会秘书长

田岚岚　安徽省蚌埠市公路运输管理处教育培训科科长，经济师

王常香　中国交通运输协会驾驶培训分会副会长，安徽

省驾培行业协会副会长，合肥八一驾校执行校长

王德清　趣学车安全驾驶研究院研究员

邢海燕　中国交通运输协会驾驶培训分会副会长，河北省燕赵机动车驾驶员培训有限公司董事长

徐小灵　中国交通运输协会驾驶培训分会副秘书长，北京海淀驾校副校长

许　梦　趣学车安全驾驶研究院研究员

张弟宁　南京驾培行业协会秘书长

赵　健　广东三网一车科技有限公司战略投资总监

赵　昕　趣学车安全驾驶研究院研究员

钟鸿峰　趣学车安全驾驶研究院研究员

周　胜　江西赣州华坚驾校校长，赣州市作协会员

序　一

习近平总书记指出，未来 10 年，将是世界经济新旧动能转换的关键 10 年。[①] 当前，我国经济已由高速度增长阶段转向高质量发展阶段，正处在转变发展方式、优化经济结构、转换增长动能的攻关期。中国经济已经开启换挡模式，中国的驾培行业也不例外，正处于新旧动能转换、迈向高质量发展的关键历史时期。

时光荏苒，岁月前行，我们走过了 2019 年，迎来了非常不平凡的 2020 年。"十三五"即将收官，"十四五"已在眼前。世界正在发生百年未有之大变局，国际贸易摩擦加剧，新冠肺炎疫情蔓延，世界经济下行风险加大，而信息技术革命和人工智能仍在深入发展，我国驾培行业的经营环境风起云涌，变中有机，危中有安。然凡事预则立，不预则废，机会永远属于有准备者。欲高质量发展，必洞察环境、未雨绸缪，提前筹划、掌控先机。

2019 年 9 月 19 日，中共中央、国务院印发了《交通强国建设纲要》，要求各地区各部门结合实际认真贯彻落实。建设交通强国是以习近平同志为核心的党中央立足国情、着眼全局、面向未来做出的重大战略决策，是新时代做好交通工作的总抓手。《交通强国建设纲要》作为建设交通强国的顶层设计和系统谋划，对我国交通安全文明的传播与驾驶培训考试工作也将产生重大的影响。

---

① 《习近平：顺应时代潮流　实现共同发展——在金砖国家工商论坛上的讲话》，人民网，http://cpc.people.com.cn/n1/2018/0726/c64094-30170246.html，2018 年 7 月 25 日。

新旧动能转换、交通安全文明的传播，离不开具有社会责任感的驾校的担当，离不开驾培行业的创新发展。而提升价值链、延伸服务链、整合产业链，开展品牌经营、精细化管理、价值观塑造是促进驾校转型升级的重要支撑和实施路径。如何引导更多的驾校担当社会责任，培养文明交通需要的驾驶人，推动行业持续健康发展，是驾培行业的重要使命和重大责任。

为了及时反映我国驾培市场的最新形势，分析驾培行业发展的问题和趋势，给决策部门、行业机构及社会各界提供决策和咨询参考，自2017年以来，中国交通运输协会驾驶培训分会每年编撰发布《中国驾培行业发展报告》。

《中国驾培行业发展报告》是行业年度报告，坚持“做行业发展事件的记录者、做行业发展动态的观察者、做行业发展方向的思考者、做行业发展进步的助推者”，以“新鲜的事实、冷静的判断、应景的选题、有效的方案”，多角度全方位展示对中国驾培行业的系统总结、客观分析和发展展望。《中国驾培行业发展报告（2020）》是第四部，由两篇总报告和12篇专题报告组成，从行业宏观走向和业务微观发展的维度，全面、深入、客观地反映了2019~2020年行业的发展状况、创新成果和演变趋势。

与往年相比，2020年的报告进一步丰富了数据分析维度，以更宏观的视角分析趋势，以更微观的视角分析经营，增加了驾培行业在交通强国建设及交通文明培育中的作用作为等相关内容，以及驾校双师型教练员的培养与塑造、驾校标准化管理与成本管控、行业防控疫情公益行动与应急机制等方面的分析。

需要特别说明的是，本报告数据主要来源仍以中国交通运输协会驾驶培训分会调研数据、相关管理部门的公开数据为主，部分引用的第三方机构数据均已注明。

综合分析2019~2020年我国驾培行业发展情况，我们发现：随着机动车驾驶培训供给侧结构性改革的深入和新旧动能转换的推进，驾培市场迎来深度调整，行业两极分化，出现优胜劣汰的局面，有志于行业精耕细作的驾校迎来良好的发展机遇；深入推进精细化管理和品牌化经营，管理精良、口碑良好的驾校有了更大的发展空间；教练员队伍在年轻化、专职化和高学历化方面有了较大进展，不少驾校开始形成骨干教练员队伍，打造出“双师型”教练员团队。

同时，受新冠肺炎疫情暴发、宏观经济下行、行业产能过剩等影响，驾培行业发展也面临严峻挑战，行业平均利润率大幅下滑，去产能成为行业发展的必由之路。未来，在中国经济稳健高质量发展、社会持续进步的大背景下，驾培行业在创新发展、转型升级推动之下也将焕发出新的活力。

通过本书的分析，我们认为，整体来看驾培行业已经进入成熟期，行业的进步和升级步伐加快。行业整体由“数量型增长”向“质量型增长”转变，将呈现品牌化、集约化态势，地域发展将呈现差异化特征，创新业务模式将带来新的变化。驾培市场需求端明显表现出学员年轻化、需求多样化、交通安全文明教育更受重视的特点，而且需求更多地向头部驾校聚集，不断提高驾校自我升级、创新发展的紧迫性。品牌经营、精细管理在推动驾校高质量发展、经济转型升级中的作用更加突出，以提升教学服务品质、开展价值观营销、社交媒体互动营销等为代表的驾校更加活跃；同时，驾校也在积极加强成本管控，充分发挥标准化管理的作用，进一步规范化、信息化，推动产业升级。另外，我们也观察到，目前行业还存在学时对接缓慢、驾校经营风险增高；一些驾校不重视企业文化建设、不注重长远发展；行业集中度不高、大型驾培集团有待培育壮大等问题。但随着行业“驾培驾考政策”的深化改革、驾培市场发展的不断成熟以及信息化产品的应用，未来驾校经营的外部营商环境将更加友好，机动车驾驶培训将逐渐回归教育本质，行业整合力度将逐渐加大，资本运作、精细管理对于驾培行业的创新发展将发挥更大的作用。

本书主要由中国交通运输协会驾驶培训分会和趣学车安全驾驶研究院的研究团队共同编撰完成，整个编撰工作体现了“行业的事情行业办、专业的事情大家办”的原则，大量吸收了管理部门、行业协会以及专家的智慧和观点，如安徽省驾培行业协会、河南省驾培行业协会、南京市驾培行业协会、合肥驾培联盟提出的宝贵意见；也得到了相关单位和驾驶培训分会会员企业的大力支持，如中国交通通信信息中心、山东临沂正直驾校、车轮大数据平台、“驾考宝典”平台等提供了第一手资料，因此内容更加丰富、数据更加全面、主题更加鲜明。报告成果确实是行业集体智慧的结晶，而且质量相比往年又有了明显的提高，这是报告编写过程中一件值得庆贺的事情。在此要向参与这项工作的编委会成员和支持编写工作的相关单位和个人，表示真诚的敬佩和由衷的感谢！

同时，还要感谢交通运输部运输服务司一直以来对中国交通运输协会驾驶培训分会相关工作的指导、关心和支持，该司多次派代表出席中国交通运输协会举办的驾驶培训行业会议，邀请中国交通运输协会驾驶培训分会参与驾驶培训行业政策研究制定。2020年“驾培行业蓝皮书”出版在即，希望通过我们的研究、分析和倡导，在交通运输部的政策指引下，在行业管理部门、驾培机构和广大驾培从业者的共同努力下，一起构建高质量发展的驾驶培训生态体系，推动社会交通文明的进步，为建设交通强国做出应有的贡献。

《中国驾培行业发展报告（2020）》指导委员会

2020年5月30日

序　二

2020年有一个特别的开局，一场新冠肺炎疫情让全人类开始重新思考生存与发展的意义。所谓的人工智能、大数据、机器人、区块链技术……在这种人类危机面前，都显得有些无能为力。大自然随意改动一个参数，对整个人类文明也许就是灭顶之灾。

在这种情况下，驾培行业走势如何？复工后如何恢复驾校运营和招生？很多驾校的现金储备仅能负担3~4个月的开支，我们真切感受到行业处在一个非常艰难的时刻，作为一家全国性驾校连锁品牌和运营商，我们要尽我们所能，哪怕只能为行业做一点点事情、提供一点点帮助。

在这种情况下，我们在思考，《中国驾培行业发展报告（2020）》该如何记录驾培行业的2020年？

回望组织编写并出版“驾培行业蓝皮书”的这四年，驾培行业发展风起云涌。蓝皮书也随着行业发展的脚步，从无到有，从有到优。蓝皮书是驾培行业发展的记录者，我与趣学车有幸发起并参与蓝皮书的编写出版工作，深深感受到个人、企业与行业变迁息息相关、休戚与共。

回想2017年组织编写第一部“驾培行业蓝皮书”时，很多同行不理解，为什么趣学车要做这样一件事。这个行业需要一本全面、客观、严谨、对行业有深度思考、指引行业未来方向的研究报告，这个行业需要通过这样一本翔实的研究报告，降低外界对驾培行业的认知成本。

就这样，趣学车与中国交通运输协会驾驶培训分会合作，力主编撰“驾培行业蓝皮书”，出版了第一部、第二部、第三部。随着“驾培行业蓝皮书”的影响力越来越大，我们得到了大量驾培行业从业者的关注，他们提出了很好的建议与意见，而且越来越多的行业专家愿意参与蓝皮书的内容编撰。

在获得行业专家与诸多行业从业者的主动贡献与支持之余，“驾培行业蓝皮书”还获得了来自全国各地的优秀驾校校长在业务合作上的强烈意向，这种认可，让我们在产业互联网的路上更有信心地走下去。随着趣学车在驾培行业的进一步深耕，这部蓝皮书也将越来越充实和完善。趣学车同样也将伴随蓝皮书的成长，继续为行业创造价值。

2020年，在行业处在艰难时刻的情况下，我们希望借助这部蓝皮书给驾培行业从业者提供更多的指引和发展路径。

目前，驾培行业正处在改革转型期的行业阵痛中，一方面驾培市场需求低迷甚至萎缩，另一方面随着国家不断开放驾培市场，存量市场的争夺越发白热化。新冠肺炎疫情加剧了行业竞争，几个月缺乏现金流的状况对驾校而言更是雪上加霜，在生存压力之下，部分驾校跑路、倒闭、合并，整个行业开始洗牌……驾培行业路在何方？

所幸，党和政府已前瞻性地为各行业和全社会的发展指明了出路和方向，即通过加强新型基础设施建设（“新基建”）助力产业升级。2020年两会《政府工作报告》指出：“加强新型基础设施建设，发展新一代信息网络，拓展5G应用，建设充电桩，推广新能源汽车，激发新消费需求、助力产业升级。”“新基建”的本质就是在“旧基建”的基础上，为社会和经济构建神经调度系统，加速商品、人员、能源、信息和资本的流动，从而大幅度提高社会和经济运转效率，也就是要做社会和产业的新能源化和数字化转型升级。

现阶段行业的核心诉求是降本增效，对驾培行业的新能源化和数字化改造，可以实现结构性降低成本、系统性增加效益，加速产业升级。

新能源化就是引入新能源汽车和充电桩以及光伏发电等组成的零碳能源系统，“高频短途低速”的特点决定了驾校是新能源车辆最佳的使用场景之一，而新能源汽车对燃油燃气车的替代将降低驾校车辆2/3的使用成本，充电桩和光伏发电的建设不仅满足驾培企业内部使用，还可以向社会开放实现增收。新能源化已成为驾培企业未来生存的必由之路。

数字化就是通过产业互联网，驾培企业逐步实现以行业 SaaS 为基础的网络化、信息化、智能化，以软件连接和整合硬件应用及经营管理活动，全面赋能驾培行业并延伸和创新商业模式。可以预见，无法完成数字化转型的驾培企业将面临被淘汰的结局。

试想，如果驾培行业近 100 万辆燃油燃气教练车实现新能源化，将带来多大的成本降低和环保治理效果提升？行业近 2 万家驾培企业的数字化将带来多大的人工成本降低和经营效率提升？作为驾培行业的一份子，无论从自身生存发展需要还是从社会责任感出发，都应坚定不移地推动行业的新能源化和数字化转型。

正是出于探寻行业出路的使命感和社会责任感，我们联合众多驾培行业专家，做了大量准备工作，前后历时 10 个月调研、走访、编撰这部蓝皮书，希望能为驾培行业未来的发展做出贡献。

中国交通运输协会驾驶培训分会秘书长刘治国，带领团队成文《驾培行业在交通强国与交通文明建设中的作用作为》；中国交通运输协会驾驶培训分会副秘书长、交通运输部科学研究院研究员熊燕舞等将自己多年研究成果《机动车驾驶教练员资质与资格管理研究》和《无人机驾驶培训在驾培行业的推广》贡献给蓝皮书编委会；北京海淀驾校校长、中国交通运输协会驾驶培训分会常务副会长张燕晨和中国交通运输协会驾驶培训分会副秘书长、北京海淀驾校副校长徐小灵成文《驾培行业疫情防控公益行动与应急机制》；中国交通运输协会驾驶培训分会专家委员会执行主任冯晓乐与中国交通运输协会驾驶培训分会副会长、深圳深港驾培集团深港学院院长何雪莲，结合自身多年工作经验，成文《智能教学与标准化教学推广》；山东交通学院机动车驾驶培训中心总工程师、高级工程师刘俊利成文《2020 年我国驾驶培训学时管理和信息共享分析》……

在此感谢各单位、专家的大力支持，向全行业共享这部《中国驾培行业发展报告（2020）》，与更多的优秀从业者相互交流、彼此学习、共同进步。

我们将坚持每年定期发布蓝皮书，作为反映驾培行业最新动态、理论研究和应用实践研究成果的平台，为行业参与者提供全面的行业发展历史总结和未来业态预测；为政策制定者提供客观公正的行业现状和趋势判断；为潜在投资者提供严谨可信的行业数据分析，为从业者提出更多有益的方向参考。

希望这部蓝皮书，能够帮助驾培行业从业者做利国利民、有担当的社会一份子。深感社会责任重大，希望趣学车此举能够为推动驾培行业发展贡献绵薄之力。

趣学车创始人　刘老木（刘伟俊）

2020 年 5 月 30 日

序三
用产业互联网为驾培行业降本增效

在2020年两会上，《政府工作报告》在推动经济发展方式加快转变方面提出，加强新型基础设施建设（“新基建”）、发展新一代信息网络、拓展5G应用，建设充电桩、推广新能源汽车，激发新消费需求、助力产业升级。

对“新基建”，国家谋篇布局已久。早在2018年12月，中央经济工作会议就指出：“加快5G商用步伐，加强人工智能、工业互联网、物联网等新型基础设施建设。”“新基建”也被称为中国经济发展、产业升级的又一锚点。

中国机动车驾驶培训经过近40年的社会化、市场化，作为一个较为传统的行业，在“新基建”的大背景下，也进入了一个新的时期，同样需要产业升级。驾培行业竞争日益激烈，行业抱团取暖趋势越来越明显，在这个过程中，新产品和新技术的产生及发展已经成为不可忽视的力量，驾培行业的发展路径也已经走到了拐点。对于驾校而言，“降本、增效”已经成为未来生存和发展的必经之路。可以说，市场的冰山、融资的高山、转型的火山，加上2020年的疫情“黑天鹅”，倒逼驾培行业走向网络化、数字化、智能化、新能源化。

2020年，中国互联网已经进入下半场。这并不意味着消费势头会明显减弱，驾驶培训依旧是刚需，相反的，在供给侧，结构、效率的桎梏还很多，还需要用互联网思维和方式去打破。

下半场更重要的含义是，只靠前端消费提供的价值深度不够，需要更深入的产业互联网从中端、后端为前端提供更高效、更友好、更低成本、更自动化和更智能的支撑，让前端更好地服务消费者，这是产业互联网的动力来源。

例如，滴滴出行连接了消费者、司机和汽车，延展了原有的出租车市场，做大了“出行”这个蛋糕。每一位曾经在北京街头打不到车、被出租车司机议价拒载的出行者都深有感触。但仅仅是初期基于位置服务的智能匹配连接还远远不够，所有客户都有安全需求，高端客户还要求更舒适。所以滴滴出行必须要思考：如何让消费者把行程告诉自己的亲人或朋友？如何改善出租车上的空气净化、隔音、音响等设备？如何培训、管理司机？乃至 AI 技术能够如何提高驾驶安全以及降低司机的工作强度？

可见，市场的初级需求得到满足后，会出现更高层次的需求；而更高层次需求能够引导产业向更高层次进步，这是下半场的真正含义。

驾培行业亦是如此。当学员的初级需求逐渐得到满足后，驾校需要做的是挖掘学员更高层次的需求。但是，由于驾培行业单纯的服务特性，市场分散，产业链更短，不少驾校只想赚快钱，不考虑长远利益，缺乏进一步挖掘行业深层价值的动力和能力。

因此，当发生像 2020 年新冠肺炎疫情这样的不可抗风险时，驾校受到的冲击非常大。一些做不好线上营销、现金流差的驾校甚至直接“关门”止损。

对于驾培行业来说，只有主动走出去，利用新产品、新技术、新手段、产业互联网思维，将驾培产业和其他产业产生多维度、深层次的连接，才能让业内的企业、人员、商业行为活跃起来，模式更加多样化。这样，无论是市场规模、商业价值还是社会价值都能迈上一个新台阶，抗风险能力也会增强，驾培行业从业者才能创造更多的增量价值。

在驾培行业，很多驾培机构以线下学员为主，一旦具备了产业互联网思维，依托行业的各种资源累积，通过结构性降低成本、系统性提升效率、数字化转型，低成本、高效率地提供精准营销、最优化教学、人性化服务并自动化监督改进教学服务，提高驾校产能；而且可以将学员引导至驾驶培训后市场，向学员提供贴身定制的汽车金融、车辆购置、维修保养、汽车保险等延伸服务，从而对转型速度慢的传统驾校形成降维打击。

在可以预见的未来，或许是 3~10 年，各个行业都可能出现这样的趋势。我们拭目以待，如能共襄此举，幸甚至哉。

吴　昊

2020 年 5 月 30 日

摘　要

本书以驾培行业发展现状及趋势为主题，回顾了2019~2020年驾培行业发展的动态与概况：行业竞争更加激烈，价格战加剧，投资和经营成本上升，盈利减少，驾校迎来倒闭潮；行业发展无序，引发驾校联合并购，区域整合进程加快，经营愈加规范。整体来看，驾培行业的泡沫已经初步挤掉。

2020年，受新冠肺炎疫情的影响，驾培行业招生数量、考试数量、培训数量与2019年相比预计下降20%~30%，疫情对驾培市场的影响将贯穿全年，比规模、比硬件、比服务、比价格、比质量，将成为学员的重要学驾参考值。危险和机遇并存，新冠肺炎疫情的暴发也加速了驾校改革的步伐。存活下来的驾校势必要抛弃原有的粗放式管理模式，探索精细化、信息化、智能化的运营管理方式。

自2020年开始，驾培行业将由“数量型增长”向“质量型增长”转变，软硬件信息化、品牌经营、标准化管理将推动驾校向高质量发展。一方面，改变管理方式、充分利用新技术将促进驾校提升效率、降低成本。以往驾校主要采取经验式的粗放管理，执行过程中随意性高，成本往往在多个细小的环节发生，从而形成巨大的浪费，驾校需要运用程序化、标准化的工具、手段对具体业务进行精细化、全面化的管理。同时，随着国家提出大力推动人工智能、工业互联网、物联网等新型基础设施建设，驾培行业可以利用的新技术越来越多，驾校需要将逐渐发展成熟的软硬件信息化技术应用到培训和教学中，更多地应用驾校管理系统、智能机器人教练，以及新能源教练车等，推动驾培行业向规范化、数字化、智能化的方向发展。

另一方面，通过提升服务，打造驾校品牌、加强连锁经营，将成为驾培行业的发展趋势。驾校需要树立服务意识，真正以学员需求为导向，将服务前置，通过人文关怀、班型差异化、教学个性化、互动趣味性、环境配套提升、证后持续服务等方式提升客户体验，塑造品牌，通过粉丝化、社群化运营增强客户黏性，降低价格弹性，形成良好口碑，并扩大传播。因此，驾校只有通过提供高质量的服务和加强管理，从应试教学转向“应试＋实操”教学，从考证服务转向安全驾驶服务，从盈利思维转向社会责任思维，才能提高品牌溢价能力。同时，驾校的优胜劣汰是趋势，驾培行业将向集中化、规模化方向发展，实力强的龙头品牌驾校通过托管、兼并、重组、联合经营等方式进行并购，促进行业的规模化、连锁化、品牌化、网络化经营，形成一批主导行业发展的大型驾培集团。

关键词：驾培行业　价格战　质量型增长　品牌　连锁经营

目录

Ⅰ 总报告

Ⅱ 改革篇

Ⅲ 行业发展篇

Ⅳ　经营管理篇

Ⅴ　教练员管理篇

皮书数据库阅读**使用指南**

总 报 告

B.1
2019~2020年驾培行业发展现状与演变

孟 虎　胡 煜　赵 健　刘 彬　王德清　刘文海*

摘　要： 2019年对驾培行业来说不是轻松的一年，各种数据表明驾培市场进入新的调整期，行业政策调整力度也不小。随着“一证通考、异地分科目考试可办”的便民驾考政策出台，全国驾培行业打破了地域报考限制，事实上进入了全面竞争的阶段，使得市场竞争更加激烈。2020年，驾培行业的发展状况仍然不太乐观，由于驾培市场需求持续性萎缩、投资和经营成本上升而盈利下降、行业竞争加剧等，驾培行业面临着巨大的挑战，同时也将出现一些新的机会。市场的压力将倒逼驾校进一步转型升级，提质增效，管理、服务、技术的价值将更凸显。因此，本报告提出通过精细化、新能源化、智能化系统性降低成本；通过增加效益、提高效能实现结构性增效，尝试数字化转型等政策建

* 孟虎，中国交建智能交通研发中心研发主管，研究方向为交通安全、自动驾驶、车路协同；胡煜，趣学车安全驾驶研究院研究员；赵健，广东三网一车科技有限公司战略投资总监；刘彬，趣学车安全驾驶研究院研究员、趣学车连锁驾校标准化负责人，研究方向为标准化管理与培训；王德清，趣学车安全驾驶研究院研究员；刘文海，北京德行科技有限公司CEO，研究方向为驾校的汽车全产业链增值服务。

议。政府主管部门也将进一步采取措施引导行业有序发展。

关键词：交通运输　驾培行业　驾驶安全　交通法规　新能源化

2019 年，我国驾培行业的发展加快速度从政策主导向市场主导、从粗放经营向集约经营、从人工教学模式向“人工 + 智能”教学模式转变。随着 2020 年非同寻常的开始，新冠肺炎疫情使得影响驾培行业的不确定性因素增加，驾培行业的发展将受到较大影响，面临着前所未有的复杂局面。

2020 年，驾培市场的整合将继续，优胜劣汰的趋势更加明确，行业将围绕质量、服务发力，向品牌化、集约化发展，市场秩序日益规范，争创品牌会取代“价格战”。同时驾校需要打造更高品质、更高性价比的服务体验，进一步提升教学质量，同时对管理进行升级，对成本进行管控，做到提质增效，提高驾校的核心竞争力。

一　2019~2020 年驾培行业发展概况

2019 年，整体来看驾培行业的泡沫已经初步挤掉，管理、服务、技术创造的价值凸显，这个阶段混乱与有序共生，危险与机遇共存。

2019 年底，中国交通运输协会驾驶培训分会发起组织了针对全国驾培市场运行情况与营商环境的问卷调查，得到了整个行业的积极响应。调查结果显示，驾培行业从业者对 2019 年驾培市场的总体感受，认为差乱的、无序的、绝望的都属于持悲观的态度，占 69.91%。而持好转、正常、反弹、平稳等乐观态度的占 27.15%（如图 1 所示）。

（一）机动车及驾驶员培训发展概况

据公安部交通管理局官方数据统计，2019 年全国新注册登记机动车 3214 万辆（见图 2），机动车保有量达 3.48 亿辆，其中新注册登记汽车 2578 万辆，

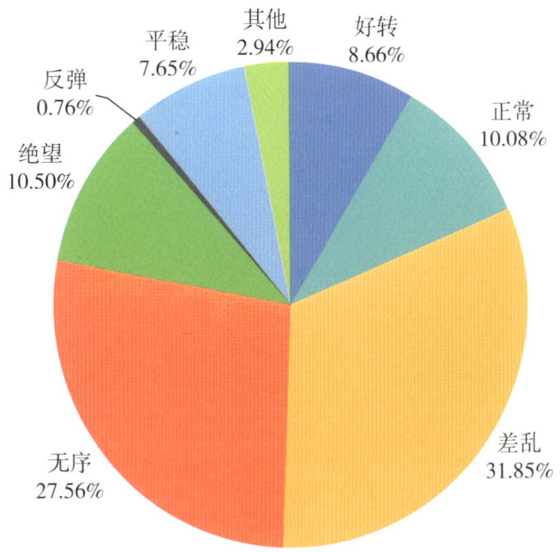

图 1　驾培行业从业者对 2019 年驾培市场的总体感受

资料来源：根据中国交通运输协会驾驶培训分会的调查结果整理。

汽车保有量达 2.6 亿辆，与 2018 年相比，增加 2122 万辆。①

小型载客汽车保有量达 2.2 亿辆，与 2018 年相比，增加 1926 万辆，增长 9.37%。其中，私家车保有量达 2.07 亿辆，首次突破 2 亿辆，近五年年均增长 1966 万辆。全国新能源汽车保有量达 381 万辆，占汽车总量的 1.46%，与 2018 年相比，增加 120 万辆，增长 46.05%。其中，纯电动汽车保有量 310 万辆，占新能源汽车总量的 81.19%。新能源汽车增量连续两年超过 100 万辆，呈快速增长趋势。

2019 年全国机动车驾驶人数量达 4.35 亿人，比 2018 年增加 2637 万人（扣除注销量）；其中汽车驾驶人达 3.97 亿人，占驾驶人总数的 91.26%，与 2018 年相比增加 2806 万人②（扣除注销量）。全年新领证驾驶人（驾龄不满 1 年）

① 《2019 年全国新注册登记机动车 3214 万辆，机动车保有量达 3.48 亿辆》，成功财经网，http://society.xy178.com/shehui/20200108/78424.html，2020 年 1 月 8 日。

② 资料来源：《2019 年机动车和驾驶人数据》，https://mp.weixin.qq.com/s/fRRNuodkz8MfFZCK1lKjHQ。

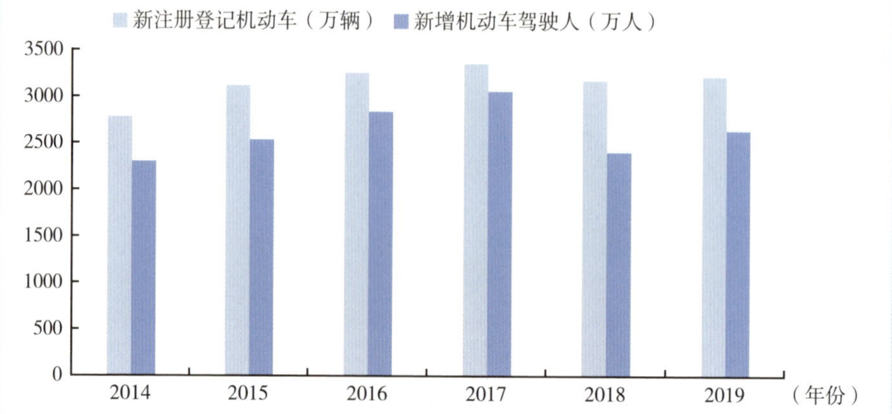

图 2　2014~2019 年我国新注册登记机动车和新增机动车驾驶人

资料来源：《2019 年机动车和驾驶人数据》，https://mp.weixin.qq.com/s/fRRNuodkz8MfFZCK1lKjHQ；《公安部：2018 年全国新注册登记机动车 3172 万辆》，http://www.199it.com/archives/824125.html。

达 2943 万人，占全国机动车驾驶人总数的 6.76%。

机动车驾驶员占总人口比例逐年上升，2019 年机动车驾驶员占总人口比例达 31%，但与国外发达国家相比，我国驾照渗透率仍较低。以美国为例，其驾照渗透率达到 68%，因此从长期看我国驾照渗透率仍有较大的增长空间。

从驾培学员的年龄结构来看，2019 年，35 岁（含）以下学员占比达到 67.3%，其中 18~25 岁学员超过 30%（见图 3），对照 2018 年同年龄段学员占比 12.55% 有了大幅度提高，说明驾驶培训正在向年轻化发展。年轻学员群体对价格更加敏感，同时作为互联网“原住民”获取信息的能力很强，对驾校的口碑和品牌更为关注。在驾培学员的性别结构上，仍以男性学员为主，占比为 62.7%；女性学员占比达到 37.3%，比 2018 年的 30.1% 有了显著增长，应该成为今后驾驶培训重点关注的细分客户群体。

（二）机动车驾驶员培训机构概况

1. 驾校情况

驾校数量增长比较稳定，从 2009 年的 8774 户增长到 2019 年的 19741 户

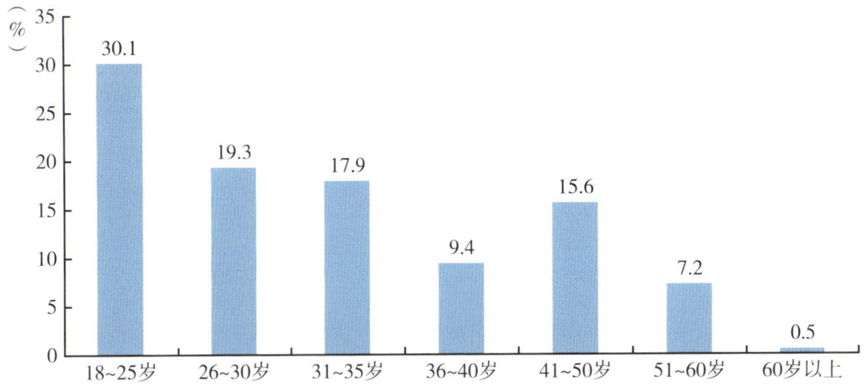

图 3　2019 年我国驾培学员年龄分布

资料来源：车轮大数据平台。

（见图 4），2010~2018 年增长率保持在 7%~12%（见图 5）。

驾校年培训量增长率变化波动较大，2010 年、2011 年、2012 年、2014 年增长迅速，增长率均大于 10%，2013 年为负增长，2015 年增长较缓。2016 年之后，随着近些年学驾存量不断消除，驾校年培训量增长率逐年降低，在 2018 年出现了培训量的小幅负增长，增长率为 –0.81%。

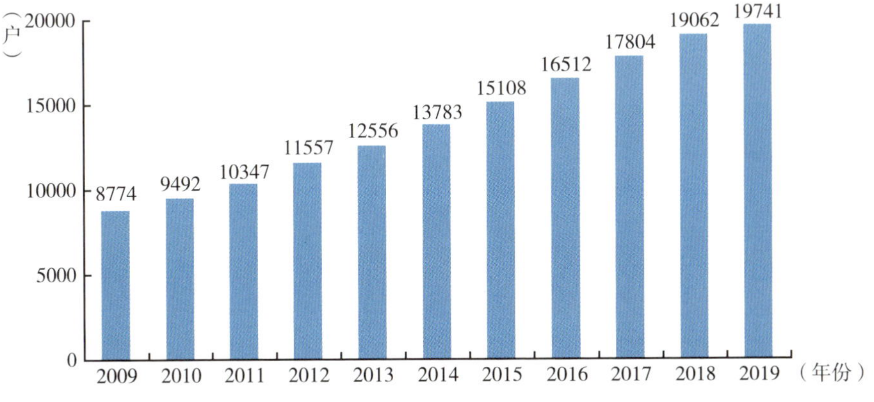

图 4　2009~2019 年全国驾校数量

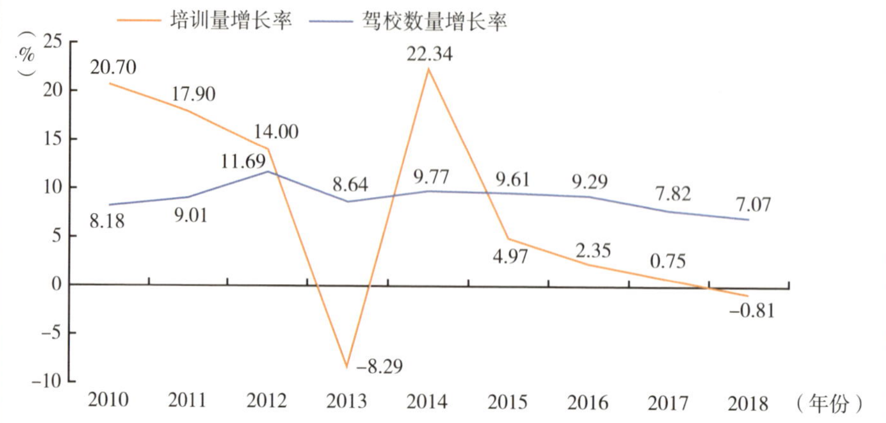

图 5　2010~2018 年全国驾校数量和年培训量增长情况

资料来源：历年中华人民共和国交通运输部编《中国道路运输发展报告》。

2. 驾校类型

从全国驾校类型及数量变化情况（见表 1）来看，三级驾校数量保持高速增长，一级驾校数量基本保持稳定，二级驾校数量呈略微下降趋势。

表 1　2013~2019 年我国驾校类型及数量变化情况

单位：户

类型				2013 年	2014 年	2015 年	2016 年	2017 年	2018 年	2019 年
驾校			总计	12556	13783	15108	16512	17804	19062	19741
其中	普通机动车驾驶员培训		合计	12408	13631	14912	16325	17552	18837	19471
		其中	一级	1796	2044	1908	1934	2011	2090	2022
			二级	5913	6249	5842	5870	5782	5595	5564
			三级	4699	5338	7162	8521	9759	11152	11885
	道路运输驾驶员培训		合计	2100	2120	2093	2014	2013	1989	2002
		其中	客货运输	2010	2032	2008	1926	1927	1902	1908
			危险货物运输	402	380	419	448	445	469	493
	机动车驾驶员培训教练场经营			461	525	531	807	836	941	1099
	残疾人驾驶员培训			279	309	304	305	413	341	354

资料来源：历年中华人民共和国交通运输部编《中国道路运输发展报告》。

近年来受“放管服”（即简政放权、放管结合、优化服务）、“先照后证”、“驾校场地国标落实”等政策的影响，部分二级驾校因为土地面积、场地设施设备、绿化率等降级到三级，新增驾校也以三级驾校为主，驾校从以前的以二级为主逐渐转变为以三级为主，三级驾校数量从 2013 年的 4699 户增加到 2018 年的 11152 户，占比从 2013 年的 37.9% 增长到 2018 年的 59.2%。大量三级驾校的出现造成了更加分散的市场结构，反映出驾培市场进入过度饱和的竞争态势，服务更加标准化、专业化的机构将逐步胜出，驾校连锁和联盟化经营将逐步显现，驾培市场的竞争将从混乱到有序，行业集中度将重新提高。

3. 教练车情况

全国机动车驾校 2018 年户均拥有教练车数为 41 辆（高于二级驾校教练车最低 40 辆的标准），与 2017 年相比减少 2 辆。其中 16 个省（自治区、直辖市）户均拥有的教练车数超过全国平均水平。①

2019 年教练车供给方面出现了一个新迹象，即新能源教练车在驾培领域的应用数量增加。电动教练车的使用大幅降低了培训成本，据测算，能耗成本仅为燃油车的 20%~30%，维保成本只有燃油车的 40%~50%，巨大的成本优势为处在激烈价格竞争中的驾校提供了一种降低成本的路径，成为一种常见的教练车型。

由于可以通过考驾联动或考前模拟的方式解决驾校运营者关心的考试场车型的匹配问题；加之一些金融机构可以提供购车金融解决方案，以很低的首付款购车，以节省的燃油和维保成本偿还月供，驾校动辄几十万元甚至数百万元的车辆购置费问题得以解决，有力地推动了电动教练车的应用和推广。目前在河北、广州、福建、江西、湖北等地已经有一批考场驾校在大批量使用新能源教练车代替原有的燃油、燃气教练车。

4. 教练员情况

2019 年全国共有机动车驾驶教练员 92.5 万人，其中，理论教练员为 5.8 万人，驾驶操作教练员为 84.9 万人，同比增长 0.8%（见图 6）；危险货物运输驾驶员培训教练员人数为 1678 人，比 2018 年增长 4.2%，道路客货运输驾驶员从业资格培训教练员人数为 8330 人，比 2018 年下降 16.3%。理论教学的

① 资料来源：历年中华人民共和国交通运输部编《中国道路运输发展报告》。

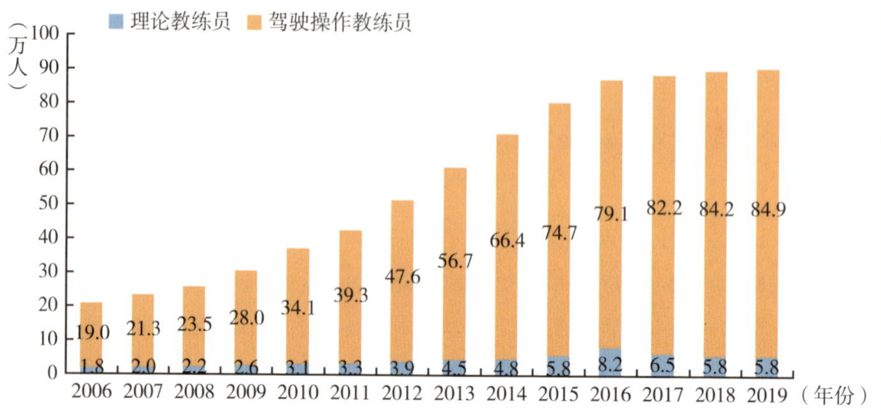

图 6　2006~2018 年全国机动车驾驶教练员数量变化情况

资料来源：历年中华人民共和国交通运输部编《中国道路运输发展报告》。

落实一直以来都是驾驶培训教学过程中的难点，相关调研也显示仅有 8.3% 的教练员表示自己会专门教授理论知识，而理论教练员占比不高说明理论教学可能面临人员不足的情况。

调研显示，2019 年，我国教练员群体中 94% 为男性，其中 36~42 岁年龄段最多，其次是 46~52 岁，再次是 30~36 岁（见图 7）。

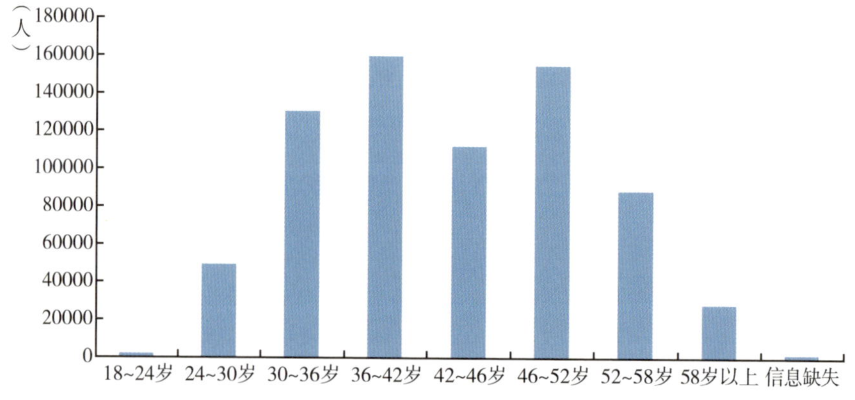

图 7　2019 年全国机动车驾驶教练员年龄情况

资料来源：2019 年 12 月 31 日中国交通通信信息中心监管平台数据。

相关调研显示，大部分教练员工作强度很大，每周工作 6~7 天，每天工作 8 小时以上；仅有约 1/3 的教练员为专职教练，多数教练员需要同时兼顾教学和招生任务。提高教练员的教学效率和营销能力成为驾校必须关注的问题，已经有越来越多的驾校采用机器人教练和线上招生工具等技术手段提高教练员人效产出，市场上有近 80 万名教练员使用小程序“趣教练”等帮助获客。

（三）机动车驾驶员培训行业供需分析

驾培行业的供需状况可以用教练车的产能利用率来反映，产能利用率也叫设备利用率，是工业总产出对生产设备的比率，具体到驾培领域，驾培产能利用率是指驾校实际培训量与理论培训能力的比率，反映的是驾培市场需求与供给之间的关系。

根据《机动车驾驶员培训机构资格条件》（GB/T 30340—2013）和《机动车驾驶培训教学与考试大纲》（交运发〔2012〕729 号）等相关法律法规和行业标准规范，以 C1 车型为例，驾校年单车最大招生总量（理论培训能力）为 70 人。而从 2006~2019 年全国驾校单车培训量情况看，驾校单车培训量在 2010 年达到最大值 53 人（见图 8），之后逐年下降，2019 年单车培训量只有 33.9 人，为近十年来最低水平。2019 年全国驾培行业产能利用率为 48.4%，处于较为严重的产能过剩状态。

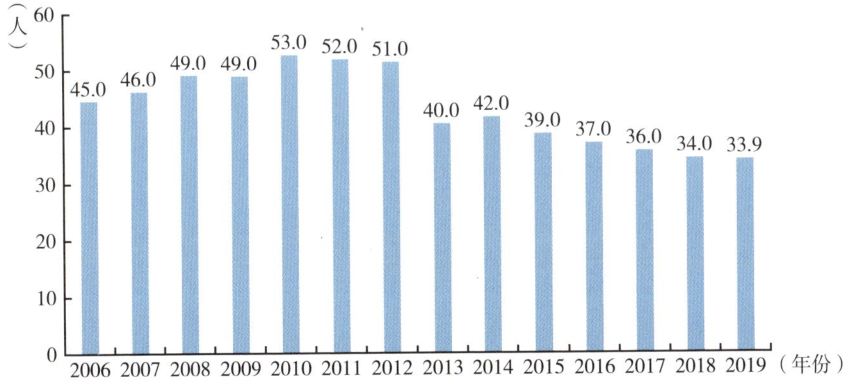

图 8　2006~2019 年驾校单车培训量情况

二 2019~2020年驾培行业经营状况分析

中国交通运输协会驾驶培训分会的行业调查结果显示，驾培行业从业者有69.91%对市场抱有不景气及萧条的悲观预期，这是由驾培行业成本的结构化上升和激烈竞争导致的，驾校只能被动采取价格战来应对，因此，整个驾培行业陷入“越打价格战经营环境越差，市场越差越要降价谋生存”的怪圈。

（一）驾校开业成本估算

以我国中部地区某三线城市一家拥有20辆教练车的三级驾校为例，对经营过程中的固定成本及可变成本进行模拟估算，本估算不具有普遍代表性，仅作为进行成本构成分析和收入成本比较时的参考。

假设该三级驾校每年招收1000名学员，按照《机动车驾驶培训教学与考试大纲》要求对学员进行培训，从而得出该驾校的成本明细（见表2）。

表2 三级驾校成本明细

	项目	成本	合计
可变成本（元/学员）	教练车燃油费	578	1774
	教练员工资	936	
	税费	190	
	流量卡费	70	
固定成本（元/年）	车辆保险费、维护费	96600	1528840
	车辆每年折旧费	200000	
	车辆维修费用	90000	
	安全员值班费	313440	
	其他工作人员工资	424800	
	水电费	72000	
	办公及耗材费	132000	
	场地租用费	200000	

从测算结果可以看出，每名学员的可变成本为 1774 元，驾校每年的固定成本为 1528840 元。总成本为固定成本加可变成本，共计 3302840 元 / 年，每名学员的人均成本为 3302.84 元。

由于固定成本不变，因此每名学员的人均成本随着驾校年招生量增加而递减，具体变化情况见表 3，年招生量只有 500 人时，收入达到 4832 元 / 人才能实现盈亏平衡，而如果招生量达到 1500 人，人均成本可以降至 2800 元以下。这种成本随招生量递减的情况也是驾校开启价格战的基础和原因。

表 3　三级驾校年招生量对应人均成本

年招生量（人）	固定成本（元 / 年）	可变成本（元 / 年）	成本合计（元 / 年）	人均成本（元 / 人）
500	1528840	887000	2415840	4832
600	1528840	1064400	2593240	4322
700	1528840	1241800	2770640	3958
800	1528840	1419200	2948040	3685
900	1528840	1596600	3125440	3473
1000	1528840	1774000	3302840	3303
1100	1528840	1951400	3480240	3164
1200	1528840	2128800	3657640	3048
1300	1528840	2306200	3835040	2950
1400	1528840	2483600	4012440	2866
1500	1528840	2661000	4189840	2793

（二）驾校收费情况

根据中国交通运输协会驾驶培训分会对业内学费情况（见图 9）的抽样调查结果，2019 年，全国有约 43% 的驾校学费低于 3000 元，结合以上成本估算模型结果对照，可以推断我国有相当大一部分驾校收费价格在成本线附近。

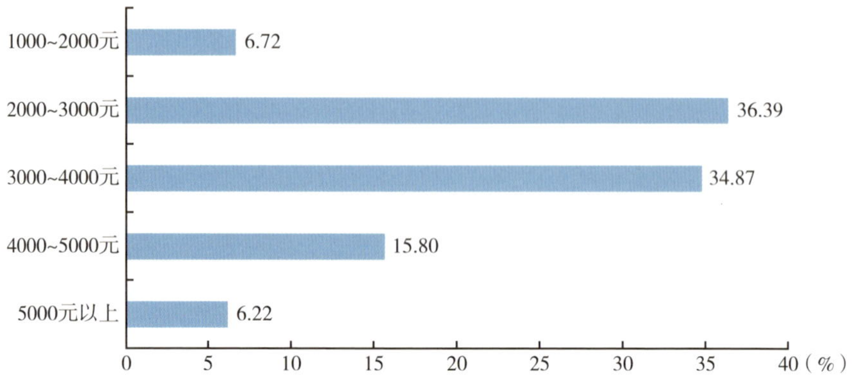

图 9　2019 年全国驾校学费价格分布情况

尽管价格已经贴近成本，但面对供过于求的市场环境，驾校仍然选择降价竞争。调查结果显示，2019 年，仅有约 17% 的驾校学费适度上涨（见图 10），而有 56.6% 的驾校学费处于下降状态，甚至有 14.8% 左右的驾校学费出现了 20% 以上的降幅。这也侧面反映了整个驾培行业还处于无序竞争的阶段。

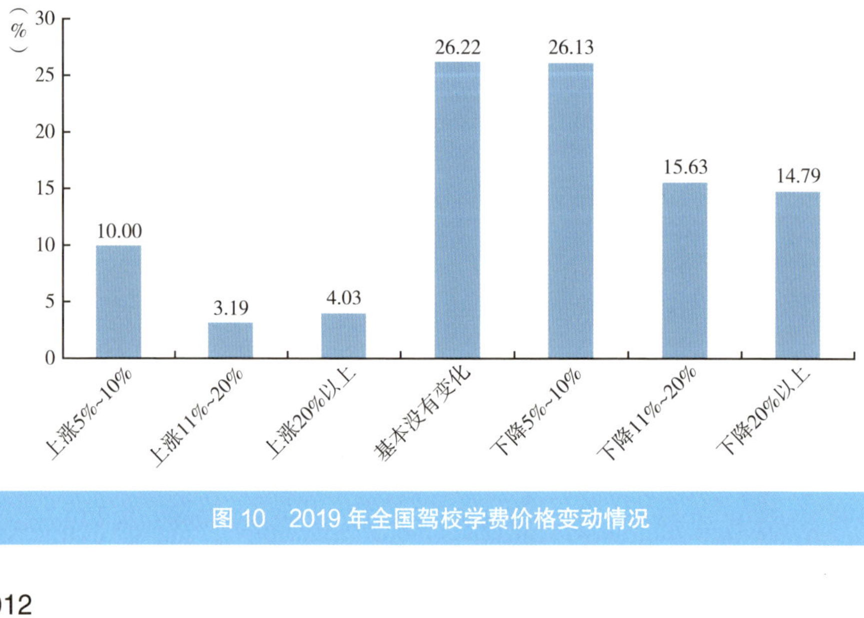

图 10　2019 年全国驾校学费价格变动情况

经过优胜劣汰的过程，通过服务升级、技术升级、管理升级进而获得口碑和品牌影响力的驾校将逐步脱颖而出，并以品牌溢价引领行业价格重回合理区间。

（三）驾校盈利情况

根据中国交通运输协会驾驶培训分会对全国驾校盈利情况的抽样调查结果，2019 年，有 38.07% 的驾校能够实现盈利（见图 11），但是能实现大幅盈利的仅有 1.43%，有超过 40% 的驾校处于亏损经营状态，可以实现保本经营的驾校仅约 21%。

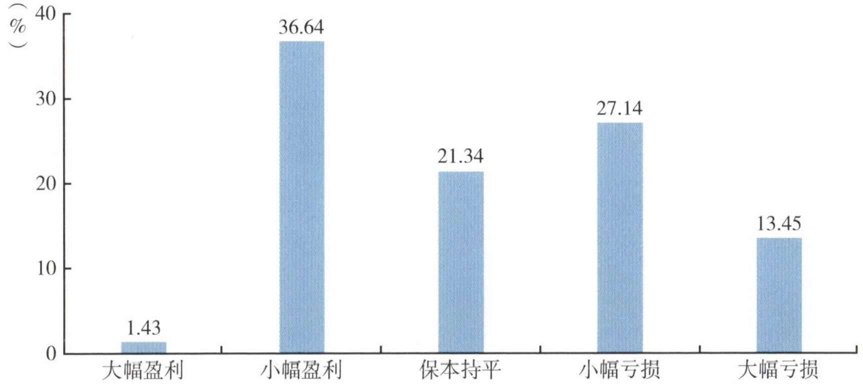

图 11　2019 年全国驾校盈利情况

（四）多地政府发布市场风险预警

驾培行业整体供过于求，在局部市场表现为严重产能过剩。因此，2019 年多地行业管理部门发布了针对区域驾培市场的投资预警，防止投资者盲目和过度投资，促进行业健康、有序发展。下面仅举几例。

1. 江西吉安市发布行业风险预警

江西吉安市预警公告显示，截至 2019 年 12 月 1 日，全市拥有各类机动车驾驶培训机构 78 户，其中一级驾校 2 户、二级驾校 5 户、三级驾校 71 户，拥有大小教练车2145辆，按每辆车每月培训8名学员计算，全市驾校年培训能力已达到约20万名学员，但全市驾校全年实际招生总量为79968名，产能过剩约1.5倍。

吉安市生源紧张、培训能力过剩，资源闲置浪费的问题已经显现，学驾人员在未来几年内预计将呈下降趋势，吉安市驾培市场呈现逐渐萎缩状态。比规模、比硬件、比服务、比价格、比质量，将成为学驾人员的重要学驾参考值，驾校投入将越来越大。

2. 四川宜宾市发布行业风险预警

四川宜宾市预警公告显示，据四川省运政业务系统数据统计，截至2019年9月30日，全市现有驾校36户，各型教练车共计1627辆（其中停用车辆290辆，车辆闲置率为17.8%）。据四川省驾驶培训监管平台统计，各类型教练员共计1871人。

根据教练车数量测算，全市驾校年培训能力117984人次（季度培训能力为29496人次），据四川省驾培监管平台统计，截至2019年第3季度，全市驾校学员报名总人数为6981人次。

3. 山西阳泉市发布行业风险预警

山西阳泉市预警公告显示，截至2019年12月，全市共有驾校13户，其中市城、矿、开发区6户，盂县3户，郊区3户，平定1户，拥有各类教练车435辆，注册在职的教练员500余人，年培训能力为2.1万余名学员。

根据阳泉市驾培市场供需状况分析，各驾校自2015年以来招生量总体呈现下降态势，2015年新增驾驶人22774人、2016年新增驾驶人20582人、2017年新增驾驶人20969人、2018年新增驾驶人17374人、2019年新增驾驶人17854人。市场需求呈下降趋势，市场竞争日趋激烈，已出现个别驾校招生不足，导致部分教练车闲置、教练员待岗等现象，驾培市场的投资风险在不断增大。从驾培行业的发展趋势分析，预计未来5年，阳泉市每年新增学驾人数将逐渐趋稳，甚至可能呈现逐渐萎缩状态。

4. 辽宁盘锦市发布行业风险预警

辽宁盘锦市预警公告显示，截至2019年10月31日，全市共有各类机动车驾驶培训机构29户，其中二级驾校7户、三级驾校22户；有教练车963辆，按每辆车每月培训5名学员计算，全市驾校年培训能力为5.78万名学员。近年来，全市驾校年均招生总量仅为2万名左右，尤其是2018年，仅招生6584名，为近10年来历史最低，2019年1~10月，全市驾校共招生1.67万名，市场虽然有所回温，但仍低于全市年培训能力。

5. 湖南郴州市发布行业风险预警

湖南郴州市预警公告显示，截至2019年7月，全市常住人口474.5万人，各类机动车驾驶培训学校69户，机动车驾驶培训从业人员3611人，年培训能力达15万名学员左右，而2016年、2017年、2018年全市驾校培训报名人数分别为8.9万名、8.6万名、7.4万名，市场供给过剩，投资风险已经逐渐显现。

2019年7月17日，中央电视台财经频道《中国财经报道》，以“北京：部分驾校培训遇冷　生源大幅下降”为题关注报道了驾校培训情况。

近年来，不仅三、四线城市，北京、上海等一线城市，驾培市场也都出现了大面积供过于求的风险警示。

因此，在当前驾培行业整体产能过剩、培训能力富余而生源下降、驾校投资回报率逐步降低、行业变革迅猛的环境下，建议业外投资者审慎投资进入，而业内机构更应提高综合经营能力从而应对市场竞争。

三　2019~2020年驾培行业面临的主要问题

（一）驾培市场需求面临持续萎缩

抽样调查结果显示，一半以上的驾校在2019年出现了学员数量减少的情况，排除因为驾校数量增加而导致生源分散的影响，学员绝对数量在各地不同程度的减少是主要的原因（见图12）。

驾培市场在2017年达到了学驾的最高峰，2018年出现轻微下降。一方面，驾培市场经过了多年的发展，学驾群体积累的存量逐渐被消化完毕；另一方面，学车主力人群逐渐转变为18~24岁的适龄青年，图13是2019年12月报名学员年龄情况。

由于人口增长率的下降，适龄学车人口数量将逐渐减少。国家统计局第六次人口普查结果显示："80后"共有2.28亿人，"90后"共有1.75亿人，"00后"共有1.46亿人，出生人口减少幅度很大。可见，未来的驾培市场需求将继续萎缩。

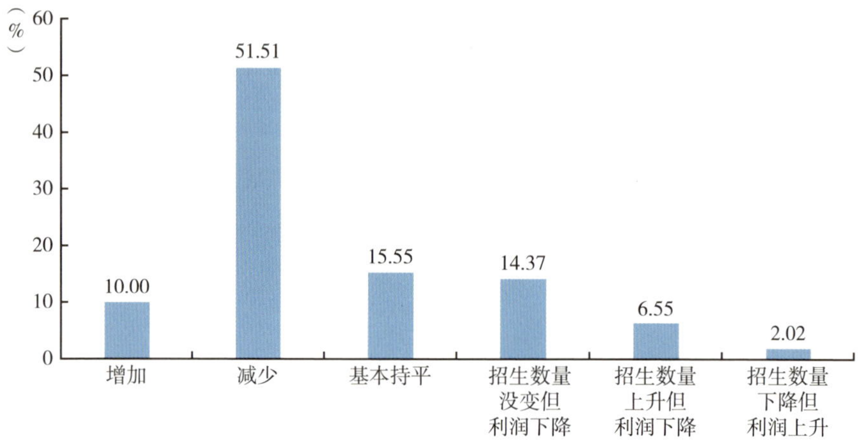

图12 驾校学员数量变化情况

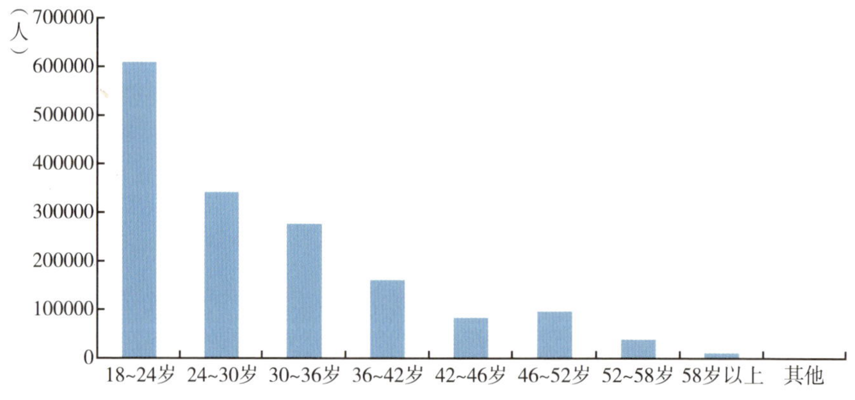

图13 2019年12月报名学员年龄情况

资料来源：2019年12月31日中国交通通信信息中心监管平台数据

（二）投资和经营成本上升而盈利下降

随着驾培行业相关政策标准的实施落地以及我国人口红利的逐渐消退等因素的影响，驾校的土地成本、设施投入以及人工成本都比以往有了一定幅度的增长，中国交通运输协会驾驶培训分会 2019 年抽样调查结果显示，超过 80% 的驾校反映经营成本（土地成本、人员工资、税务成本等）有所增加（见图 14）。

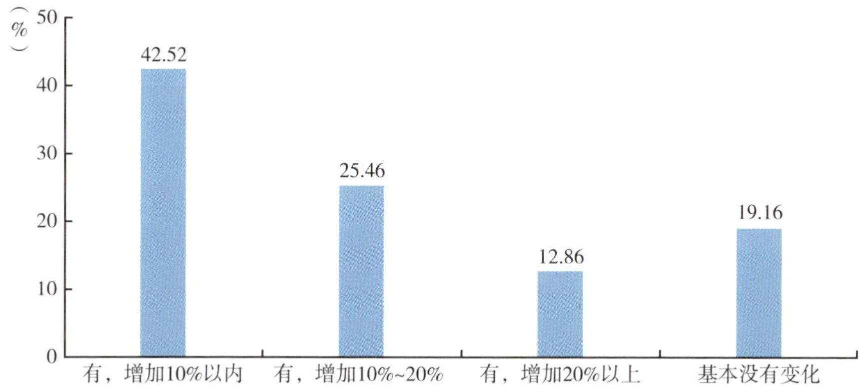

图 14　驾校经营成本变化情况

国家标准《机动车驾驶员培训机构资格条件》（GB/T 30340—2013）和《机动车驾驶员培训教练场技术要求》（GB/T 30341—2013）对驾校的教练场地、教学设施设备以及教学人员配备等方面进行了规范，明确提出一级、二级和三级驾校的教练场地面积应分别达到 70000 平方米（约 105 亩）、57000 平方米（约 85 亩）和 47000 平方米（约 70 亩）（提供大中型车辆培训业务）或 33000 平方米（约 50 亩）、17000 平方米（约 25 亩）和 10000 平方米（约 15 亩）（提供小型汽车培训业务），教练车数量分别达到 80 辆、40 辆、20 辆，且还要有健全的管理制度以及与培训业务相适应的教练员和管理人员。按照标准和要求，新办一家一级驾校投资需 1000 万 ~ 1500 万元，新办一家二级驾校投资需 600 万 ~ 800 万元，新办一家三级驾校投资需 300 万 ~ 400 万元。此外，《交通运输部关于修改〈机动车驾驶员培训管理规定〉的决定》（交通运输部令 2016 年第 51 号）明确，驾校用于学员训练的教练场地需要取得合法有效的土地手续，申请从事机动车驾驶员培训经营需提交教练场地使用权证明或产权证明及复印件，如果驾校的土地手续不合法，将面临教练场地被拆除、恢复原状并被罚款的风险。以上文件规范了驾培行业的经营行为，但也提升了驾校在土地购置、教学场地设施和教学车辆购置与维护、燃料消耗、员工工资等方面的投资和经营成本，从而拉长了投资者的投资回收期，降低了投资回报率，相应地增加了投资风险。虽然 2019 年正在征求意见的《机动车驾驶员培训管理规定》修订文件对场地使用证明的要求更加宽松，但是土地部门的要求并不会同步放松，仅仅是交通主管部门的审查力度有所下降，因此，土地依然是制约驾培行业发展的重要因素。

以业内上市公司的经营数据来看，A 股上市公司东方时尚驾驶学校股份有限公司（简称东方时尚）尽管多向扩张，但是 2018 年营业收入和利润都减少了；2019 年有所增加。港股上市公司向中国际控股有限公司（简称向中国际）2019 年营业收入虽然增加，但是利润也在下滑。其他几家新三板上市公司的情况更不容乐观。

东方时尚 2018 年营业收入为 10.5 亿元，同比下降 10.41%；净利润为 2.2 亿元，同比下降 5.23%。东方时尚 2019 年营业收入为 11.13 亿元，同比增长 6%；净利润为 2.42 亿元，同比增长 10%，情况略有好转。

向中国际 2018 年的营收约为 7770 万元，2019 年营收为 9345 万元，但净利润从 2018 年的 2128 万元减少到 2019 年的 1908 万元。向中国际服务成本从 2018 年的 2720 万元增加到 2019 年的 3410 万元，增幅为 25.2%；销售费用从 2018 年的 176 万元增加到 2019 年的 215 万元；行政费用从 2018 年的 630 万元增加到 2019 年的 837 万元；财务费用从 2018 年的 191 万元增加到 2019 年的 461 万元。

云南一乘驾驶培训股份有限公司（简称一乘股份）2018 年实现营业收入 3.41 亿元，比上年增加 4.66%，但是净利润从 –996 万元扩大到 –1.45

亿元。营业成本 2.79 亿元，增幅为 36.74%；管理费用 7938 万元，增幅为 83.68%；销售费用 6092 万元，增幅为 33.72%；财务费用 5527 万元，增幅为 53.51%。

山东福财驾驶员培训股份有限公司 (简称福财股份) 整体收入及利润连续两年下降。2018 年实现营业收入 178 万元，较上年同期减少 676 万元，下降幅度达到 79.15%；营业成本为 328 万元，下降幅度为 57.53%；净利润为 –283 万元，增加亏损 38.46%。

昆山平安驾驶员培训股份有限公司（简称平安驾培）2018 年营业收入为 4468 万元，较上年同期减少 17.52%。净利润为 221 万元，较上年的 668 万元减少了 447 万元。

抽样调查数据显示，70.59% 的驾校 2019 年经营利润比 2018 年有所减少（见图 15）。

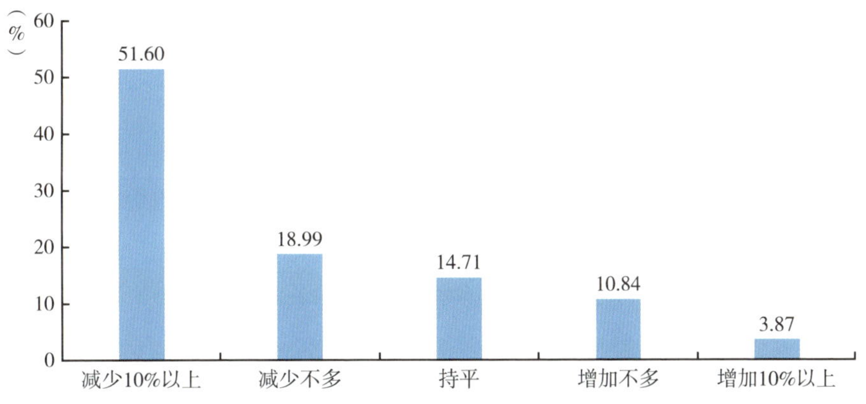

图 15 2019 年驾校经营利润变化情况

（三）行业竞争加剧

近年来，一方面市场需求低迷甚至萎缩，另一方面驾校数量增长迅速，存量市场的争夺越发白热化，考虑到国家将进一步开放驾培市场，驾校的数量将继续增加，从而导致行业竞争更加激烈。图 16 列出了影响驾校发展的营商环境因素。

面对同行，开打“价格战”甚至低价恶性竞争成为常态；而在经营模式上，部分驾校不是去思考如何系统地降本增效，而是采用挂靠模式转嫁成本，表面上降低了驾校成本，但是丧失了对教练员的监督管理，提高了驾校自身的风险。而在面向学员的培训中，乱收费、培训学时缩水、培训质量下降等现象时有发生，这将给整个行业的持续健康发展造成极大的伤害。

与此同时，由于驾培市场监管一直存在较大难度，在激烈竞争的背景下，各种违规招生的“黑驾校”，在一定程度上扰乱了行业正常的经营秩序，侵蚀了正规驾校的利润。据调查，“黑驾校”对正规驾校的冲击逐渐加大。尽管当前行业管理部门有效控制了本地“黑驾校”的违规活动，保证了行业经营秩序，但未来市场将进一步放开，驾校数量将大幅增加，给行业管理部门的监管带来更大的困难，“黑驾校”可能更多地出现，从而冲击正规驾校的经营，增加其投资和经营风险。

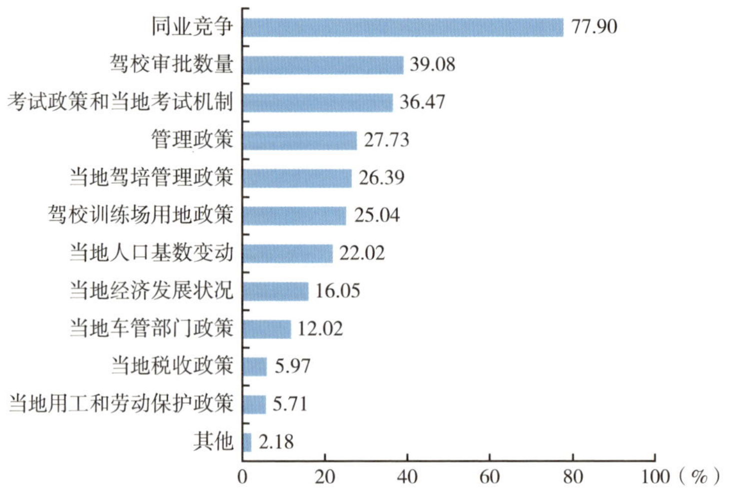

图 16　影响驾校发展的营商环境因素

四　2020 年驾培行业面对变化的应对之道

中国交通运输协会驾驶培训分会对驾培行业关注重点的抽样调查显示，当前驾培行业关注的主要热点除了学时对接、行业监管和驾考等相关政策外，对发展趋势以及经营管理模式等也很关注（见表 4），这反映出驾培行业内都对能效提升、经营模式调整和未来应对之道正在进行深入的思考。

驾培行业竞争日益激烈，行业抱团取暖趋势越来越明显，在这个过程中，新产品和新技术的产生及发展已经成为不可忽视的力量，驾培行业的发展也已经走到了拐点。对于驾校而言，“降本、增效”和数字化转型已经成为未来生存和发展的必经之路。

表 4　对驾培行业关注重点

选项	关注比例（%）
学时是否全面对接和严格管理？	53.45
“黑驾培”如何得到有效管控？	52.1
驾培市场的未来发展趋势是什么？	50.34
驾驶考试内容和政策是否还会变化？	35.04
对教练员怎么进行有效管理？	27.98
到底是挂靠经营模式好还是直营模式好？	25.21
驾培市场什么时候是谷底？能否会触底反弹？	24.79
驾校用地问题如何解决，怎么避免被强拆？	23.19
驾校品牌联盟或者集团化、集约化是否可行？	22.61
无人驾驶未来对驾培行业的影响到底有多大？	21.26
驾校区域合作自律经营如何避免垄断嫌疑？	19.58
并购重组驾校的时机是否合适？	16.72
教练员职业资格证有报考的必要吗？	16.55
驾校行政许可是否会改为备案制？	15.29
当前建社会化考场的政策风险和市场风险大不大？	14.87
驾校安全责任倒查如何做到尽职免责？	13.19
其他	1.6

（一）系统性降低成本

1. 精细化

以往驾校主要采取经验式的粗放管理，经营管理不细致，执行过程中随意性高，成本往往在细小的环节上发生，因此需要运用程序化、标准化的手段对具体业务精细化，进行横到边、纵到底的全面管理。

2. 新能源化

驾校的成本结构相对而言比较简单，主要包括人力成本、教练车成本和场地成本，其中场地成本可调整空间较小，人力成本和教练车成本成为降本的关键因素。以下逐一进行分析，以便从具体的行业生产资料和生产关系中，找到驾校降低成本的有效方法和实现路径。

众所周知，教练车的投资成本和使用成本动辄需要几十万元甚至数百万元的资金投入，这对于任何一个从业者而言都是不小的压力，因此，对教练车的选择，一直都是校长们和教练员们的重点讨论话题。驾校对教练车的选择主要考虑三个因素：考试车型的匹配、一次性购车成本、车辆在使用过程中的经济性和耐用性。

（1）考试车型的匹配

从考试车型匹配的角度看，驾校的决策权不大，更多的是被动配合，根据所在区域内考场的使用车型，匹配驾校用于给学员培训的车型，这应该是绝大多数驾校校长的思考方式和普遍思维模式，这样学员会更加熟悉车辆，从而提高考试通过率，事实是否如此？如果更加深入地探究一下这背后的逻辑，也许能得出不同结论。

驾校是一个经营性组织，是一个营利性机构，为了提升培训效率而使用考试车型进行训练的背后逻辑基础有两个：一是可以让学员在更短的时间内通过考试，驾校获得好的口碑；二是降低培训时长，从而降低人力成本、油耗成本、场地使用成本、车辆磨损等。因此，在这里隐含着一个假设，即如果教练车车型和考试车型不一致，就会导致培训成本增加，然而事实并非如此，具体分析如下。

首先，如果有一款教练车，可以大幅降低教练员日常使用的成本，比如油耗成本只是考场使用型号车辆的 20%，比如维修保养费用只是考场使用车型的一半，从实用层面和经济性的角度来说，这样的教练车会更适合驾校的选择。学员可以在大部分的培训练习过程中使用更加便宜的车型，熟练掌握各项技能，如果有需要，教练员可以安排学员在考试前使用考场的车型进行集训或者熟悉训练。

其次，现在市面上大部分考试车和教练车的操作感和尺寸并无很大差别，对于考试的通过率未必有明显的影响，用东风爱丽舍、大众桑塔纳和大众捷达车进行对比，这三款最常见的教练车的尺寸并没有很大的差别（见表 5）。

表 5 三种教练车尺寸比较

指标	东风爱丽舍	大众桑塔纳	大众捷达
长（mm）	4427	4473	4487
宽（mm）	1748	1706	1706
高（mm）	1476	1469	1470

因此，与考场的车型是否一致，并不应该成为驾校选择教练车的必要条件，更多的应该根据自己的需求来选择适应培训教学需要的、更加节省运营成本的品牌和车型。

（2）一次性购车成本

目前市面上大部分教练车价格在 6 万 ~8 万元，常用的大众系列和雪铁龙系列都在这个范围内，各个地方品牌、某些特殊品牌的价格也许略低于或高于这个范围。通常来讲，一次性购车成本对驾校和教练员来说都是投入较大，且折旧速度较快的部分，但又是不得不发生的生产资料开支，而且必须在规定的时间范围内进行淘汰和更换，因此一次性购置成本太高。如果可以通过分期付款或融资租赁的方式，将一次性、大金额支出分摊到几年的时间内进行支付，则是一项明智的选择。

（3）经济性和耐用性

这两者其实是同一个因素，都是为生产者在生产过程中节省开支。经济性指的是，车辆在使用过程中油耗和维修保养成本较低，目前市面上的教练车根据不同的能源消耗情况，大概可以分为三种：汽油教练车、天然气教练车、电动教练车。如果按照饱和培训量来看，汽油教练车一天的培训费用约80元，天然气教练车一天的培训费用约40元，电动教练车一天的培训费用约10元，其中的成本差异显而易见。维修保养成本是教练车方面除了油耗之外的第二大开支，对比这三种类型的车，天然气教练车的耐用性显然是最差的，其车辆寿命约为汽油教练车的一半，维保的开支是汽油教练车的一倍以上；其次是我们最为熟悉的汽油教练车，随着使用年份的增加，由于其机械设计的缘故，再加上教练车长期在低速状态下行驶，购买使用四五年后，教练车维修成本将显著提升；而电动教练车的设计简单，电池、电机、电控都属于组装并不复杂的模块化产品，损坏的概率较小，如果需要更换，成本也不高。

综上所述，电动教练车在成本控制的对比中有显著的优势。目前市场上已经出现了性价比很高的电动教练车辆，非常契合“高频短途低速”的培训场景应用。另外，利用已有训练场地建设发电、充电和储能设施可以进一步增收并促进环境保护，打造绿色、节能、低成本运行的新能源驾培模式。

3. 智能化

驾校成本结构中另一个重要的可变成本是人工成本，占总成本的一半左右，对机器人教练、VR等智能教学手段的应用，可以减少至少50%的教练员、安全员人工投入，从而在保证达到培训标准的情况下大幅降低驾校人工成本。同时，智能教学方式将通过大数据来区分学员的画像，并为每一位学员提供定制化的培训和服务。

如同对电动教练车的选择一样，驾校管理系统和智能教学系统也已经被越来越多的驾校所认可，并在日常经营中普及和应用，提升运营和管理效率，降低人员成本。

智能化培训方式是驾培行业教学方式的一次革新，从人工教学模式到人工+智能教学模式，是科技运用在驾培行业的一次成功创新，也是2019年世界智能网联汽车大会所展示的科技创新成果在驾驶培训领域的率先应用。

2019 年，驾校管理系统领域出现了一款名为“驾多多”的管理系统（见图 17），它有别于传统驾校管理软件，更加灵活和便捷，有助于提升驾校管理效率，降低管理成本，给校长、财务、前台、教练、学员提供不同的端口，快速有效了解学员的培训情况和驾校运营状况。

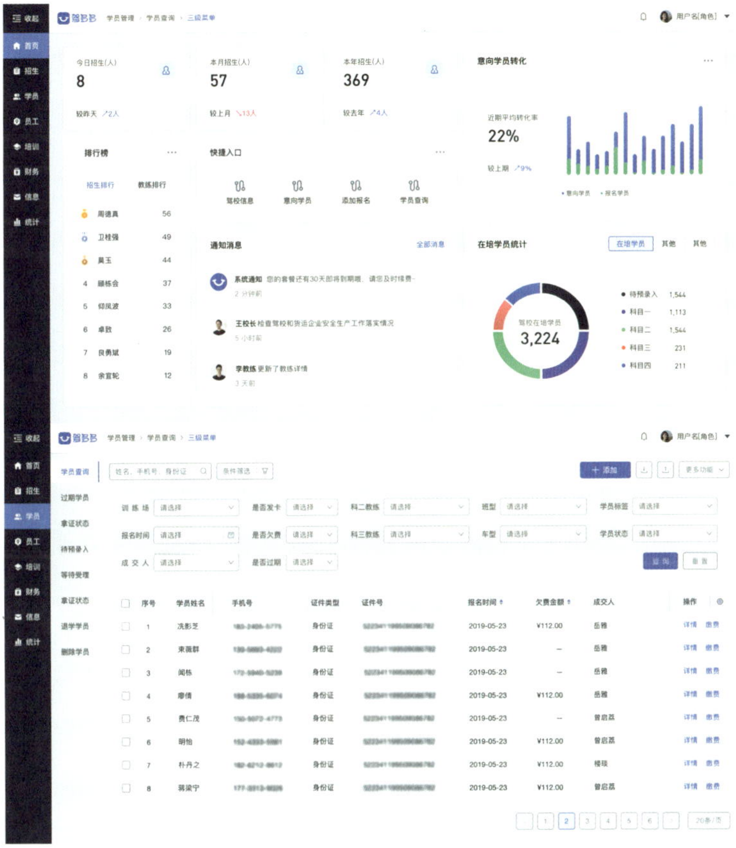

图 17 “驾多多”管理系统

（二）结构性增效

驾校的增效可以从两个维度考虑，一是通过增加招生、提高学费来增加效益；二是提高生产和经营的效能。

1. 增加效益

从传统的角度看，增加效益的主要途径就是增加学费收入，虽然现在很多驾校都在通过各种方式让自己的收入多样化，但整体来看驾校的收入构成依然比较单一，学费收入仍然是主要组成部分。驾校增加学费收入的方式主要是增加学员数量和提高学费。增加招生数量的来源主要有两方面：一是购买流量资源，但流量已经越来越贵，驾校越来越难以承担昂贵的流量成本；二是增加销售人员，然而人力成本也呈逐步递增的趋势。由此可见，驾校努力的方向是要开拓新的方式来增加效益。

在供求关系不平衡的今天，驾校需要提升口碑和知名度，提高品牌溢价能力，这才是增加学员数量和提高学费的终极路径。

首先，驾校需要树立服务意识，真正以学员需求为导向，服务前置，通过人文关怀、班型差异化、教学个性化、互动趣味性、环境配套提升、证后持续服务等方式提升客户体验，获取口碑，形成传播力。

其次，品牌是企业服务、运营和管理能力的综合呈现，驾校通过高质量的服务和管理塑造品牌，通过粉丝化、社群化运营增强客户黏性并降低价格弹性，由此形成的品牌溢价能力才是增加学员数量和提高学费的终极路径。

例如，深圳市鹏城机动车驾驶员培训有限公司（简称鹏城驾校）的美甲服务已经成为标志性的服务，梁山水浒驾校为年轻的妈妈们提供照顾孩子的服务。除此之外，无锡 2019 年驾培行业短信满意度调查结果出炉，全市驾校平均满意度为 97.97%，较去年同期提高了 1.29 个百分点。

案例 3　趣学车全面开展员工回炉培训　提升服务水平

2019 年，趣学车全面开展员工回炉培训，从岗位理解、接待礼仪、流程规范、服务用语、教学规范等多方面进行培训，全面提升服务人员和教练员的服务教学水平。具体培训安排见表 6。

表 6　趣学车回炉培训安排

序号	培训主题（学习 + 考核）	培训内容	时长（分钟）	完成时间	考核方式
1	走进趣学车	企业介绍——走进趣学车	45	2 月 9 日前	企业文化考试 + 扫码考试
	趣学车文化	企业文化——趣学车文化			
2	科目零	科目零概念及安全意识宣导（盲区、速度、敬畏、风险预判）+ 案例	30		
	驾校各岗位职责说明	管理人员、服务人员、教练岗位范畴、核心重点工作			
3	接待礼仪	目光、手势、坐姿、站姿、走姿	30		
	着装规范	着装要求、仪容仪表（工服 & 无工服）			
4	服务用语	电话服务用语、面谈服务场景、其他服务用语	30		
	场地及车辆规范	场地卫生、车辆卫生、车辆使用标准			
5	教学规范	教学流程、考试内容	40	2 月 16 日前	扫码考试
	安全规范	安全生产责任法、教学安全			
6	客户投诉应急预案	投诉处理流程，投诉、工单产生原因，如何预防、减少投诉、工单产生	30		
	良好心态	良好的心态调整			

图 18 为趣学车为培训准备的教练员、服务人员、管理人员手册。

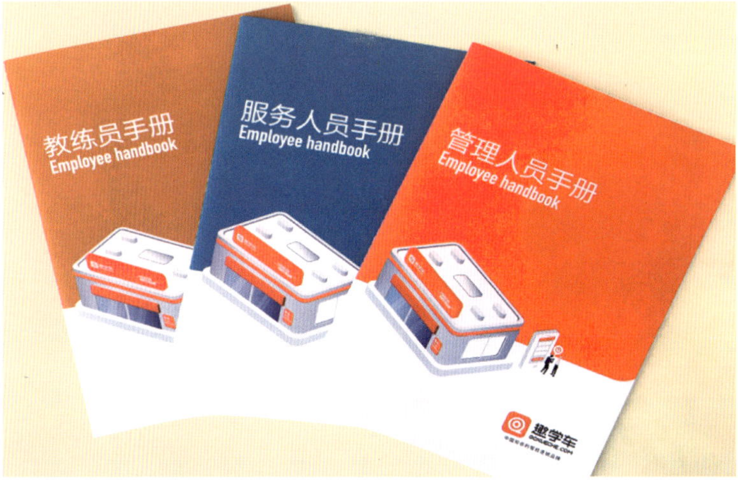

图 18　趣学车培训手册

图 19 为趣学车培训现场。

图 19　趣学车培训现场

从趣学车的案例可以看出，驾校经营者对细化服务和加强员工培训的诉求越来越多，让教练员和服务人员有更好的标准和流程仅仅是开始。除此之外，已经有驾校开始通过生产资料和生产关系的改变迅速提升效率和降低成本。

2. 提高效能

第一，标准化。驾校提高效能的主要途径之一就是业务和管理流程的标准化，本质上是最优方法和最佳模式的固化。

第二，连锁化。随着驾培相关政策的进一步放开，分散而无序竞争的驾培市场其实为连锁化经营准备了良好的土壤，一旦驾校形成高效的业务和运营标准化体系，通过连锁经营的模式进行输出和复制可以带来驾培市场资源的高效利用。

（三）数字化转型

数字化转型是利用数字化技术和能力驱动企业商业模式创新的一种方式，

驾培行业的数字化转型已经初露端倪，从发展路径上将经历从信息化到数字化的过程，一旦成型将给传统驾校带来根本性的颠覆。

1. 信息化

信息化是将现代信息技术与先进的管理理念相融合，转变企业业务流程、传统管理方式、生产方式、经营方式和组织方式，重新整合企业内外部资源，从而提高企业效率和效益，逐步增强企业竞争力。目前驾培行业内已有头部机构基于连锁驾校的成功实践，将先进经营管理模式集成开发为 SaaS 信息管理平台，部分具有前瞻意识的驾校在试用后运营管理效率已经获得显著改善。

2. 数字化

驾校的数字化就是通过信息管理系统自动连接电动教练车、机器人教练、智能教学系统、学员、教练员以及驾校各部门，形成一个“人 + 车 + 软件 + 硬件 + 数据”的一体化运营系统，这种数字化驾校可以重构产业价值链和商业模式，以低成本、高效率提供精准营销、最优化教学、人性化服务并自动监督改进教学服务质量，优化驾校产能，还可以将学员引导至驾驶培训后市场，向学员提供贴身定制的汽车金融、车辆购置、维修保养、汽车保险等延伸服务，从而对转型速度慢的传统驾校形成降维打击。

五　政府引导行业有序发展

在过去的几年里，政府主管部门出台了一系列政策规范驾培行业，并进一步推进驾培市场的开放，《国务院办公厅转发公安部交通运输部关于推进机动车驾驶人培训考试制度改革意见的通知》（国办发〔2015〕88 号）明确提出，要进一步开放驾驶培训市场，严格按照国家相关法律法规实施驾校准入许可制度，对符合法定条件的申请人，道路运输管理机构不得以任何理由拖延或者禁止准入，不得增设任何额外条件。《国务院关于取消和调整一批行政审批项目等事项的决定》（国发〔2015〕11 号）取消了机动车驾驶员培训机构教学负责人、机动车驾驶员培训结业考核人员从业资格许可；2016 年 2 月，

《公安部、交通运输部关于做好机动车驾驶人培训考试制度改革工作的通知》（公交管〔2016〕50号）全面取消异地限制，流动人员跨市跨省办证更加方便。2018年10月，《国务院关于在全国推开“证照分离”改革的通知》（国发〔2018〕35号）发布。

为深入贯彻落实国办发〔2015〕88号文件、国发〔2018〕35号文件的相关要求，交通运输部于2019年7月16日发布《机动车驾驶员培训管理规定（征求意见稿）》，该部令的三大修订原则如下。

（1）统筹兼顾。此次部令修订，既要统筹处理好与《中华人民共和国行政许可法》《中华人民共和国行政处罚法》《中华人民共和国道路运输条例》《中华人民共和国道路交通安全法》等相关法规的紧密衔接，贯彻落实国办发〔2015〕88号文件和国发〔2018〕35号文件精神，也要结合机动车驾驶员培训行业新形势需求，加快互联网、信息化等先进技术手段和信用管理体系建设，加强事中事后监管，推动行业监管方式和制度创新。

（2）惠企便民。此次部令修订，从制度上保障行政审批提交材料简化到位、行政审批时限缩短到位、行政审批流程优化到位，给予机动车驾驶员培训经营者更多自主经营权，进一步优化营商环境，创造公平有序的市场环境；强化网络远程学习、学时预约等便利学驾措施，赋予学员更多自主选择权，让改革和发展更多更好地惠及人民群众。

（3）提升质量。此次部令修订，坚持问题导向和目标导向，以行业普遍存在的培训质量不高和服务质量不优为重点，对教学不规范、服务态度较差等影响培训与服务质量的行为，丰富监管手段和处罚措施，全面提升培训与服务质量。

可见，行业政策依然在不断地调整，主要体现在以下几方面。

1. 小型汽车驾驶证全国“一证通考”

2019年4月7日，公安部印发了《关于印发〈深化公安交管“放管服”改革10项便民利民服务措施〉的通知》（公交管〔2019〕187号），在2018年推出20项公安交管“放管服”改革措施的基础上，又推出5类业务异地通办、5项服务便捷快办等10项改革新措施，其中有三项涉及驾培行业。

2019年4月公安部在推进考试成绩全国联网基础上，推行小型汽车驾驶证全国“一证通考”，持身份证可在全国任一地直接申领小型汽车驾驶证；推行科目考试异地办理，如果居住地变更，可直接转至现居住地继续参加考试，已通过的成绩继续有效。

以往的驾培市场是固化的。在培训环节，学员在学车过程中很难更换驾校；在考试环节，学员在考试过程中不能更换考试地，只能在一个市县范围内的考场申请考试。全国“一证通考”政策给驾培市场带来了更大的流动性，可以在科目一考试合格后在全国范围内申请培训、考试的迁入迁出。

2. 考试管理工作进一步加强和规范

2019年11月27日，公安部交通管理局发布了《关于进一步加强和规范驾驶人考试管理工作的通知》(公交管〔2019〕527号)，进一步加强驾驶人考试管理，规范驾驶人考试工作，保障驾驶人考试公平公正，并深入推进交管“放管服”改革措施落地落实。

3. 加速完善驾培监管机制

2020年4月1日，广东省交通运输厅和广东省公安厅联合发布《广东省交通运输厅　广东省公安厅关于进一步完善机动车驾驶培训监管机制的通知》，通知中对国办发〔2015〕88号文件和《广东省人民政府办公厅转发省公安厅省交通运输厅关于推进机动车驾驶人培训考试制度改革实施方案的通知》(粤府办〔2016〕77号)的相关要求做了进一步的明确指导，核心的内容如下。

(1)交通运输主管部门应按照国家有关规定审核学员培训信息，并将信息通过培训监管平台实时共享至交警服务平台，各地公安交管部门在受理学员预约考试申请时应核查学员培训情况。通知特别指出，交通运输主管部门应加强对培训监管平台的维护，并联合相关部门加强计时系统、计时设备的监督检查，确保系统运行安全、稳定、可靠，培训信息真实、有效和即时共享。

(2)交通运输主管部门和公安部门要根据情况逐步提高培训考试供给能力和服务管理水平，通知中特别说明要实现全省培训学时审核结果互通互认，推行计时培训计时收费、先培训后收费，便利学员跨地区、跨驾校和自主选择考试地点。

（3）加强交通运输主管部门和公安部门的沟通协作，形成监管合力。交通运输主管部门将驾培机构、教学区域、教练员和教练车以及驾培机构核定培训能力等信息共享给公安部门；公安部门将教练员机动车驾驶证信息、交通违法违纪记录、道路交通事故记录、学员取得驾驶证后三年的交通违法率等信息，共享给交通运输主管部门。

由此可见，交通运输主管部门和公安部门在各个方面的协作将越来越多，一直走在市场化前沿的广东省又一次推动了跨部门、跨地区的协同合作，在计时培训信息共享、共同严格监督培训服务质量、共同加强对驾培机构的监管等各方面，双方都将付出更多的努力。

4. 摩托车考试成为新增长点

随着强制性国家标准《电动自行车安全技术规范》（GB 17761—2018）（以下简称电动车新国标）从 2019 年 4 月 15 日开始正式实施，原先年销量超过 2000 万辆的超标电动车市场，将根据消费者的选择而划分为电动自行车与电动摩托车两大类。根据电动车新国标的规定，电动自行车需具备脚踏骑行能力，整车质量禁超 55kg，最高时速不超过 25km/h，电机功率不超过 400W，蓄电池标称电压不超过 48V。摩托车驾驶培训收费 1000~2000 元，对于不符合电动车新国标的电动两轮车辆，应纳入机动车范畴，按照电动摩托车或电动轻便摩托车产品进行管理，上牌照及驾照流程和机动车类似，这就为驾校开辟新业务提供了一个新的增长点。

2019 年，整个驾培行业竞争益发激烈，而 2020 年新冠肺炎疫情的暴发对驾培行业产生了很大的影响，驾校通过多种方式谋求发展：一方面通过精细化、新能源化和智能教学来系统化地降低成本；另一方面通过积极开拓线上营销、提供差异化服务增加效益，通过标准化和连锁化提高驾校的生产效能。更为重要的是，新冠肺炎疫情让驾校深刻体会到信息化、数字化已是大势所趋，更多的驾校会在一个更为开放的市场环境中分享数字化转型带来的红利。

B.2
2020年驾培行业发展展望

安道利　邢海燕　胡 煜 *

摘　要： 驾培行业最突出的矛盾是供求失衡，由此引发了严重的恶性竞争，2020年受新冠肺炎疫情的影响，驾校的招生数量、考试数量、培训数量缩水，与2019年相比下降20%~30%，而且疫情对驾培市场的影响预计将贯穿全年。虽然驾培市场受到了较大的冲击和挑战，但品牌驾校竞争力会有所提升，驾校抛弃原有的粗放管理模式，探索精细化管理、信息化管理等先进的管理方法。

关键词： 供求失衡　恶性竞争　品牌驾校　市场集中

2020年，新冠肺炎疫情（以下简称疫情）暴发，对中国经济产生了巨大的影响，对驾培市场的影响也是巨大的，预计可能贯穿全年。它加速了驾培行业的洗牌，但也为品牌驾校的发展带来难得的机会。

一　疫情对我国驾培市场的影响

（一）对驾校生产经营的直接影响

从行业基本面看，劳动密集型行业受疫情影响较大，其中包括交通运输

* 安道利，中国交通运输协会驾驶培训分会专家、山东蓝翔驾校校长；邢海燕，中国交通运输协会驾驶培训分会副会长、河北省燕赵机动车驾驶员培训有限公司董事长；胡煜，趣学车安全驾驶研究院研究员。

业、教育行业等。驾培行业也属于劳动密集型行业，故疫情对该行业的影响是巨大的。具体表现如下。

1. 停考、停训导致驾校招生困难

停考和停训是密不可分的，不能考试，驾校就不会开训。停训、停考的具体表现在如下。第一，驾校停训，招生变得困难；同时，学员学车意愿下降，疫情后期或结束后学员需要恢复，驾校需要一段时间才能恢复正常培训，直接影响驾校及其员工的收入。第二，驾校全年的培训计划需要调整、重新制定。第三，驾校赢利与否，取决于合格学员的人数。连续三个月零培训会导致亏损，并产生持续亏损。第四，停考会导致社会化考场利用率低，对考场的收益产生重大影响。第五，出于对抗疫情的需要，驾校管理架构要进行一定的调整。

2. 成本几乎没有下降

驾校收入下降，但成本几乎没有下降。第一，地租房租成本没有下降。虽然国家及各省份①几乎都出台了减免地租房租的政策，但驾校大多没有享受这项政策。第二，驾校的经营受到很大的冲击，连续三个月只有支出没有收入，全年成本未下降或下降不多，而人均利润大幅下滑、人均成本大幅上涨。第三，中国交通运输协会驾驶培训分会在疫情期间曾联合“驾校一点通”平台在行业内开展了当前驾培行业复工复训相关问题及对策调研，结果显示：受疫情影响，预计一季度近 50% 的驾校营业收入下降 90% 以上；疫情对驾校生产经营产生的其他重大影响包括现金流不足、学员流失、员工不稳定、教练员转行等。

（二）对驾校生产经营的间接影响

疫情暴发后，部分消费者心理恐慌、消费信心不足，驾校报名人数锐减；有些驾校自疫情暴发后，没有开展任何招生工作。

另外，由于大部分家庭在疫情期间无收入或者收入减少，购买力和学车意愿下降，消费延迟，对驾校收入产生间接影响，驾培市场恢复还需要一段时间。

---

① 本书中省份包括省、自治区、直辖市。

1. 资金压力大

第一季度是驾校资金回笼的主要时期，回笼资金一般占全年的 1/3~1/2，很多驾校第一季度的现金流是用来保障前三个季度的支出。但 2020 年 1 月正值春节期间，大部分驾校还没有做资金回笼的工作，2 月又进入防疫抗疫阶段，原本现金流最旺的季节没了现金流，给全年的资金回笼带来考验。

2. 生源压力大

（1）疫情一定程度上缓解后，急于恢复正常工作、生活的人们，对于学车、考证的需求意愿不会骤增。

（2）外出打工者错过假期返乡的学车时机，会等待下一个返乡假期再学车，或者直接在打工地学车。

（3）大学生生源几乎完全丧失，学车的意愿度需要逐步恢复。

（4）在疫情期间人们已经适应了线上生活，但是很多驾校还没有实现线上招生。

3. 管理压力大

2020 年 2~4 月，驾校没有或极少复训，给驾校管理者和员工带来新的挑战。

（1）在这三个月内，唯一能做的经营活动是招生，且主要依靠线上方式，这给驾校管理者和员工带来了挑战。之前驾校招生主要在线下进行，被称为“传统行业”的驾校能在线上所做的工作少之又少，很多驾校都是从零开始学习线上招生。

（2）无法训练和考试导致驾校员工收入大幅下降，特别是一些以挂靠承包模式经营的驾校，员工收入几乎为零，导致大量驾培从业人员离职。

（3）管理人员如何在疫情影响下进行员工管理、驾校经营，成为驾校经营者的新课题。

驾校管理者在做好业务管理同时，还要做疫情影响下的员工心理建设、团队建设等工作。

（三）对驾校经营的其他影响

疫情对驾校经营可能产生的影响，还包括对驾校经营管理者、员工以及学员带来的心理冲击。

1. 驾校经营管理者心理

近年来，驾校本来就处于转型期，疫情的影响在一定程度上加大了转型的难度，延长了转型周期，经营管理者对2020年驾培市场的投入会更加谨慎。

2. 驾校员工心理

驾校员工在对驾培行业的短期前景不确定的情况下，会萌生离职、转岗等心理。一般而言，如果离职率高于30%，将直接影响驾校的培训业务和团队稳定。

3. 学员学车心理

疫情的发生会直接影响学员学车的选择。疫情在一定程度上缓解后，对于学员而言，生活恢复一般优先于学车选择，短期内可能会选择旅游娱乐等放松身心的消费，而不会优先选择学车考试这样有压力的事情。从深层次看，还可能改变学员的消费习惯。

（1）形成“慢学慢考”的思维方式

由于疫情的影响，人们的很多计划在滞后进行，这种滞后的影响传导到驾培行业，会导致学员形成“慢学慢考”的思维方式。具体表现为驾校、教练着急，学员不着急，与学员沟通时间拉长，从而影响驾校市场开拓、培训、考试的进度。

（2）对性价比更加看重

受经济下行、个人收入下降影响，学车人群会更加谨慎，无论是决定学车与否，还是选择驾校、班型，学员对性价比会更看重。学员对驾校的营销活动会更关注，但老套的营销活动不再起作用，一些创新的营销，特别是互动型、娱乐型、公益型的营销更能激起学员的参与意愿。

二　2020年驾培行业发展趋势

近几年来，驾培行业产能严重过剩，需求端因为人口红利的消失而减少，2020年又受到疫情的影响，供远大于求。在生存压力的驱动下，驾培市场可能会发生价格恶战。

与此同时，驾培行业到了全面通过市场手段去产能的阶段，一批驾校经营难以为继，转让和廉价售卖成为定局，学员如果安置不妥当，可能诱发群体性事件。湖南长沙、安徽合肥、辽宁本溪等地已经有驾校开始联系转让事宜，且这种情况有明显的扩大趋势。

（一）2020年驾培的价格走向

1. 多数驾校2020年价格会先稳后乱

2020 年四五月是驾培价格的稳定期，培训、考试刚刚开始，培训量、考试量受防疫限制，驾校一般不会大幅度降价。

6~8 月驾校一般会做促销活动，除了招生，会重点推进培训进度和考试进度，这一阶段会形成培训、考试第一波浪潮，在此情形下，驾校大幅度搞价格战的可能性极小，不会形成价格恶战局面。

9~12 月是驾校最容易拼价格的时期。全年招生任务能否完成，集中压在这四个月，这会促使部分驾校在招生乏力的情况下进行打折促销。

2. 品牌驾校价格会先稳后升

2020 年品牌驾校的价格不会有较大变动，一般不会积极参与价格战，而是更加积极地塑造品牌。品牌驾校为了追求年度利润和学员满意度，会引领当地驾校保持价格稳定，部分地区甚至会出现下半年比上半年价格上涨的局面。

（二）2020年学车高峰时间

1. 上半年没有学车高潮

2020 年上半年因防疫常态化的要求，培训、考试都在防疫状态下进行，而且以消化存量为主，无法进行大批量大频次的考试，新报名学员培训、考试进度会较慢，上半年不会出现学车高潮。

2. 下半年学车高潮延后

疫情基本缓解后，会出现驾校集体跟风促销活动，如果培训、考试紧张状态未得到充分缓解，会继续积压到下半年，下半年学车高潮延后概率就会加大。

3. 下一个春节前会迎来学车小高潮

以社会生源为主的驾校在2021年春节前，会更多地将旺季往前拉或提前锁定，因此春节前会迎来一个学车小高潮。

（三）行业集中度越来越高

受整体生源数量下降趋势和疫情的影响，驾培行业的“马太效应”凸显，经营能力较弱的驾校将陷入生存困难的境地，市场需求向经营能力突出的驾校集中，驾培行业将从分散自由竞争的格局逐步向区域寡头竞争的格局演变，经营能力强的驾校将占有越来越多的市场份额。

1. 市场两极分化越来越明显，生源流向品牌驾校

从中国交通运输协会驾驶培训分会对2019年驾校招生数量、利润、价格的调查结果中可以发现，招生数量增加、利润增加、价格上涨的驾校数量占比大多在10%~30%，符合二八原则，说明有少部分驾校生源、利润、价格是逆势增加、上涨的，这些驾校是品牌较好的驾校，因此未来驾培市场品牌分化趋势明显。

2. 品牌集中有利于驾培市场的长远发展

未来将有更多的驾校注重打造品牌，对行业的建设发展更有利。在这个阶段，个体品牌与区域连锁共存共荣。

3. 教练个人品牌开始崭露头角

通过教练工作室、教练团队等形式，驾校开始尝试探索打造“品牌教练”。

案例1　燕赵驾校品牌教练韩涛

河北省燕赵机动车驾驶员培训有限公司（简称河北燕赵驾校）韩涛教练在驾校“品牌教练工程”的推动下，成为一名优秀的品牌教练，以下是韩涛教练的教学案例。

有一名女学员，是一名人民教师，因为总是找不到开车的感觉，学车进度缓慢，有点丧失学车的信心。韩涛教练主动接收了这名学员，并为她制定了个性训练方案，每天鼓励她，边训练边调整方案，最终这名学员一次性通

过了考试。

教师节那天，驾校邀请了部分学员来给教练过教师节，这名学员虽然未接到邀请，但是她主动捧着一束花冒雨来到驾校，为韩涛教练过教师节。

疫情期间，韩涛教练主动联系每一名学员，了解学员疫情期间的需求，并做好记录。当他得知有一名学员在隔离点为隔离人员服务时，每天都与该学员沟通，鼓励他，并搜集防护措施、方法发给这名学员。

在韩涛教练的微信通信录里，所有学员名字前面都有俩字：负责。他说他要为每一名学员的安全负责，时刻提醒自己：学员的安全，我负责！

教学时，韩涛教练不仅以最快的速度教会学员应试内容，而且用大量时间来教授讲解考试以外的东西，为学员传授更多安全驾驶技能、安全驾驶意识。

所有毕业学员，韩涛教练都会定期回访。比如，问问学员车辆开得怎么样，驾驶过程中有没有遇到什么问题，等等，他希望及时为学员提供一些开车应急指导。

韩涛教练注重在教学大纲的基础上因人施教，为每位学员制定学车计划、考试计划。他还额外把每个学员的职业岗位做好统计，把自己变成了一个招聘应聘平台，每个月都为学员提供多次招聘应聘对接，在学员圈里形成“找工作找老韩，招聘应聘不再难”的好名声。

案例 2 “郭伟劳模工作室”2019 年被蚌埠市总工会授牌

安徽蚌埠市新东方驾驶培训有限公司（简称新东方驾校）通过企业文化把全体员工紧紧地团结在一起，用身边的“道德模范”“中国好人”来引导员工，用“驾培工匠”激励员工，用文化走廊感染员工，用“郭伟劳模工作室”鼓舞员工，调动和激发了员工的工作积极性、主动性和创造性，涌现了一批“驾培工匠”和金牌教练员。

郭伟教练员在 2017 年 11 月，荣获“安徽省第二届职工技术比武机动车驾驶培训教练员技能大赛”一等奖；2018 年 1 月，获得“安徽省五一劳动奖章”。

（1）“郭伟劳模工作室”管理制度

“郭伟劳模工作室”成员在做好驾校教学训练、服务好学员的前提下，每月组织学习一次，根据教学研究和训练需要安排新理论、新规定、新技术、新方法的学习，以便提高全体教练员的执教能力。

定期召开教学形势分析会，汇总前一阶段教学情况，查找问题、总结经验，提出改进意见或措施，针对发现的问题，及时找准对策进行解决，并布置下一阶段工作任务。

严格执行驾校的各项规章制度，组织工作室人员开展规范化教学培训，同时注意基础资料的收集和管理。

对新教练员专门进行专业理论知识、操作技能和规范化教学培训，大力培养技术骨干。

（2）郭伟创造完善的几大教学法

激趣法：教学中，要为学员创造团结友爱、互助共进的良好氛围，使他们在枯燥辛苦的训练过程中，苦中有趣，累而无怨，顺利完成训练。

分解法：训练中，把每个环节分解到操作的每一个动作中，提出详尽的训练要求，严格训练，规范操作，培养学员养成良好的驾驶习惯。

督导法：训练中，教练员必须坚持跟车督导检查，及时发现、纠正学员错误和不规范操作，使学员在训练中少走弯路。

制约法：培训中，要敦促学员自觉遵守训练纪律，严格执行操作程序，养成良好的驾驶习惯。

渐进法：为打消学员畏难情绪，坚持把训练大纲贯穿于行为训练始终，严格要求，循序渐进，逐步加大训练强度、难度，以达到最佳学习效果。

体验法：要激励学员在操作过程中自我揣摩，反复体验，引导学员之间相互交流，教练员及时给予指导，以便快速提高操作技能。

鼓励法：对“胆子小”的学员必须耐心帮助，讲清原理，解除思想顾虑，鼓励其大胆练习，把学习驾驶变成愉快的过程。

“郭伟劳模工作室”以“相约一次，相伴一生”为口号，形成了具有新东方驾校特色的企业文化。毕业学员说：短暂而愉快的学车时光结束了，这一切都将成为回忆，但无论将来驱车到海角天涯，我都不会忘却新东方驾校……

（四）2020年行业政策发展动向

1. 公布《全国安全生产专项整治三年行动计划》

2020 年 4 月 1 日，国务院安全生产委员会印发《全国安全生产专项整治三年行动计划》(以下简称《行动计划》)，在全国部署开展安全生产专项整治三年行动。专项整治三年行动从 2020 年 4 月启动至 2022 年 12 月结束，分为动员部署、排查整治、集中攻坚和巩固提升四个阶段。

《行动计划》包括 2 个专题实施方案，即《学习宣传贯彻习近平总书记关于安全生产重要论述专题实施方案》《落实企业安全生产主体责任专题实施方案》和 9 个专项整治实施方案，即《危险化学品安全专项整治三年行动实施方案》《煤矿安全专项整治三年行动实施方案》《非煤矿山安全专项整治三年行动实施方案》《消防安全专项整治三年行动实施方案》《道路运输安全专项整治三年行动实施方案》《交通运输(民航、铁路、邮政、水上和城市轨道交通)和渔业船舶专项安全整治三年行动实施方案》《城市建设安全专项整治三年行动实施方案》《工业园区等功能区安全专项整治三年行动实施方案》《危险废物等安全专项整治三年行动实施方案》。

根据《道路运输安全专项整治三年行动实施方案》，在驾培行业，应督促机动车驾培机构和教练员严格执行教学大纲，落实培训内容和培训学时要求，在驾驶培训考试中增加防范隧道事故和二次事故、应急处置、急救实训等内容，提高驾驶人职业素质能力。加强培训质量监管，制定机动车驾培机构质量信誉考核办法，实行严重交通事故驾驶人培训质量、考证发证责任倒查制度。推动驾培机构监管平台与考试系统联网对接，实行培训与考试信息共享。

《行动计划》提出，要推动地方各级党委和政府、有关部门和企业单位务必把安全生产摆到重要位置，切实解决思想认识不足、安全发展理念不牢和抓落实存在很大差距等突出问题；完善和落实安全生产责任和管理制度，健全落实党政同责、一岗双责、齐抓共管、失职追责的安全生产责任制，强化党委政府领导责任、部门监管责任和企业主体责任；建立公共安全隐患排查和安全预防控制体系，推进安全生产由企业被动接受监管向主动加强管理转变、安全风险管控由政府推动为主向企业自主开展转变、隐患排查治理由部门行政执法为主向企业日常自查自纠转变；完善安全生产体制机制法制，大力推动科技创新，持续加强基础设施建设，全面提升安全水平。到2022年底，力争实现切实消除一批重大隐患、形成一批制度成果，建立健全公共安全隐患排查和安全预防控制体系，扎实推进安全生产治理体系和治理能力现代化，实现事故总量和较大事故持续下降，重特大事故有效遏制，全国安全生产整体水平明显提高，为全面维护好人民群众生命财产安全和经济高质量发展、社会和谐稳定提供有力的安全生产保障。

《行动计划》提出，各地区、各有关部门和单位要加强组织领导，深刻认识完成专项整治三年行动的重要性，强化领导责任，勇于担当作为，层层抓好组织实施；完善法规制度，注重运用法治思维和法治方式，推动解决安全生产重点难点问题，制修订一批安全生产强制性国家标准、行业标准；强化保障能力，完善支持安全生产工作政策体系，强化中央和地方财政对安全生产工作的经费保障，培育发展一批有实力的安全技术服务机构；改进监管方式，实施分级分类精准化执法、差异化管理，深入开展“四不两直”明察暗访、异地交叉检查，加强宣传教育；严格问效问责，加强督促检查，对整治工作不负责、不作为，逾期没有完成目标任务的，坚决问责，确保整治工作取得实实在在的成效。

2. 驾培政策法规即将开始改革调整

根据《交通运输部关于印发2020年立法计划的通知》（交法函〔2020〕41号）的要求，将对涉及驾培行业的一些法规条例进行修订，文件要求：2020年对《机动车驾驶员培训管理规定》《道路运输从业人员管理规定》《道路运输车辆技术管理规定》进行修订或制定。

《机动车驾驶员培训管理规定》等法规要在《中华人民共和国道路运输条例》的修订后才能依法修订，预计将在2021年修订完成并实施。

3. 驾驶考试政策的调整

自2016年公安部实行“放管服”政策以来，几乎每年都有一些便民利民的政策发布。预计2020年仍然会沿袭“放管服”的思路进行权力下放，最有可能的是把“车驾管业务”大面积下放到县级车管所。目前，《机动车驾驶证申领和使用规定》（公安部令第 139 号）正在修订中，但 2020 年考试规则方面，估计不会有太大的变化。

4．下一步行业政策建议

（1）发挥行业协会的作用，引导行业开展“三保”行动

建议与驾培行业相关的协会，一起发出倡议，引导驾培行业开展“保驾驶培训服务供应、保教学服务质量、保驾驶培训价格”的“三保”行动。通过行业协会和龙头驾校的努力，避免因个别经营不善的驾校停运给学员培训造成不好的影响，帮助驾校渡过目前的难关，维持行业稳定，坚持诚信经营，抱团取暖，共克时艰。

（2）推广新能源教练车，促进节能减排、降本增效

根据《中国道路运输发展报告（2019）》数据，2019 年，全国共有机动车驾驶员培训机构 19741 户，机动车驾驶员培训教学车辆 79.8 万辆，其中小型汽车 74.2 万辆。目前绝大多数小型汽车教练车车型为燃油车。根据《机动车驾驶员培训机构资格条件》（GB/T 30340—2013）和《机动车驾驶培训教学与考试大纲》等相关法律法规和行业标准规范，以 C1 车型为例，驾校年单车最大招生总量（理论培训能力）为 70 人。由此可见，使用燃油车教学油耗成本巨大。

建议各地出台政策加快新能源汽车的推广应用，降本增效，允许新能源教练车上“学”字牌照，将在科目二训练场地等现有用地上搭建发电、充电设施列入建设规划。

（3）落实标准，解决行业用地政策落地的问题

《土地利用现状分类》（GB/T 21010—2017）已经明确，机动车驾驶员培训用地为国家规定的交通运输用地中的交通服务场站用地，但一些地方的驾校场地因为各种原因被拆迁或征收，不利于行业稳定和高质量发展。建议交通运输主管部门牵头，编制驾驶员培训用地相关专项规划，协同土地规划部门积极保障培训用地需求，进一步落实标准、服务行业。可以鼓励以经营性训练场的形式整合现有训练场地，达到训练场地集约化、规范化、规模化应用。

（4）推进“学时对接”，增强管理部门对驾校的管控措施

协同公安、车管部门，全面推进“学时对接”，尽快将“学时管理平台”与“考试预约平台”完成对接，防止学员向学时管控不严的地区流动，更好地管控非法经营的“黑驾培”，减少恶性竞争，保护合法驾校的正当权益。

建议各地协调一致，各级联动，形成全国一盘棋。“学时对接”可根据各地情况因地制宜，先解决对接“有没有”的问题，再解决对接“好不好”“满学时”的问题。

（5）鼓励驾校兼并重组，抓住机遇推动集约化发展

建议研究出台鼓励行业兼并重组和去产能的指导政策，引导实力强的龙头品牌驾校通过托管、兼并、重组、联合经营等方式进行并购，促进驾校规模化、连锁化、品牌化、网络化经营，形成一批主导行业发展的大型驾培集团；鼓励部分地区的试点驾校将现有训练场地转为经营性训练场地，降低驾校的经营成本和风险。

（以上资料来源于2020年4月11日驾校好教练微信公众号：https://mp.weixin.qq.com/s/uScn9IDWRHp62oAOUJ9vjA。）

（五）新技术应用推动行业升级

驾培行业是一个技术含量低、劳动力密集型的行业，生产经营主要依赖车辆和人员的投入，这种生产经营模式导致驾校的生产率一直难有较大幅度的提升。但是在信息、能源技术快速发展和全社会数字化转型的背景下，驾培行业的新技术改造和升级已经是大势所趋。

1. 信息化助力企业从根本上解决痛点问题

进入信息化时代，信息逐渐替代资本、人力等传统生产要素成为关键资源，利用信息系统和工具对信息资源进行深度开发和广泛利用，将持续提高驾校经济效益和企业竞争力。

驾校的经营管理痛点之一是对人力资源的管理，信息化技术将使驾校对人的管理变得更容易，成本也更低。

驾校的经营管理痛点之二是对资金、成本、费用等财务方面的管理，信

息化能够使企业的整体财务管理更全面、快捷和方便，从而增强驾校经营者的管控力和决策力。

信息化将促进驾校经营管理模式的变革，使现有的管理模式从一些执行重复性工作的简单工具提升为一套综合的、基于策略和最佳实践的规范系统，使企业从人治管理转化为制度化管理，从而缩短执行时间、减少执行差错、降低执行成本，进而大幅度提高经营管理效率。

一些大型驾校已经在尝试信息化应用并取得了可喜的成效，可以预见2020 年全行业信息化水平将有显著提高。

2. 新能源车辆将逐步替代燃油车辆

提升新能源车的生产应用比例已经成为国家战略，但是绝大多数驾校的运营车辆仍然为燃油车辆。之前有几个省份的驾校甚至出现了受环保治理影响而短暂停止运营的现象，因此驾校在更换车辆时，可以考虑更换新能源车辆。

同时，驾培车辆“高频短途低速”的应用特点，决定了新能源汽车尤其是电动汽车是行业最经济的车辆形态，可以大幅度降低车辆的运行成本和维护成本。

河北保定五尧驾校科目二考场、重庆西彭驾校科目二考场进行了新能源考试车试点。北京东方时尚驾校，内蒙古圣邦驾校，河南新乡新大驾校，浙江温州畅达驾校，五联驾驶培训学校，河北石家庄宇通驾校、石家庄育华机动车驾驶员培训学校（简称石家庄育华驾校）等全国多家驾校试点新能源教练车应用。

受制于教练车与考试车型的一致性，新能源教练车普及考试车需要在达到一定规模的前提下，才有可能实现。这一进程需要时间，但新能源车逐步替代燃油车是一种发展趋势。

新能源车应用还可以与驾培场地的新能源电源相结合。即在光照条件合适的驾校场地内，建设分布式光伏发电和小型储电设施，从而实现电力自发自用、自给自足，彻底摆脱对商品电力和油气的依赖。

3. 智慧驾培

随着机器人、AI、5G 等技术的发展，智慧驾培初露端倪。智慧驾培不仅指车辆智能化，还包括虚拟现实驾驶培训系统、智能机器人教练、智能人机交互系统、大数据分析以及基于机器学习的智能感知与决策系统等的应用。

智慧驾培是以学员体验为切入点，以“人文 + 大数据 + 智能”为核心的一种驾培新模式，系统地为学员提供标准化的教学方案、个性化的训练方案、智能化的教学技术、主动安全的防护措施和精细化的管理及个性化的服务。

随着 5G 通信技术的普及，以及人、车、场的数字化和互联互通，相信会有更多的驾校开始探索智慧驾培的应用。

三　2020 年驾校面临的机遇及对策

（一）区域性扩张的机会

2020年驾培经营情况及盈利水平的两极分化，将为区域性扩张带来机会。区域性扩张是目前最具可行性的扩张方式。截至 2012 年底，全国共有驾校 10347 户。从驾培市场发展的总体趋势看，2013 年前开业的驾校现在大多进入发展停滞期，只有部分坚持打造品牌的驾校还在继续拓展。大批 2013 年后开业的驾校，开始成为区域驾培市场的主力。

2020 年，由于现金流连续数月的停滞，部分驾校特别是小型驾校急需兑现，这反倒成为部分驾校扩张的好时期。同时，由于驾校的区域性因素及实际距离因素，全国性扩张或跨省份扩张难度较大，所以 2020 年县级区域性扩张将成为主力。

1. 上半年扩张动向不明显

上半年，有实力的驾校开始启动扩张计划，而一些经营能力较差的驾校则可能熬不过2020年，将通过“关、停、并、转”的方式退出当地驾培市场。但上半年驾校还寄希望于市场复活，实际达成扩张的不会太多。

2. 下半年扩张伴随“关、停、并、转”同步启动

下半年扩张的驾校及退出的驾校会下决心进入实施阶段，因此，2020 年下半年到 2021 年初，会有一批扩张合并的区域驾培品牌出现。扩张形式将以控股、托管、承包形式为主，全资收购为辅。

3. 驾培在资本市场会继续探索

2019 年，一些地区的头部驾校借助资本的力量获取领先地位。例如，河南驻马店市的向中国际在港股上市（股票代码：01871.HK），这让驾校看到了多渠道融资的可能性。

案例 1　这家在河南驾培市场份额只占 0.8%的驾校在香港上市了 ①

向中国际在 2019 年 10 月 24 日登陆港交所正式挂牌上市，是港股首家驾校上市公司，市值 2.32 亿元。这是一家来自河南驻马店地区的驾校，旗下拥有驻马店通泰大型机动车驾驶员培训有限公司（简称通泰驾校）、遂平县顺达驾驶员培训有限公司（简称顺达驾校），员工 406 人，其中教练 327 人。创始人和实际控制人为亓向中，2012 年底进入驾培领域。2018 年驻马店市共有驾校 76 家，市场规模 10.8 亿元。该公司在驻马店市场份额占 7.2%，其中大型车辆驾培份额占 33.8%；在河南省市场份额仅占 0.8%。

顺达驾校成立于 2012 年，二级驾校，主要进行 C1 的驾驶培训，租赁有两块合计 48000 平方米的训练场，有教练车 43 辆。通泰驾校成立于 2014 年，一级驾校，主要进行大型客货车的驾驶培训，拥有总面积约 105261 平方米的两块训练场、考场，有大型教练车 82 辆，C1 教练车 62 辆，考试车 15 辆。还有可供 800~1200 名学员食宿的 12 层综合宿舍楼。因为该公司以大型客货车培训为主，学员学车的目的以就业为主，一般都选择全天候参加培训，争取在短时间内学成并拿证。

未来，一些实力雄厚的驾培集团及互联网公司或将整合驾校资源、合并报表打包上市。驾培行业在资本市场的探索还将继续。

（二）线上营销发展的机会

2013 年互联网驾校兴起，但是大多发展得不理想。2020 年，因为疫情暴

① https://new.qq.com/omn/20191119/20191119A0IGPG00.html。

发，现场报名等行为受限，驾校又开始了线上招生的探索，运用各种新媒体，如微信，抖音、快手等短视频进行营销。这让驾校及员工发现线上营销原来并没有那么难，而且激发了驾校的品牌传播意愿度，品牌的传播又会倒逼驾校进一步提升服务。有些著名品牌驾校在疫情期间享受到了线上招生的红利，未来对品牌的塑造和建设会加大投入。

2020 年疫情期间，很多教练自主自发地用新媒体进行教学、直播，并进行社群运营的探索，形成自己的影响力。

有些驾校不仅做好品牌营销，还加强驾校与学员的互动营销。有些驾校开始创建数据库，进行精准营销。

（三）个性化实操教学崛起的机会

受疫情影响，实用主义会在 2020 年驾校的经营管理和教学服务方面产生影响。疫情带给行业的使命与社会责任感，将影响驾培行业的教学情况，特别是个性化实操教学将被更多的驾校植入教学中。

例如，河北燕赵驾校成立教学研究院，教学研究院专门设置了基础教学中心、各种实操训练场等，学员在那里完成盲区训练、侧方停车、轮胎更换等实操项目的训练。又如，山东蓝翔驾校成立了专门的实操教研室，抽调水平最高的教练担任驾驶操作教练员，开设了市区通过红绿灯、安全通过限宽路墩、胡同安全驾驶、窄路掉头、进出车库、备胎更换等实操课程。

（四）驾校把握机遇的途径

受疫情的影响，驾校在 2019 年及以往的成功经营手法不再完全奏效，全年压力都大，因此，需要加强抗打击的能力，探索新的发展路径。

1. 提升全员招生和线上招生能力

大部分驾校存在招生“二八定律”，即 80% 的招生量是由 20% 招生能力强的员工完成的。形成这种局面的主要原因是驾校对招生的要求和培训不足。

2020 年第一季度驾培行业全员练兵，在疫情期间驾校纷纷开展学习、培训、直播、线上教学、线上招生等各种自救措施，锻炼全员招生意识，这将给 2020 年后续的招生营销带来新的转折。

2020 年下半年驾校应延续全员招生的惯性，把全员招生打造成“全员全年招生”，在员工中形成“比、学、赶、帮、超”的氛围，从而提高驾校的核心营收能力。

线上招生一直是驾培行业的痛点和弱项。2020 年由于疫情暴发，大部分人只能在家工作，倒逼驾校开始探索线上招生渠道，通过微信、抖音、快手、百度等线上工具开始练兵。线上招生的主要途径是微信。微信营销属于闭环消费，可以完成从展示（朋友圈）到互动（聊天）到成交（支付）的完整链条，微信视频号有可能成为微信营销的强力催化剂。

抖音、快手、百度等新媒体的引流难度较大。目前驾校及员工还在探索，即使通过这些渠道引流，最后仍然要回到微信、支付宝等支付环节。

2. 提升团队作战的能力

2020 年的特殊之处在于开年之初，所有驾校都在集体学习中度过。长时间集体学习，为驾校团队建设开辟了路径，提升了团队作战的能力。

山东蓝翔驾校就采取了分团队学习交流的方式。学习后，要以团队为单位，由各团队的队长述职，但不是向最高管理者述职，而是向其他团队队长述职。述职完毕，其他团队队长进行点评和提出建议。

通过这种方式，每个团队队长都能了解其他团队、部门的日常工作情况，在相互述职的过程中，大家不但可以相互学习，还可以相互帮助。这种方式最大的优点是每个团队都把自己的工作摆到桌面上，营造了公开、透明的工作环境和氛围，从而对驾校文化建设起到了促进作用。

3. 提升驾校投资人的应变能力

2020 年第一季度整个驾培行业都是在亏损中度过的，同时，全年都是高成本运营，节流是 2020 年驾校的首要措施。具体包括：（1）做好全年支出总预算及各项分预算；（2）重新制定预算支出流程，严格减少各种不必要的支出；（3）各部门制定降本方案，汇总成驾校总体降本方案；（4）加强运用数据化管理，做好日月年成本联动核算；（5）更新到期车辆，置换为节能减排的新能源车辆。

驾校投资人在管控成本的同时，对驾培市场的应变能力要大大提升，积极应对。疫情期间，很多驾校积极投入当地的防疫抗疫中，驾培行业的捐献、捐助不但展现了驾校的社会责任感，也证明驾校的抗打击能力在提升。河北燕赵驾校、沧州基地驾校、云南昭通市机动车驾驶员职业技术学校（简称云南昭通驾校）等众多驾校还为医护人员减半收费，为支援武汉的医护人员提供免费培训等。

4. 提升打造驾校品牌的能力

疫情期间，很多驾校努力做好品牌营销和公益活动，这表明驾校对品牌打造的认知度越来越高，品牌运营会在 2020 年被越来越多的驾校认可，因此，从应试教学转向“应试 + 实操”是品牌驾校塑造的基础；从考证服务转向“安全驾驶服务”是提升品牌抗打击能力的方向；从盈利型思维转向“社会责任思维”是驾校品牌提升的核心；在各个环节植入并践行驾培使命，是 2020 年驾校品牌继续升级的保障。

四 结论与展望

2020 年，驾校将整体受到疫情的影响，招生数量、考试数量、培训数量将缩水，与 2019 年相比，预计会下降 20%~30%。

随着驾培市场的开放和自由竞争，驾校即将进入纯市场化竞争时代。这给老驾校变革转型、探讨新驾培发展模式带来了挑战和机遇。因为驾培的区域市场化特点，将来的驾培竞争仍是以区域化竞争为主。

因为 2020 年驾校经营成本上升，部分驾校急于抢占市场，疫情结束后会有价格浮动现象，但下半年价格整体趋于平稳，略有上升。

2020 年，驾校将向精细化、品牌化、信息化、智能化、新能源化的方向发展。经过疫情的冲击，品牌驾校竞争力会有所提升，更多的驾校会注重打造品牌。这就要求驾校抛弃原有的粗放管理模式，去探索精细化管理、信息化管理等先进管理方法。

改　革　篇

B.3
驾培行业在交通强国与交通文明建设中的作用作为

刘治国　束龙友　张弟宁　田岚岚*

摘　要：驾驶人的安全文明素质是道路交通安全的第一道防线，直接关系到全社会道路交通安全水平。本报告认为，近年来道路交通事故基本逐年减少，但伤亡人数仍然巨大；交通事故大多发生在公路上；人的违法行为是造成交通事故的主要原因。因此，培育道路交通文明的关键对策包括加强驾驶培训源头管理，提高培训质量；加强对已取证驾驶人的管理和教育；加强对青少年尤其是学生的安全教育。驾校是培养合格驾驶人的专业机构，是进行道路交通安全文明教育的主阵地。驾驶培训和考试在交通文明培育中应在以下方面主动作为：重视对学员的素质培训和管理；提高教练员的综合素养；加强驾驶人全生命周期教育。

* 刘治国，中国交通运输协会驾驶培训分会秘书长；束龙友，安徽省驾培行业协会秘书长；张弟宁，南京驾培行业协会秘书长；田岚岚，安徽省蚌埠市公路运输管理处教育培训科科长、经济师，研究方向为驾培管理政策与实务。

关键词： 驾驶培训 交通强国 交通文明 交通事故

党的十九大报告明确提出要建设“交通强国”，并把交通强国上升为国家战略，要求大幅提升交通安全水平，满足人们对美好生活、安全出行的需求。2019年9月19日，中共中央、国务院印发了《交通强国建设纲要》（以下简称《建设纲要》），要求各地区各部门结合实际认真贯彻落实。建设交通强国是以习近平同志为核心的党中央立足国情、着眼全局、面向未来做出的重大决策，是新时代做好交通工作的总抓手。《建设纲要》作为建设交通强国的顶层设计和系统谋划，对我国交通安全文明的传播和驾驶培训考试工作也将产生深远的影响。

一 《建设纲要》对交通安全的指导意义

（一）《建设纲要》发展目标

《建设纲要》指出，到2020年，完成决胜全面建成小康社会交通建设任务和“十三五”现代综合交通运输体系发展规划各项任务，为交通强国建设奠定坚实基础。

从2021年到本世纪中叶，分两个阶段推进交通强国建设。到2035年，基本建成交通强国。现代化综合交通体系基本形成，人民满意度明显提高，支撑国家现代化建设能力显著增强；智能、平安、绿色、共享交通发展水平明显提高，城市交通拥堵基本缓解，无障碍出行服务体系基本完善；基本实现交通治理体系和治理能力现代化；交通国际竞争力和影响力显著提升；等等。

到本世纪中叶，全面建成人民满意、保障有力、世界前列的交通强国。基础设施规模质量、技术装备、科技创新能力、智能化与绿色化水平位居世界前列，交通安全水平、治理能力、文明程度、国际竞争力及影响力达到国际先进水平，全面服务和保障社会主义现代化强国建设，人民享有美好交通服务。

《建设纲要》提出了交通强国建设分两步走的战略目标，为未来三十年的交通强国建设提供了指导性文件。

（二）创新驱动发展是贯穿《建设纲要》的一条主线

改革开放 40 年来，我国的交通运输业用 40 年的时间走完了西方发达国家百年的发展之路，基本形成了包括铁路、公路、水路、民航等多种运输方式的综合交通运输体系。截至 2018 年底，公路总里程 485 万公里，其中高速公路总里程超过 14 万公里，居世界第一；我国高速公路发展的时间并不长，迄今不过 30 年左右，而很多发达国家高速公路的发展史已经有七八十年，但是如今我国已经是高速公路里程最长的国家，而且每年增加 5000~6000 公里，预计到 2020 年底我国高速公路的总里程将达到 15 万公里。

据统计，截至 2018 年底，我国高速公路与高速铁路通车里程、公路营业性客运量与旅客周转量、公路货运量及货物周转量等均居世界第一位。我国已经成为世界公认的交通大国，除了以上取得的成就外，还体现在我国已经全面进入汽车社会。据公安部统计，2019 年全国新注册登记机动车 3214 万辆，机动车保有量达 3.48 亿辆，其中新注册登记汽车 2578 万辆，汽车保有量达 2.6 亿辆；机动车驾驶人达 4.35 亿人，其中汽车驾驶人 3.97 亿人。

汽车社会呼唤交通安全文明。2018 年 3 月 5 日，第十三届全国政协副主席、交通运输部党组书记杨传堂指出："在谋划交通强国时，将努力体现'四个零'的理念（四个'零'理念指：'零距离'换乘，各种运输方式空间上与时间上的'零距离'，让出行更方便更愉快；'零排放'，燃油运输装备将逐步退出历史舞台，新能源运输装备将逐步成为主流，绿色出行成为常态，建成更高水平的环境友好、资源节约的绿色交通；'零死亡'，通过技术进步和管理创新，大幅降低交通事故发生率，让出行更安全；'零库存'，打造现代化物流体系，运输装备将成为移动的仓库，物流的中间环节将大幅较少，物流效率大幅提升）。"

《建设纲要》全面贯彻了创新驱动发展的新理念。一方面作为九大任务之一，明确提出要建设"富有活力，智慧引领"的交通科技创新体系，强化前沿关键科技研发，瞄准新一代信息技术、人工智能、智能制造、新材料、新能源等世界科技前沿，加强对可能引发交通产业变革的前瞻性、颠覆性技术研究。同时，在其他八大建设任务中分别提出了制度创新、体制创新和管理创新的任务目标，为将我国交通运输体系的硬实力与软实力同时推进到世界前列提供了强大的动力。

（三）培育交通文明是交通强国软实力建设的重点

《建设纲要》中着重提出要培育交通文明。要推进优秀交通文化传承创新，加强重要交通遗迹遗存、现代交通重大工程的保护利用和精神挖掘，讲好中国交通故事。全方位提升交通参与者文明素养，引导文明出行，营造文明交通环境，推动全社会交通文明程度大幅提升。

为了维护道路交通秩序，预防和减少交通事故，保护人身安全，保护公民、法人和其他组织的财产安全及其他合法权益，提高通行效率，我国早在2004年5月1日起就实施了《中华人民共和国道路交通安全法》。该法明确规定：驾驶培训学校、驾驶培训班应当严格按照国家有关规定，对学员进行道路交通安全法律、法规、驾驶技能的培训，确保培训质量。

机动车驾驶人培训关系到人民群众的生命财产安全和平安出行。我国每年90%以上的交通事故是由人为因素导致的，其本质原因是驾驶人疏于法律法规学习，缺乏安全文明驾驶意识，而绝大多数人的一生只有在驾驶培训阶段才有机会接受系统、全面的道路交通安全法规及安全知识培训。驾培行业是进行道路交通安全文明教育的主阵地，属于交通运输业的重要分支，是道路运输的基础性支撑产业。因此，培养安全文明的合格驾驶人，是作为主要的交通安全教育机构——驾校应尽的义务和必须承担的责任；驾校是国家和社会绝对必需的“产业”，是对未来要担负国家重任的年轻人进行保护生命的意识教育的培训机构；如果仅仅是考驾照的地方的话，驾校存在的必要性就小多了。

二　当前我国道路交通安全形势和交通文明的现状分析

近十年来，我国机动车保有量快速增长，我国已经步入汽车社会。但从各地交通事故频发、驾驶人素质不高、城市拥堵现状等乱象来看，全社会还缺乏与之相适应的安全规则、文明素养、公共责任感，人们在享受现代社会发展的同时，树立安全出行观，补上文明驾驶这一课相当重要。

道路交通事故随着交通运输业的发展产生，与交通事故密切相关的因素是人、车、路和环境。世界卫生组织于2019年上半年发布了2018年《全球道路安全现状报告》。报告指出，道路交通死亡人数继续攀升，每年死亡135万人。

随着我国道路交通事业的飞速发展，交通事故已成了交通管理所面临的严重问题。根据有关资料和报道，当前我国道路交通事故的主要特点表现如下。

1. 道路交通事故基本逐年减少，但伤亡人数仍然巨大

从近年来我国交通事故发生数量来看，机动车交通事故发生量虽然呈下降趋势，但总量还是较大。

2018年全国道路交通事故预防工作取得明显成效，重大道路交通事故同比减少4起，再创新低；26个省区市重大道路交通事故“零发生”。[①]

统计显示，2018年全国发生交通事故244937起，死亡人数为63194人，25万人受伤；造成直接财产损失为138455.9万元。事故数据虽然在减少，但死亡人数仍是日本、德国等发达国家的数十倍，数字触目惊心，安全形势不容乐观，亟待提升。

2. 交通事故大多发生在公路上

公路交通事故多，公路交通事故死亡率远高于城市道路交通事故死亡率。2018年，全国公安机关突出风险防控，持续排查整治事故多发路段，滚动清零“两客一危”等重点车辆安全隐患，集中开展专项行动严查严处重点违法行为，确保了全国道路交通安全形势总体平稳。但与此同时，我国道路交通安全基础仍很脆弱，隐患依然量大面广，逾期未检验、未报废的“带病车辆”大量存在。社会公众交通安全意识仍有欠缺，道路交通安全监管工作还存在不少漏洞和薄弱环节。

---

① 《2018年全国道路交通事故预防工作取得明显成效》，公安部网站，https://www.mps.gov.cn/n2253534/n2253535/c6361001/content.html，2019年1月15日。

3. 人的违法行为是造成交通事故的主要原因

据统计，人的交通违法行为造成的道路交通事故起数占比为95.24%，死亡人数占比为95.42%。[①]2018年，全国共有17264人被依法终生禁驾。[②]其中，饮酒后或者醉酒驾驶机动车发生交通事故构成犯罪的，有5149人；造成交通事故构成犯罪且有逃逸情节的，有12115人。绝大多数交通事故是由驾驶人交通违法引起的。引发交通事故及造成损失的驾驶人主要违规行为包括疏忽大意、超速行驶、措施不当、违规超车、不按规定让行这5个因素。其中疏忽大意、措施不当与驾驶人的驾驶技能、观察外界事物能力及心理素质等有关，而超速行驶、违法超车、不按规定让行则主要是驾驶人主观上不遵守交通法规或过失造成的，驾驶人驾驶技术生疏，情绪不稳定，也会引发交通事故。同时，驾龄在2~5年的驾驶人发生交通事故次数多，死亡人数多，而驾龄1年的驾驶人人数在驾驶人总数中占比不高，但造成的伤亡人数和财产损失的占比是最大的。

4. 步行者、摩托车驾驶者是死亡人数最多的出行方式

步行者占死亡人数的26.51%；摩托车驾驶者占死亡人数的20.83%；电动自行车骑行者占死亡人数的11.41%。

一些人骑摩托车、电动车、自行车法规意识淡薄，骑行中不走非机动车道，抢占机动车道；在路口不遵守信号灯指挥，在路上抢行猛拐；对来往车辆观察不够；自行车制动系统失灵或根本就没有；骑车技术不熟练，驾乘摩托车不戴安全头盔、电动车速度过快，这些均可造成交通事故的发生。

行人随意横穿公路、翻越护栏、跨越隔离设施；任意横穿机动车道，翻越中间隔离带；过马路不走人行横道、地下通道和过街天桥；青少年或儿童突然跑到道路上，对突然行进的车辆反应迟缓、不知所措；不遵守道路交通信号及各种标志等，从而导致交通事故发生。

---

① 《我国道路交通事故主要成因和特点分析》，中国公路网，http://www.chinahighway.com/news/2018/1169754.php，2018年4月23日。

② 《2018年全国共有17264人被终生禁驾》，新华网，http://www.xinhuanet.com/politics/2019-01/30/c_1124065676.htm，2019年1月30日。

根据澎湃新闻2020年1月13日发布的内容，2019年长沙市道路交通事故数据如表1所示。

表1　2019长沙市道路交通事故数据统计

指标	分类	占比（%）
车辆类型	小型客车	47.70
	摩托车	10.98
	电动自行车	10.91
驾龄	0~5年	55.30
	6~10年	20.67
	11~15年	14.57
	20年以上	9.46
性别	男性	85.06
	女性	14.94
时间段	15~18点	18.22
	18~21点	16.81
	6~9点	16.76

总之，我国道路交通安全形势稳中向好，但稳中有险，稳中有忧。交通安全基础仍很脆弱，隐患依然量大面广，大下坡、临水临崖等“危险道路”，以及逾期未检验、未报废的“带病车辆”大量存在。社会公众交通安全文明意识仍有欠缺，“三超一疲劳”、酒驾醉驾等严重交通违法多发易发。

与发达国家相比，我国各界对交通安全宣传教育重视还不够，改善道路交通安全投入人力和财力不大；有的地方只有在发生重特大交通事故后才引起对交通安全的重视；有的地方缺乏有效交通安全工作机制，交通事故的防治措施缺乏科学性、有效性和长期性。

三　驾驶培训和考试在交通文明培育中的主动作为

驾驶人的安全文明素质是道路交通安全的第一道防线，直接关系到全社会道路交通安全水平和文明程度。做好机动车驾驶人培训与考试工作，培养安全文明的高素质驾驶人，是夯实道路交通安全基础的重要保障，是提升人民群众生活品质的重要方面，是加强推动交通文明培育的重要环节，也是交通强国建设的重要条件。

随着我国快速进入汽车社会，人民群众出行需求迅猛增长，交通文明不适应现代汽车社会需求的问题正在凸显。特别是随着人民群众生活水平的提高，机动车驾驶已从单纯的职业技能转变为生活技能，成为广大人民群众的一项基本生活需求，驾驶培训的对象和需求也呈现多层次和个性化的特点。"小康社会必须安全发展""汽车社会呼唤交通文明"，这些都对驾驶人素质和驾驶人培训管理工作提出了更高的要求。

（一）重视对学员的素质培训和管理

2013 年，交通运输部时任副部长冯正霖在全国机动车驾驶培训工作会议上的讲话提出，安全文明的高素质驾驶人至少应具备六个方面的基本要求：一要有牢固的安全意识；二要有良好的文明素养；三要有严格的守法观念；四要有熟练的驾驶技能；五要有规范的驾驶行为；六要有基本的应急常识。

为达到上述要求，针对驾驶人的培训和管理可以创新性开展如下工作。

1. 进行驾驶人心理体检

道路交通环境是极其复杂的，驾驶人的生理状态、心理状态以及气质类型对驾驶人的驾驶行为都会造成影响。

一是生理状态会对驾驶行为造成影响。驾驶人患有疾病，有饮酒、吸毒等行为时，其生理状态会发生变化，驾驶操作的行为反应会发生变化，因而不适合驾驶活动。

二是心理状态会对驾驶行为造成影响。例如，过度自信心理在刚熟练掌握驾驶技能的驾驶人身上表现明显，这部分驾驶人在出现交通违法行为时，自认为可以控制场面，结果往往会引发事故；消极心理与亢奋心理同样不利于驾驶，比如在与家人发生矛盾后、经历重大变故后，或者突然发生一件令人兴奋不已的事情时，驾驶人容易沉浸在这些事情中，从而注意力分散，容易引发交通事故；违法的从众心理与报复心理同样会埋下安全隐患。

因此，建议对驾驶人心理进行体检。驾驶机动车是一个具有危险性的行为，学驾人在学习驾驶前应该做驾驶心理适宜性检测，即使不作为考取驾照的标准，也可以了解学驾人群体的大致情况。此外，这样还可以杜绝有危害社会安全倾向或者患有心理障碍和精神类疾病的人群取得驾驶资格。

在我国，已经开展了相关研究。“你容易烦恼和激动吗？”“你是否感觉自己精力下降，活动减慢？”“你是否感到大多数人不可信任？”……这是2017年，中国工程物理研究院培训中心心理测评室与四川省绵阳市交警直属三大队共同开发的重点车辆驾驶人职业心理测评系统的题目。测评结果显示，94名重点车辆驾驶人参与了测评，其中3名驾驶人被测出需要心理干预，建议其近段时间不要从事心理压力过大、危险系数较高的工作。

济南市公安局历城车管所也联合交通心理专家自主设计开发了驾驶人心理测试软件，通过分析驾驶人的性格及驾驶特点，将驾驶人分为多血质、黏液质、胆汁质、抑郁质等四种气质类型，并提出相应应对建议，以减少交通事故隐患。

2. 消除学员的投机心态

我国的汽车文明发端较晚，人们的交通安全意识较薄弱，参加驾驶培训只希望快速取证，不愿花时间和精力来驾校好好学习练车。

目前驾驶人考试评判中，科目一和科目三的安全文明驾驶常识考试方式为题库机选考试，科目二为自动评判，科目三道路驾驶技能考试以计算机辅助评判和人工评判相结合的方式进行。其中计算机评判的项目为操作技能类，人工评判项目多为安全意识类。从理论上分析，计算机评判存在人为干预和漏判的可能性，这在一定程度上助长了学员的投机心态。

现在不同地区之间的考试标准、项目和尺度还存在差异，如贵州省小型汽车驾驶考试科目二有7个项目，而相邻的云南宣威只有5个项目；江苏省部分地区科目三使用人工评判，其他省份早就实现了计算机评判；加之一些没有进行学时对接的地区，学员学习十几个小时就考取了驾照，导致各地情况不一致。如果不需要任何限制措施就可以“全国通考”、分科目易地考试，会导致部分学员哪里没有学时要求和限制、哪里考试容易通过、哪里价格最低就往哪里去学车考照。最可能的现象是，学时对接地区的学员会大量流入学时未对接地区。没有进行学时对接的地区培训成本低，学费也低，在经营压力之下，一些学时对接的地区和规范经营的驾校会放弃学时要求，很可能形成“劣币驱逐良币的现象”，使得驾驶培训的质量无法保障。

有些学员，希望走捷径通过考试，不愿意多花时间和精力来驾校学习和训练。如理论考试，一些学员不愿意来驾校参加理论培训，而是依赖网络上的模拟试题和题库进行学习。更可怕的是，网络上出现了所谓的“文盲题库”。驾驶证申领和使用规定并未对文化程度做出限制，但从理论上来说，能通过科目一、科目三“安全文明驾驶常识”部分考试的，最起码要识几个字，能看懂交通信号、交通标志，懂得交通法律法规。一个文盲想要通过驾驶理论考试显然是不现实的。目前，文盲驾考理论培训软件竟大有市场，甚至一些文化水平不低的人也在使用，这说明一些学员具有明显的投机心态。

而实际驾驶操作部分，一些学时管控不严格地区的学员对参加驾校训练无所谓，只想参加考试场模拟适应性训练，考什么就练什么；还有些学员看哪个地方的考试方便就去哪里学车和考试，因此产生了一个很大的跨地区流动学车群体。

虽然《中华人民共和国刑法修正案（九）》规定了对驾驶人考试舞弊行为的处罚，震慑了驾考舞弊的组织者和图谋者，但还是建议考试部门优化考试方法、适当提高考试的难度，尤其是提高驾驶理论考试的难度，同时让实操驾驶考试更加接近实际。

考试越严格，越贴近实际，越能倒逼学员认真对待驾驶培训，借此也可以消除学员的投机心态。

3. 对学时进行严格管理

量变才能引起质变，这是科学规律。学习机动车驾驶技能，必须达到一定的时间，这是毋庸置疑的。从另一个角度讲，驾驶技能关系到一个人的生命安全。只有经过必要的、连续不间断的驾驶知识学习和驾驶技能反复训练后，才能保证驾驶能力达到一定的水平，良好的驾驶习惯才得以固化。因此，对学员学车的强制性要求很重要，而国家的政策对此是很明确的。日本、德国、奥地利、澳大利亚等国家，对学车的学时规定也是有硬性要求的。例如，澳大利亚要求25岁以下驾驶证申请者最短培训周期（即通过理论考试到参加技能考试的时间间隔）为1年，加拿大最短培训周期为275天（自学途径则需要365天）。这说明这些国家的考试难度较大。我国预约考试周期较短，以小型汽车为例，从科目一考试合格到科目三考试，最短约考时间为30天。从理论上分析，在这么短的时间内，学员掌握的驾驶能力和拥有的安全文明意识是有限的。据有关调查，驾校毕业学员中没有接受过任何理论培训的约占26%，场地驾驶技能培训学时不足的约占38%，道路驾驶技能培训学时不足的约占59%。这也说明我国的驾驶人考试难度与国外有些国家相比还是较低的。

虽然《机动车驾驶培训教学与考试大纲》规定了学习驾驶培训的最低学时要求，但并未得到较好的贯彻落实。学时造假也是行业的顽疾。尤其是自2016年我国实行网络自主约考改革后，不少地区管理部门不审查学时，学时监管平台没有对接，信息没有共享，培训质量难以保证。作为消费者的学员，其实应该是对学时造假问题的最好监督者，但事实上，很多学员对此并不反对，觉得与己方便又不影响考试，因此选择默不作声。

驾驶技能是一项熟能生巧的技能，需要时间来练习，量变才能质变。因此，建议管理部门严格学时管理，加快学时的管控和对接。

（二）提高教练员的综合素养

当前我国驾驶人培训管理工作还存在一些问题和不足，主要表现为在培训内容上重驾驶技能、轻文明素质。驾驶培训与考试内容仅注重驾驶技能的培养和考核，突出技术性，“重操作技能、轻细节把关，重交规学习、轻文明教育”的现象较为普遍，特别是对文明素质和营运驾驶人职业操守培养关注不够，缺乏针对性的科学手段。

教练员的教学理念和教学能力对于学员一生的驾驶安全都将产生深远的影响。学员未在驾校培训期间习得足够安全熟练的驾驶技能，主要原因是不少驾校的教练员只教考试内容，导致学员对驾驶核心技能的理解与掌握程度有限，无法学以致用，更缺乏敬畏法律、尊重规则的核心意识。据有关调查，针对驾驶人对交叉路口交通标志标线的视认情况和让行情况，39.2% 的驾驶人不认识人行横道预告标志，30.9% 的驾驶人虽然认识标志但不会留意，不遵守减速让行规定。持有驾照，却未掌握基本交通知识，这一点引人深思。

公安及交通运输部门应加强教练员、考试员队伍的职业技能培训，完善准入和日常教育机制，建立科学有效的考试员、教练员业务能力评价标准。推动实行教练员、考试员职业化教育，打造高素质、专业化的教练员和考试员队伍。探索完善培训过程监督机制，加强对教练员培训过程的监管。

建议淡化一直以来行业存在的理论教练员和驾驶操作教练员之分，要给驾校及教练员发出这样一个信号：一个优秀的驾驶操作教练员必须懂理论，一个优秀的理论教练员应该会实际操作，不再做人为的割裂。由理论实操皆具备的教练员，对学员加强素质教育和案例教育，突出安全驾驶、文明行车意识的培养，并贯穿到培训学习的全过程，牢固树立“安全文明驾驶从这里起步”的理念，营造良好学风，才能吸引更多的社会公众接受正规驾驶培训。同时，可以推进规范化教学，建立一整套集知识、技能、意识、安全于一体的驾驶规范化教学体系。

2020 年新冠肺炎疫情期间，不少教练员利用各种移动网络工具开展了线上理论教学，学员收听率和互动效果良好，这是一个非常好的开端。

（三）加强驾驶人全生命周期教育

与发达国家健全的驾驶人教育机制相比，我国驾驶人教育无法覆盖驾驶人驾驶生命的全周期，不能保证驾驶人在基本驾驶技能掌握后的经常性练习和强化。如果驾驶人持证后没有因违法记分满分或发生交通事故而再次学习，初学培训几乎成为其终身唯一的全面学习交通安全知识和驾驶技能的机会，终身教育体系缺乏。其他国家无论是渐进式驾驶证制度设计还是日常的强制性再教育，都有力地促进了良好驾驶意识、驾驶习惯的养成和保持。例如，奥地利法律规定驾驶人在取得驾驶证 3 个月到 12 个月以内，必须到汽车和摩托车协会等专业培训机构进行“回炉培训”，提高驾驶人在雨雪等恶劣天气的驾驶水平。同时，大力推广青少年试用期学习驾驶培训模式，即年满 17 岁的青少年可以在父母或亲属的陪同下学习驾驶1000公里，之后再进行专业培训和考试。这样可以培养青少年良好的驾驶习惯，使青少年交通事故发生率减少了15%。

我国大部分驾驶人只有在初次申领驾驶证时才接受交通安全知识教育学习，领证后教育非常缺乏，因此，急需建立系统化、社会化、市场化的驾驶人再教育模式，有效提升社会交通安全水平。

一是驾校主动参与安全驾驶培训增值服务。驾校要探索研究搭建全民交通安全教育平台，面向全体道路参与者提供服务，为其提供方便、灵活、个性化的驾驶培训服务。针对驾驶人拿证后不敢开车、开车技术不熟练，驾校可以尝试开展收费或者免费的安全驾驶培训课程。将“牢固树立终身学习理念”与驾驶人再教育相融合，从价值链上拓展驾驶人再教育业务。

各级公安交管部门、交通部门掌握了高质量、高精度的数据信息，若能向有意愿参与交通安全工作的驾培行业协会共享相关服务性数据，充分发挥其效用，必将产生极大的社会价值，并为驾培行业协会参与道路交通安全管理创造极大的便利。政府部门应加快推进道路交通安全管理社会化，充分发挥各参与方的组织、协调作用，积极引导各类协会、相关企业、志愿者组织、俱乐部等社会组织融入交通安全管理体系，在应急救援、宣传教育、矫正引导、技术引进、民意收集，甚至执法监督等方面与政府职能形成优势互补、良性互动。

为帮助广大机动车驾驶人，尤其是在驾校培训的学员掌握正确的手机（地图）导航应用技能，为驾校教练员提供规范化教程，营造安全文明和谐的道路交通出行环境，中国交通运输协会驾驶培训分会与人民交通出版社股份有限公司、高德软件有限公司、北京海淀驾校、“驾校一点通”平台等联合编写的国内首部手机（地图）导航安全使用教程，2019年6月29日在北京海淀驾校正式发布。该教程旨在帮助驾驶人正确掌握手机（地图）导航安全使用方法，避免因使用不当导致发生交通事故。

据了解，“分心驾驶”正成为近年来导致交通事故增长最快的危险驾驶行为。在济南交警支队开展的近3年交通事故大数据分析中，由“分心驾驶”

造成的道路交通事故，3 年来达 7000 余起，其中 580 多人在事故中身亡。在驾车过程中操作手机（地图）导航是最常见的“分心驾驶”行为之一。研究表明，当车速达到每小时60公里时，眼睛离开路面3秒，就相当于盲开50米，一旦遇到紧急情况，刹车距离超过 20 米；驾车时操作手机（地图）导航会提高发生交通事故的概率至 23 倍。

为此，本次联合发布的手机（地图）导航安全使用教程，就安全使用手机导航的注意事项、基本操作方法、如何根据导航提示安全驾驶，以及使用导航过程中常见异常情况分析、处置等，提出了规范化的操作指南和教学方案。

北京海淀驾校正式宣布将把本教程列入驾校教学大纲，组织教练员规范教学，进一步提升驾驶培训素质教育水平。

二是积极参与交通安全记分奖励教育。为加强机动车驾驶人交通安全教育，发挥道路交通安全违法行为记分制度教育引导、鼓励守法的正向激励作用，推动提升机动车驾驶人交通安全意识，贯彻落实公安机关服务经济社会发展、服务群众、服务企业 60 项措施（全面提升公安政务服务质量和效率之“试点接受教育减免交通违法记分奖励措施”），公安部制定了《接受交通安全教育减免道路交通安全违法行为记分工作规范（试行）》。自 2020 年 3 月 1 日起，机动车驾驶人参加公安机关交通管理部门组织的道路交通安全法律、法规和相关知识学习、考试或者交通安全公益活动，达到相关要求的，可以申请减免现有累积记分中的分值。

公安部在 2020 年 1 月 14 日正式下发了《接受交通安全教育减免道路交通安全违法行为记分工作规范（试行）》，其中第五章“记分减免”第二十四条内容：机动车驾驶人在本记分周期内分别参加道路交通安全法律、法规和相关知识网上、现场学习考试或者交通安全公益活动的，累计最高减免 6 分。这个加强驾驶人全生命周期教育的举措，为将来的深入开展迈出了坚实的一步，驾校尤其是建设了交通安全教育基地的驾校，要积极参与其中，发挥更大的作用。

三是全面参与文明交通进驾校“五个一”活动。交通安全宣传教育应是贯穿人成长的一生教育，在不同的成长时期开展有针对性的教育十分必要。

为进一步强化机动车驾驶人培训机构的交通安全宣传教育工作，大力增强学员的交通安全意识、法治意识、文明意识，从源头上预防和减少道路交通事故，公安部、交通运输部联合下发通知，决定在全国组织开展文明交通进驾校“五个一”活动，文明交通进驾校“五个一”活动包括：设立一个文明交通宣传基地；讲好一堂文明交通法制课；播放一部交通安全宣传片；组织一次文明交通志愿者服务；举行一场文明守法驾驶宣誓仪式。

2019 年 12 月 2 日，是第八个“122”全国交通安全日。在这一时间点前后，越来越多的驾校积极响应，走出驾校，走进社区和学校，纷纷开展譬如“交通安全进校园、进社区、进企业”等各类交通安全宣传教育活动，不仅承担着向全社会广泛宣传交通安全知识的责任，还注重培养青少年儿童的交通安全意识。一堂好的交通安全宣传教育课可能改变孩子的一生，结合不同年龄段的孩子，结合其心理发育特点，开展有针对性的交通安全教育十分必要，交通安全宣传教育对孩子也更有效果。建议要持续深入推进“五个一”活动，继续开展好“文明交通进驾校”活动，使驾校成为传播安全驾驶、文明行车理念的主阵地。

这项工作对于驾校来说，不仅具有社会效益，还会带来经济效益。通过交通安全进校园，可以广泛接触学生、老师及家长。而从小和学生建立联系，等他们成年后有考驾照的需要时，一定会第一个想到来该驾校报名学车。

B.4
2020年我国驾驶培训学时管理和信息共享分析

刘俊利*

摘　要：《机动车驾驶员计时培训系统平台技术规范》和《机动车驾驶员计时培训系统计时终端技术规范》的修订、学时对接技术框架的提出，无疑为互联网在驾培行业的发展提供了前景，但对驾培市场的主体而言，作用还远没有凸显，他们更多的是被动接受。本报告从2019年全国学时对接改革实践的现状、典型案例出发，以相关法律法规为基础，基于学时对接改革项目的过程，对管理、互联网技术、中介组织等主要因素进行分析，只有管理部门、驾校、计时设备厂同心协力，学时对接改革才能取得成功。

关键词：学时对接　驾培　驾考　驾校互联网

2015年12月10日发布的《国务院办公厅转发公安部交通运输部关于推进机动车驾驶人培训考试制度改革意见的通知》（以下简称国办发〔2015〕88号文件）指出，实行计时培训、计时收费是改革的主要任务之一，改变驾驶培训机构一次性预收全部培训费用的模式，而推行计时培训计时收费、先培训后付费的服务。另外，实行学员自主预约培训时段、自主选择教练员、

* 刘俊利，山东交通学院机动车驾驶培训中心总工程师、高级工程师，主要研究方向为道路交通安全及机动车驾驶人培训。

自主选择交费方式；试点学员分科目、跨驾驶培训机构参加培训。

要切实落地计时培训和计时收费，前提是落实学时对接，同时，学时对接也是落实“严格监督问责，保证培训考试规范廉洁和健全驾驶培训监督机制”的重要保障。

国办发〔2015〕88 号文件指出，推广使用全国统一标准的计算机计时培训管理系统，建立省级驾驶培训机构监管平台，强化对培训过程动态监管，督促落实培训内容和学时，确保培训信息真实有效。推进驾驶培训机构监管平台与考试系统联网对接，实现驾驶培训与考试信息共享，确保培训与考试有效衔接。建立学员监督和评价机制，健全驾驶培训投诉处理制度，畅通电话、网络等投诉渠道，及时调查、处理并公布结果。从监管部门看，学时对接关联系统是机动车驾驶培训监管系统，但对驾校、学员来讲，就是将学时培训与自主约考连接起来的软硬件系统。

一　我国驾驶培训学时对接现状

（一）我国2019年学时对接情况

根据交通运输部中国交通通信信息中心提供的有关资料，截至 2019 年末，安徽、广东、江苏、江西、四川、河北、黑龙江、河南等 8 个省份先后以省级管理机构名义启动了学时对接工作。

据 2019 年 12 月的统计，全国驾培平台除吉林、西藏外共收到 30 个省份（包括新疆生产建设兵团）传输的驾驶员培训行业数据，累计收到驾培机构信息 16557 户，教练员信息 72.6 万人，教练车信息 60.7 万辆。

截至 2019 年 12 月底，全国驾培平台学时对接具体情况见表 1 和表 2。

1. 驾培机构

全国驾培平台共收到驾培机构信息 16557 户。其中：一类驾培机构 1917 户，开展计时培训业务的驾培机构 460 户；二类驾培机构 4368 户，开展计时培训业务的驾培机构 1330 户；三类驾培机构 10272 户，开展计时培训业务的驾培机构 4239 户。

表 1 全国各省份驾培平台关键数据采集情况

序号	省份	驾培机构数（户）	教练员数（人）	教练车数（辆）	月报名学员（人）	月计时培训学员数（人）	月结业学员数（人）
1	北京	64	5791	6879	—	—	—
2	天津	129	15141	11759	5809	390	—
3	河北	1143	50451	38821	17173	14919	1536
4	山西	407	15280	14868	1578	225	—
5	内蒙古	692	21727	16540	32177	112110	1253
6	辽宁	530	25799	19727	—	—	—
7	黑龙江	171	5083	4312	—	—	—
8	上海	192	24072	12799	74965	—	—
9	江苏	979	47184	32320	—	—	—
10	浙江	810	48155	39586	29307	78256	—
11	安徽	144	2268	3362	1170	830	—
12	福建	2	6	2	—	—	—
13	江西	753	28147	25634	58141	210894	—
14	山东	479	17836	21890	6925	4588	—
15	河南	2157	73589	54944	90253	281859	194
16	湖北	738	22173	24394	10664	12548	—
17	湖南	975	17176	14195	—	—	—
18	广东	1103	74184	63815	162715	—	—
19	广西	710	30265	26083	46407	42831	—
20	海南	155	7013	6255	—	—	—
21	重庆	423	31827	24819	636826	155253	37
22	四川	779	54225	44894	39690	63443	1419
23	贵州	474	11124	10483	—	—	—
24	云南	647	36540	29990	293444	322678	99527
25	陕西	425	13374	14565	10174	16355	—
26	甘肃	597	—	—	—	—	—
27	青海	123	3363	2870	7541	19167	—

续表

序号	省份	驾培机构数（户）	教练员数（人）	教练车数（辆）	月报名学员（人）	月计时培训学员数（人）	月结业学员数（人）
28	宁夏	73	3257	4661	18918	—	—
29	新疆	682	20324	18452	28605	41553	—
30	新疆生产建设兵团	1	4	7	—	—	—
31	无区划	—	20681	17732	32199	299	—
	总计	16557	726059	606658	1604661	1378198	103966

注：不包括吉林和西藏。

表2　各省份驾培机构传输信息情况

单位：户

序号	省份	传输驾培机构总数				开展计时培训业务驾培机构数			
		驾培机构总数	一类驾培机构数	二类驾培机构数	三类驾培机构数	驾培机构总数	一类驾培机构数	二类驾培机构数	三类驾培机构数
1	北京	64	23	29	12	—	—	—	—
2	天津	129	34	50	45	15	5	4	6
3	河北	1143	121	361	661	257	25	80	152
4	山西	407	49	140	218	15	4	8	3
5	内蒙古	692	33	86	573	612	29	77	506
6	辽宁	530	46	124	360	—	—	—	—
7	黑龙江	171	5	56	110	—	—	—	—
8	上海	192	192	—	—	—	—	—	—
9	江苏	979	125	300	554	—	—	—	—
10	浙江	810	75	206	529	355	36	112	207
11	安徽	144	10	26	108	30	2	1	27
12	福建	2	1	—	1	—	—	—	—
13	江西	753	54	214	485	722	53	204	465
14	山东	479	172	174	133	38	21	5	12

续表

序号	省份	传输驾培机构总数				开展计时培训业务驾培机构数			
		驾培机构总数	一类驾培机构数	二类驾培机构数	三类驾培机构数	驾培机构总数	一类驾培机构数	二类驾培机构数	三类驾培机构数
15	河南	2157	61	267	1829	1548	43	201	1304
16	湖北	738	80	258	400	40	5	22	13
17	湖南	975	69	315	591	—	—	—	—
18	广东	1103	119	318	666	—	—	—	—
19	广西	710	65	211	434	414	33	94	287
20	海南	155	15	84	56	—	—	—	—
21	重庆	423	44	133	246	417	43	131	243
22	四川	779	133	234	412	528	86	183	259
23	贵州	474	68	171	235	—	—	—	—
24	云南	647	25	90	532	521	24	79	418
25	陕西	425	145	140	140	140	15	62	63
26	甘肃	597	58	194	345	0	0	0	0
27	青海	123	12	43	68	93	11	31	51
28	宁夏	73	24	49	—	—	—	—	—
29	新疆	682	59	95	528	284	25	36	223
30	新疆生产建设兵团	1	—	—	1	—	—	—	—
	总计	16557	1917	4368	10272	6029	460	1330	4239

注：不包括吉林和西藏。

2. 教练员

全国驾培平台共收到教练员信息 726059 人，其中开展计时培训业务的教练员 104551 人。教练员计时培训率（开展计时培训业务的教练员在教练员总数中的占比）较高的省份依次为：江西（50.2%）、重庆（47.7%）、内蒙古（45.9%）。

3. 教练车

全国驾培平台共收到教练车信息 606658 辆，其中开展计时培训业务的教练车 101948 辆。教练车计时培训率（开展计时培训业务的教练车在教练车总数中的占比）较高的省份依次为：江西（60.4%）、重庆（56.9%）、内蒙古（54.7%）。

4. 学员

全国驾培平台共收到新增学员信息 29870711 人，结业 215238 人，其中 12 月新增报名学员 1604661 人，12 月结业学员 103966 人，12 月计时培训学员 1378198 人。

案例 1　河南学时对接工作开展不顺利

河南省自 2018 年 10 月 1 日开始实施学时对接之后，由于电子围栏的作用，“黑驾培”有所收敛，培训价格有所提升，价格提升最高的达 35%。同时，逐渐出现学员出省考试现象。为应对此问题，2019 年 2 月，全省有 1/3 的地市暂停学时对接。但后续学员出省考试现象有增无减，甚至高达 30%。为改进这种状况，学时对接由省级串联改为市级并联，但仍无济于事，2019 年 7 月，河南全省学时对接改革暂停。

案例 2　江西学时对接工作开展平稳有序

江西省自 2018 年 8 月开始运作学时对接工作，11 月上线试运行；试运行期间免费试用，并进行数据过渡。2019 年 2 月，正式启动数据卡口工作（此后，如果没有学时数据，无法预约考试）。2 月启动景德镇、新余、上饶 3 个地市的学时对接工作；3 月启动宜春、萍乡、鹰潭等地市的学时对接工作；4 月启动赣州、吉安等地市的学时对接工作；5 月启动抚州、九江等地市的学时对接工作；6 月启动南昌的学时对接工作。为使学时对接改革有序稳步进行，采取逐步过渡到学时的方法。目前全省全部启动，平台运行稳定，（小型汽车）驾驶培训收费由 1500 元恢复到 4500 元左右，全省培训有序稳定开展。

（二）学时对接基本框架

学时，是教学的时间单位，也称课时。一学时指一节课的时间，通常为45分钟或50分钟。本报告所称学时是驾校在驾驶培训中，依据《机动车驾驶培训教学与考试大纲》进行教学的授课或训练时间。学员通过交纳学费获得培训学时，教练员通过培训学时的训练让学员获得驾驶技能。

学时对接是指按照国办发〔2015〕88号文件的要求，就推进驾驶培训机构监管平台与考试系统联网对接，实现驾驶培训与考试信息共享，确保培训与考试有效衔接等有关内容进行改革的项目。从监管部门角度看，学时对接关联系统是机动车驾驶培训监管系统。

根据《机动车驾驶员计时培训系统平台技术规范》，全国驾驶培训监管服务系统由全国驾培平台、监管服务平台、计时平台（远程教育平台）、计时终端和相应的传输网络组成。通过各组成部分之间的互联互通，系统为行业管理部门提供对驾驶培训过程的监督、管理和服务，实现培训信息传输、储存、监管一体化，满足行业管理部门、培训机构、学员、社会公众的综合性需求。

二　学时对接涉及的主体

（一）管理部门

学时对接的关联管理主体是驾驶培训主管部门和驾驶人考试主管部门。根据《中华人民共和国道路交通安全法》第十九条，机动车驾驶人考试主管部门为公安机关交通管理部门。根据《中华人民共和国道路交通安全法》第二十条，机动车的驾驶培训由交通主管部门负责。国办发〔2015〕88号文件要求推进驾驶培训机构监管平台与考试系统联网对接，实现驾驶培训与考试信息共享，确保培训与考试有效衔接，即公安部、交通运输部既是国办发〔2015〕88号文件最初的提出者，也是最后的落实者。

（二）驾培机构

《中华人民共和国道路交通安全法》第二十条规定：机动车的驾驶培训实行社会化；驾驶培训学校、驾驶培训班应当严格按照国家有关规定，对学员进行道路交通安全法律法规、驾驶技能的培训，确保培训质量。同时，驾校在驾培中应按照《机动车驾驶培训教学与考试大纲》进行教学。因此，驾校是学时对接工作的直接执行者。

（三）技术服务方

学时对接必须依靠互联网技术。《中华人民共和国道路交通安全法》第七条规定，对道路交通安全管理工作，应当加强科学研究，推广、使用先进的管理方法、技术、设备。《机动车驾驶员培训管理规定》第三十八条规定，机动车驾驶员培训机构应当保持教学设施、设备的完好，充分利用先进的科技手段，提高培训质量。

《机动车驾驶员计时培训系统平台技术规范》《机动车驾驶员计时培训系统计时终端技术规范》规定，允许第三方信息技术公司介入驾培行业，提供技术服务。

三　学时对接存在问题分析

（一）管理因素分析

根据《交通运输部办公厅关于印发〈机动车驾驶员培训制度改革重点工作任务分解表〉的通知》（交办运〔2016〕37 号），学时对接计划完成时间为 2016 年 12 月。截至 2019 年，有 8 省份进行了学时对接工作的省级启动，其中最早发文实施的是四川［见《关于启动四川省驾驶培训监管服务平台全面试运行工作的通知》（川运函〔2017〕187 号）］和安徽［见《关于进一步加强机动车驾驶人培训考试有关工作的通知》（皖运车〔2017〕81 号）］，都是在 2017 年发文。

包括学时对接在内的机动车驾驶人培训考试制度全面改革，以国办发〔2015〕88 号文件为指导。其中要求县级以上地方各级人民政府要将驾驶人培训考试制度改革作为一项重要民生工程，紧密结合本地实际，制定具体实施方案，落实经费和人员保障，周密部署实施。截至 2018 年底，约 13 个省份以省政府名义转发了国办发〔2015〕88 号文件，最早的省份是河南［见河南省机动车驾驶人培训考试制度改革实施意见（豫公通〔2016〕45 号）］。

但从整体来看，目前学时对接工作的完成情况并不好，相关管理部门需要加大监管力度，促进实施。

（二）驾校因素分析

从市场角度看，学时对接是否成功本质上取决于驾校对利益的取舍。实施学时对接，对驾校而言，短期来看，培训学时增加，成本加大，短期利润减少。从长期来看，如果实现了真正意义上的学时对接，驾校成本增加会推动学费上涨，驾校收入会增加；同时，直接打击挂靠经营行为和“黑驾校”，正规驾校学员会增加，从而收益又可以增加，增加的收益可以抵消学时对接产生的成本。

（三）信息技术因素分析

随着驾培市场化及信息技术的发展，各种新技术、新方法快速应用到驾培市场，给驾培市场带来的益处很多，但同时也存在一些问题，对学时对接工作的完成也存在一定的影响。

（1）市场混乱。按照《机动车驾驶员计时培训系统平台技术规范》和《机动车驾驶员计时培训系统计时终端技术规范》，机动车驾驶员计时培训系统计时终端所在主体为驾校。在学时对接过程中，驾校需要第三方信息技术公司提供相关服务，但第三方往往与驾校主体关系不清晰，造成平台管理混乱。据了解，一个地区的多家驾培机构会对应多家不同的第三方信息技术公司，这些公司之间技术能力不仅差异很大，而且互相之间没有互通和对接，造成市场混乱的局面。

（2）数据缺乏保护。某些信息技术公司在进行业务对接时垄断欲望极强，不仅凸显自己的公司名号，而且窃取对接驾校的商业机密，有偿转让给其他驾校等机构，行为恶劣。

（3）第三方公司造假。第三方公司造假主要是生产、销售跑码机、电子围栏破解芯片、免指纹芯片等，上传虚假学时数据。2017 年 12 月 22 日，江苏省宜兴市检察院以涉嫌提供非法控制计算机信息系统的程序、工具罪等对 34 名犯罪嫌疑人提起公诉。近两年内，这些犯罪嫌疑人通过网络销售、电话销售等方式向江苏、浙江、福建、陕西等多地的驾校教练提供上述非法产品，销售总额达 1597 万余元。

（四）学时对接中介因素分析

1. 学时对接的中介缺位及弱化

2007 年国务院办公厅下发《关于加快推进行业协会商会改革和发展的若干意见》（国办发〔2007〕36 号），并多次清理规范中介组织，力主让中介组织在提供政策咨询、加强行业自律、促进行业发展、维护企业合法权益等方面发挥作用。但目前中介组织大多受传统运作模式的影响，还尚未脱离行政管理角色而完全“独立”。因此，学时对接工作完成得不好，在一定程度上，也与当地中介组织缺失或作用发挥不足有关。据统计，江西、河北等地的驾培行业协会直接承担了学时对接的任务，学时对接工作进行得比较成功。

2. 学时对接的合作模式优化选择

鉴于目前行业的实际情况，驾校之间应该加强合作，特别是与当地实力强的驾校率先形成合作，只有与合作伙伴在市场发展方面达成一致，学时对接才能发挥积极作用。因此，在选择学时对接联合成员时，应选择实力较强，规模较大，信息化设备、硬件设施较为完备的驾校。

江西省学时对接在驾校、驾培行业协会、道路交通安全协会、第三方信息技术公司等多方合作的基础上进行了有益的探索。第一，学时对接使相关各方均获得了经济上的收益。第二，中介组织发挥了联络学时对接相关部门的纽带作用。第三，厘清相关各方的指导、监管、使用、运营边界，使相关各方责任明晰、作用各异、互相牵制、互相合作、互相促进。第四，按逐步探索、各个击破、逐步推进、稳步发展的原则做好学时对接工作。

四　做好学时对接改革的对策建议

（一）主管部门严格管理，并制定科学的教学大纲

依法治国、依法行政、依法经营是当前国家极为重视的重要国策，依法培训是机动车驾驶培训行业的核心理念和核心任务。如果不能严格执行相关法律法规，驾培行业势必会侵害学员的利益，同时也很难向社会输送合格的驾驶人。因此，各级主管部门应进一步加强管理。

同时，教学要因材施教，因材施教的基础是学员的差异性。教学中，只有根据学员的不同个性特点采取不同的教学策略，才能事半功倍。因此，《机动车驾驶员培训与考试大纲》中对学时除了做硬性规定外，还可以规定一些灵活性的条款，让学员和驾校根据自身情况进行选择。例如，C1 驾照的学时按照《机动车驾驶员培训与考试大纲》的规定，为 62 学时，所有学员必须遵守。62 学时，对于学员而言，有的不够用，有的用不了。对仅以考取驾照为目的的学员，足够用了；但对追求驾驶质量和安全的学员则不够用。

（二）严格执行全国统一的学时标准

驾考合格率高低直接影响驾校的经济、社会声誉，也直接影响教练员个人的业绩及经济利益。影响应试的直接因素包括考试技巧、考试标准、考试费、考场环境、考试员执法严格程度等，影响应试的终极因素主要包括一次考试合格率和考试次数。目前，在同一县域，应试因素差异并不大，但在不同市以及省份之间，应试因素差异很大。这是当前学时对接迟缓的主要原因。当然这个原因不仅对学时对接改革有影响，即使不进行学时对接改革，驾考标准的全国统一，也是杜绝非正常考试流动、确保驾考质量的根本所在。

公布《机动车驾驶员计时培训系统平台技术规范》、提出学时对接技术框架，无疑为第三方信息技术公司在驾培行业的发展提供了前景。但按照

“市场在资源配置中起决定作用”的定位，驾培市场的主体作用还远没有发挥出来，甚至更多的是被动接受，从而使学时对接改革的时机和环境受到一定的影响。当然，大部分驾校对学时对接本身未来的市场价值还尚未看好。除此之外，学时对接与自主约考孤立并行、驾培市场秩序混乱、“互联网 + 学时对接”融合不畅、中介组织的缺失及作用弱等都是影响学时对接改革的具体因素。

学时对接改革尽管困难重重、举步维艰，但各方面的努力及所做的工作有目共睹，部分地区已经正常运行。正如与其他行业出现的问题一样，改革越深入、难度越大；改革还有一线希望，不改革行业将陷入更大的困难。只有认真贯彻相关政策文件，敢于攻坚克难、敢于担当责任，管理部门、驾校、计时设备厂商、第三方信息技术公司等同心协力，学时对接改革才能取得成功，驾培行业的规范化发展才更加可期。

B.5
交通安全教育基地的作用与建设管理

陈燕　周胜*

摘　要： 驾校作为宣传交通法规、培养安全意识的第一阵地，向学员和社会公众宣教安全文明交通是驾校的社会责任。本报告重点介绍驾校建立交通安全教育基地的背景、建设理念和思路，分析交通安全教育基地在实践中的应用和管理案例，提出驾校可通过多种形式、渠道，如交通安全项目体验，交通安全教育进校园、进社区等，使交通安全教育更加标准化、生动化，从而达到宣传与普及驾培法律法规和国家政策的目的，实现法制观念和安全文明素质养成持续提升的效果。

关键词： 交通安全　交通安全教育基地　文明驾驶　驾培行业

驾培行业是机动车驾驶资格准入的重要关口。近几年来，驾培机构的投资人和管理者逐步转变观念，更加重视驾驶人安全意识教育培训的重要性。全国各地驾校陆续开展了形式多样的交通安全宣传教育活动，但从整体看，安全教育缺乏组织性、指向性、系统性，还处在初级阶段，急需一套行之有效的标准，面向全行业推广。

---

* 陈燕，中国交通运输协会驾驶培训分会副会长、江西南昌白云驾校校长；周胜，江西赣州华坚驾校校长、赣州市作协会员。

一　建立交通安全教育基地的背景

（一）从法律层面看行为的转变

不可否认，前些年各种作弊行为还存在于驾考中，作弊者为数不少，作弊方法层出不穷，虽然打击力度不小，但作弊现象依然屡见不鲜，甚至有人明码标价公开叫卖“包过”。2015 年《中华人民共和国刑法修正案（九）》出台后，将作弊纳入刑法，考试作弊就是犯法。可以说，修正案是社会进步、法制完善的产物。

驾照必须本人考，替考者会被惩罚，这是法律针对驾考问题的措施，而针对交通安全教育的培训没有强有力的管控措施。为了保证驾培理论教学，《机动车驾驶员培训机构资格条件》（GB/T 30340—2013）明确规定：驾校必须配备相应面积的理论教室和理论教练员。但是这些基本的条件有的驾校还不能满足，更别说给学员上安全教育课了。近年来，无论市场环境如何变化，“只上车不上课、讲应试弃素养”的思想和做法，在驾培行业仍然根深蒂固，将考试口诀、通关秘诀奉为至宝。随着汽车普及率越来越高，不进行安全教育的后果必将使驾驶人的安全文明素质难以保证。因此，进行交通安全教育已迫在眉睫，刻不容缓。

为什么考试作弊的漏洞能堵住，而安全教育的缺口堵不住？难道也要通过立法，规定不进行安全教育要追究法律责任？显然，这种设想实现的可能性不大，因为目前除了《机动车驾驶培训教学与考试大纲》规定的理论课时外，交通安全教育培训基于自愿，远远没有上升到法制层面。在驾校搭建一个交通安全教育平台，积极引导学员参与，是目前有效、可行的方法，具有较强的操作性。

（二）交通安全教育的几个缺失

驾校必须提供安全素质教育，这是国家政策和行业主管部门的明确要求，可现实中执行者太少，能够长期扎实做这项工作的驾校更少，有些驾校经营者恨不得今天收到学费，明天就把驾照给学员，把驾校当成制造一纸证明的机器，全然忘记驾校不仅是企业更是教育培训机构。虽然有重大交通事故三年追责的倒查机制，但大多数驾校对此并不重视。说起责任倒查，有些驾校将自己与中小学相提并论，认为学生走入社会犯法，并未倒查学校的责任。实际上，这种认识是无知的。这两者有根本区别，中国的基础教育有“思想品德”类教材，老师必须给学生上好这门课，而反观不少驾校，《安全驾驶从这里开始》这本安全理论教材却很少使用，很少给学员上理论课，仍以“考试第一”为宗旨。所有不以考试通过为目的的培训都不进行，一切没有经济回报的教育皆无意义，这些现象说明这些驾校根本没尽到教育的义务，这是主观与非主观的根本区别，也是责任意识的缺失。

“我们是学校，培养素质为先的驾驶员；我们是企业，承担道路交通安全的责任；我们是驾校，告别传统的交通陋习蛮夷习气。”这是两位驾校校长给自己的驾校制定的原则，也应该成为所有驾校遵守的原则。2017 年，公安部办公厅、交通运输部办公厅印发《关于组织开展文明交通进驾校“五个一”活动的通知》（公交管〔2017〕311 号），决定在全国组织开展“五个一”活动，即设立一个交通安全宣传教育阵地或基地、讲好一堂文明交通法治课、播放一部交通安全警示教育片、组织一次文明交通志愿服务、举行一场文明守法驾驶宣誓仪式。三年过去了，有多少驾校设立了交通安全宣传教育阵地或基地？

古人说过，勿以恶小而为之，勿以善小而不为，其意为无论何时何地，不忘立身之本。那么，驾校的立身之本是什么？毋庸置疑，定然是“以天下安全驾驶为己任”。讲一堂安全文明驾驶课可能改变不了道路环境，进行一次安全体验，我们无法预知其作用如何，但至少可以给受教育对象留下一次较为深刻的印象，且这样的善无需太多金钱投入，有一颗履行行业责任的心即可。这么做，就是“勿以善小而不为”。

（三）“中国交通安全万里行教育基地”试点情况

“一味追求金钱，不履行社会责任的人最好不要从事驾培行业”，因为驾培行业事关人的生命安全。而交通安全教育更是惠及人民、根植于心的教育方法，没有好的安全教育会误及苍生，进行安全教育的目的是从思想上敬畏生命，从行动上关爱他人，培养一个没有安全意识的司机上路，无异于草菅人命。

驾校经营者无法改变道路交通环境，至少可以改变自己驾校的安全教育模式；如果没有能力建造一座恢宏的教育基地向广大民众开放，至少可以在力所能及的范围内建一个小型的交通安全教育基地，让学员足不出户即可接受安全文明驾驶教育；如果不能改变所有人的驾驶习惯，至少可以影响身边的学员。良好的交通安全教育能有效预防交通事故发生，而交通安全教育又是一个很广泛的话题，如何落到实处让许多驾校经营者陷入困惑。他们也想建一个交通安全教育基地，一来可以履行社会责任；二来可以让学员学有所获；三来可以提升品牌形象，但看了一些“高大上”的交通安全教育基地后就沉默了，看到昂贵的仪器设备就彻底打消了这个念头，毕竟巨额的投资对中小型驾校来说有些不切实际。

2019 年，中国交通运输协会驾驶培训分会倡导和推出的“中国交通安全万里行教育基地”方案，就是为中小型驾校量身打造的，可以实实在在地解决交通安全教育基地的落地问题，不需要大片场地和大量资金，只需要根据驾校的实际情况因地制宜地设置，少则几百平方米，多则数千平方米，设备也可以根据自身的能力购买，不追求应用声、学、光、电等高科技手段，布局合理，形式生动就行。江西南昌市白云机动车驾驶员培训中心有限公司（简称江西南昌白云驾校）的交通安全教育基地就很有借鉴价值，布局合理、项目齐全、投资不大，但通过努力运营，收到的效果远远超过预期，大部分驾校都可借鉴。

交通安全教育基地是“五个一”活动进驾校的助推器，贴合政策要求，符合行业初衷，可提升企业价值，增强学员安全意识，是利国、利企、利民的有效载体。

二　新式交通安全教育基地建设理念和思路

大部分驾校建设交通安全教育基地的愿望很大，但动力很小，究其原因是在驾培行业整体业绩低迷的时期，很多驾校盈利能力不足，有各种困难，投资上百万元的交通安全教育基地对驾校来说的确可望而不可即，心存向往但望“洋”兴叹。因此，在全国范围内推广交通安全教育基地，必须符合实际情况，让驾校经营者建得起。只有在大范围内铺开交通安全教育工作，才能真正从源头上预防和减少交通安全事故的发生。以下以江西南昌白云驾校的交通安全教育基地为例进行分析。

（一）主要项目设计及介绍

（1）事故车辆警示区。通过交通事故警示车（见图 1）的展示，可以让学员现场感觉到车祸和死亡离自己原来如此之近。

（2）安全带体验区。在安全带体验区会，教练向学员讲解安全带的作用和不系安全带的危害，并通过安全带体验装置，让学员体验两种情况下的区别，从而建立明确的上车就要系安全带的意识。

（3）心肺复苏体验区。学习心肺复苏知识和技能，希望在关键时刻，具

图 1　江西南昌白云驾校设置的交通事故警示车

备这些知识的学员能够挽救生命。

（4）酒驾醉驾体验区。通过佩戴酒驾眼镜，在不饮酒的情况下体验酒驾感受。该区精心设置了两个体验项目。一是酒驾测试，提供酒类供学员饮用，然后用警用酒精测试仪进行测试，讲解法律层面的认定标准；二是让学员佩戴醉驾体验眼镜，进行扔飞镖、叠茶杯、走路绕桩的体验，让他们在清醒的状态下，亲身体验到喝酒以后的身体状态变化和完成各种动作的难度，从而认识到喝酒以后身体的不可控程度和引发的驾车危险。

（5）车辆盲区讲解。不但要讲解盲区的知识，还设置体验区，让学员亲身感受车辆盲区，力求做到防御性驾驶。

（6）事故责任划分体验区。让学员了解发生事故后责任划分的知识，这是在驾照考试时不考、教练一般也不教的知识，但对学员未来驾车具有重要价值。

（7）轮椅体验区。通过轮椅体验，让学员体验发生交通事故后的犯错成本，体验给自己和他人带来的伤害。

（8）轮胎打气、更换区。在这个体验区，教会学员如何检查胎压，如何临时补气，如何处理亏气状况和更换轮胎。

（9）远光灯体验区。让学生亲身感受远光灯可能导致的事故危害。

（10）车载导航的使用教学。教会学员如何正确使用车载导航。

（11）安全小剧场。江西南昌白云驾校组织员工排演了交通安全情景小节目，让员工担任主要演员，让学员现场担任配角演员，通过一个个短小精悍、趣味生动且又身临其境的小节目，让学员更深刻地领悟安全对于每一个交通参与者的重要性。

（12）驾驶性格测试。发放测试表格，由学员填写，得出学员的评分。根据评分告知学员性格是否容易冲动，容易产生“路怒症”，提高驾车时的自我约束和警惕意识。

（13）消防体验区。设置了消防实训课程，由学员亲自体验，掌握基本灭火技能。

（14）实际道路行驶。为弥补应试与实际驾驶的差距，开设实际驾驶体验课程，改装普通车辆，由教练员陪同新手司机在正常道路上行驶 15 公里。

（15）车祸亲历者现身说法。聘请交通事故亲历者为交通安全宣传大使，为学员讲述事故发生的经过，从而让学员引以为戒。

以上举例的项目，均为江西南昌白云驾校交通安全教育基地的众多课程中较为重要的体验项目。此外，还有观看视频、标志学习等项目。

（二）日常教学课程设计及范围

江西南昌白云驾校交通安全教育基地的课程分为四类，分别针对不同人群开展培训。

1. 本校学员

本校学员又分考完科目一的学员和考完科目三安全文明驾驶常识内容的学员。

（1）考完科目一的学员。此类学员刚考完科目一，对科目一题库里的驾驶知识有所了解，但对于驾驶这项技能缺乏了解。抓住此时学员没有太多的关于驾驶的见解和习惯的时机，对学员进行安全教育，帮助他们树立交通安全意识，养成安全驾车的习惯，真正从源头上进行引导，让学员从无立场变为有立场，树立交通安全非常重要的观念。

（2）考完科目三安全文明驾驶常识内容的学员。此类学员刚拿到驾照，驾驶梦想一朝实现，心情是复杂的，既抱有对驾驶的憧憬，又对真正的实际驾驶存在胆怯心理。此时通过亲身体验对他们进行安全教育，能够对照他们在培训过程中所学的内容，知道为什么要这么考，为什么要做这个动作。例如，科目三考试中绕车一周、按两处按钮的要求，学员通过交通安全教育基地的盲区体验教学，就明白原来考试中按这两处按钮，是为了确认车前、车后没有安全隐患。这样的体验教学，帮助学员养成良好的驾车习惯，减少事故发生。

2. 社会公众和企事业单位员工

此类人群为社会人群。江西南昌白云驾校交通安全教育基地面向全社会免费开放，既增加了交通管理部门宣传教育的场地，又起到了社会宣传的正面效果。此类人群存在受众层面复杂、受教育程度不一、交通参与角色不同的特点，针对这些情况，基地开设了基础安全教育课程。对基本安全、公共交通安全、乘车人交通安全、驾驶员交通安全等方面内容的授课，满足了大多数交通参与者的受训需求，设计的体验项目让大多数参与者有了更真实的体验和认识，从而达到教育效果。

3. 未成年人安全教育

“平安出行”，从娃娃抓起，因此，要从小向他们传达“平安出行”的理念，使他们树立“平安出行”的观念。为减少少年儿童的交通事故发生率，提升他们的交通安全意识，江西南昌白云驾校交通安全教育基地专门设计了安全带体验、“灯光会说话”体验、交通信号灯体验、车辆盲区体验等项目。

4. 新手司机人群

此类人群在社会上占有很大的比例，有相当一部分人拿到驾驶证不敢开车上路。江西南昌白云驾校交通安全教育基地不但对本校学员开设实际驾驶安全教育课程，还免费为社会上的新手司机开放课程，尽最大努力，服务最多人群，消除社会隐患。

江西南昌白云驾校交通安全教育基地自 2019 年 5 月 29 日正式开放以来，截至 2019 年 12 月 31 日，接待参观培训机构 600 余家、社会各界参观学习人数 4000 多人，集中授课 60 多次，接待中小学生 400 人次，对 3000 多人次开展了学习教育活动。

任何事情都不是一蹴而就的，江西南昌白云驾校交通安全教育基地在 2019 年 5 月底建成后，在如何利用好基地进行广泛教育、如何通过体验课程满足不同层次的受众需求、如何精准服务学员上经过了一段时间的摸索和尝试，最终将安全教育体验课程精细化、受众精细化，使每一个前来学习体验的受众都能得到他们应该学习到的安全知识。

三　交通安全教育基地案例

驾校的交通安全教育基地可针对不同人群开展形式多样的教学体验课程，

包括学员、社会人士、学生、单位员工等。基地还可以积极走出去，把安全体验课程搬出教室，搬到学校、商场、工厂、社区，辐射更大人群，开展全民教育、普法教育，实现一个驾校的社会责任，为全社会减少交通事故而付出努力。

（一）“请进来”学习

案例 1　江西南昌白云驾校的新规定

江西南昌白云驾校规定，凡本校学员，在进行科目二培训前，必须上一堂交通安全教育课。未参加交通安全教育的学员，原则上客服不安排其上车培训。

此项规定一颁布，在学员甚至教练员中引起不小的震动。有的学员认为，驾校小题大做，“我是来学车的，安全课并不是国家规定的课程，为什么以有没有参加交通安全教育作为我练车的前提?”有些教练员也觉得，此项规定过于严格，在所有驾校都在缩短学员练车周期的情况下，人为增加课程会拉长学员的练车周期，担心学员产生反感情绪。在众多压力下，驾校做了大量耐心说服和解释工作，并坚决严格执行。江西南昌白云驾校认为，“磨刀不误砍柴工”，为学员硬性增加交通安全教育课程，就是对学员学车最大的负责。没有树立交通安全意识的学员，就是一个潜在的“杀手”，驾驶技术再优秀也是枉然。江西南昌白云驾校通过各种微信推文向所有学员讲解交通安全教育的必要性，并通过优化课程让所有学员亲自感受到安全的重要性，通过大会宣讲、演讲比赛、课件比赛等方式不断提高员工的安全意识理念。现在，江西南昌白云驾校学员已经把上车前的安全课视为必修课，所有员工也都支持驾校的这一举措，并且很自豪地告诉所有潜在学员，来白云驾校，不光教你驾驶技能，还能学到交通安全增值课程，你的平安出行，才是我们最关心的。

案例 2　诗人主题驾校的“3+”教育模式

2019 年 8 月，江西赣州华坚汽车驾驶员培训有限公司（简称华坚驾校）升级为诗人主题驾校，并建成一个交通安全教育基地，实行了“3+”教育模式，即爱国主义教育 + 素质养成教育 + 技能实操教育，提出“儒雅开车”的理念。中国传统的儒家思想体现在守规矩、讲礼仪、懂谦让上，而这些正是开车要养成的好习惯。

驾校每周举行一次校长讲坛和一次开学典礼，每名学员都必须接受半天的交通安全教育，参与培训后方能进入科目二的培训。基地的课程包括烟驾的危害、体验酒驾、体验安全带、体验远光灯、安装三角牌、使用灭火器、使用安全锤、观看事故车残骸和沾血模型等，教育过程中还穿插诗歌朗诵和情景剧表演，让学员在严肃紧张、轻松活泼的氛围中度过，既受到了教育，又不会感到枯燥乏味。运行半年来，得到了学员的广泛认同，交通安全教育基地成为大家交流的话题，成了来驾校打卡的必经“景点”。

（二）“走出去”宣传

案例 3　江西南昌白云驾校交通安全教育“进社区”

江西南昌白云驾校交通安全教育基地走出校门，深入社区开展交通安全进社区活动。

2019 年 7 月，江西南昌白云驾校连续开展了两次交通安全教育“进社区”活动。14 日进入南昌市高新区梁万社区、29 日进入南昌市东湖区上沙窝社区。通过交通安全宣讲，为周边社区的人们送上一份交通安全的警示，献上一份平安出行的祝福。

平安出行的主题仿佛社区活动的一股清流，活动一开始就吸引了不少人驻足观看。播放交通安全教育视频是活动第一个重点，通过触目惊心的安全教育视频，大家看到了交通事故的可怕和失去亲人的痛苦，了解到交通安全的重要性，观看的人们感触颇深。

随后，基地讲师进行了“关爱生命，平安出行”的主题宣讲，讲解全国交通现状，分析交通事故的原因，提醒大家如何注意交通安全。活动还安排了交通安全有奖问答活动。活动进行中，机动车与非机动车相关的问题陆续被提出，观众回答踊跃，对交通安全的关注度非常高。

案例 4　交通安全宣传活动走进商场

2019 年 8 月 26 日，江西南昌白云驾校交通安全教育基地走进南昌市高新区新城吾悦广场，近距离与市民宣讲安全知识，倡导文明出行。

江西南昌白云驾校员工来到高新区新城吾悦广场，利用商场的人流优势，掀起交通安全宣传的高潮。活动全程进行了直播，观看人数累计21.6万人次。

四　结论与展望

无数成功企业的发展之路都见证了一个铁的事实，那就是对社会的贡献越大，获得的回报将越多；承担的社会责任越大，获得的发展机遇和空间就越多。驾培行业自然也不例外，驾校必须要承担起社会责任、为实现和谐交通做出不懈的努力才能成功。

在这个理念的指引下，树立正确的办学宗旨、确定正确的工作核心和发展目标，驾校才能沿着正确的道路又好又快地发展。以江西南昌白云驾校为代表的一大批驾校，因地制宜地建设交通安全教育基地，开展交通安全教育，赢得了良好的口碑，获得了全社会的广泛认可。在这些标杆驾校的引领下，担当社会责任的驾校将越来越多。

自2019年中国交通运输协会驾驶培训分会推出“中国交通安全万里行教育基地”方案以来，全国各地驾校纷纷响应，积极主动投入建设。截至2020年3月，全国共有20家驾校已建成基地并投入使用，100余家在建，50余家已提交申请。

交通安全教育基地的推广应用，充分体现了驾校的社会责任，也使驾校真正成为交通安全宣传与安全文明驾驶的第一阵地，使驾培行业成为一个有温度的行业。可以预见，会有越来越多的驾校参与到交通安全教育中来，未来道路交通事故会越来越少，交通秩序和环境必将越来越好。

行业发展篇

B.6 驾培行业疫情防控公益行动与应急机制

张燕晨　徐小灵 *

摘　要： 2020年，新冠肺炎疫情对驾培行业的影响有训考停滞、客源流失、招生陷入困局、驾校经营压力倍增等，本报告列举了诸多驾校的抗疫之举，并利用营销新渠道提升招生业绩，开放教学视频进行线上指导，为驾校复工复训提出参考意见。驾校要抓住机遇，主动作为，将互联网思维纳入企业发展的长期战略，运用全员营销、社群营销、网络营销等新理念、新工具为驾校赋能，才能实现驾校转型升级。

关键词： 驾培行业　新冠肺炎疫情　公益行动　复工复产

* 张燕晨，北京海淀驾校校长、中国交通运输协会驾驶培训分会常务副会长；徐小灵，中国交通运输协会驾驶培训分会副秘书长、北京海淀驾校副校长，研究方向为企业文化、品牌建设、市场营销。

2020年，新冠肺炎疫情暴发，为了有效防控，国家和地方政府及主管部门采取了一系列应对举措，如封闭管理、弹性上班等，这对经济的发展产生了一定的影响。驾培行业也受到了影响，如暂时停工、招生困难、复训停滞等，面临着较大的挑战，但驾培行业没有退缩，而是积极应对，启动应急机制，参与了一系列抗疫公益行动，做出了自己的贡献。

一　疫情对驾培行业的影响

（一）训考停滞，人员流失

2020年1月28日，中国交通运输协会驾驶培训分会发出了《致广大驾培行业同仁和学员的倡议书》，呼吁会员单位暂停培训。随后，武汉、黄冈等疫情重灾区，北京、济南、西安、南昌等众多城市的车管部门陆续发出了调整、暂停、取消近期机动车驾驶人考试工作的通知；运管部门也发出了暂停机动车驾驶人培训业务的公告。疫情缓解后，还需要一个较长的恢复期，即使复工，短期内参加培训的学员也不会多，驾校处在学员停训、员工放假的状态，新增学员数量减少，教练收入变少，教练员辞职频频发生。

（二）春季招生陷入困局

每年春季，尤其是三月份，是驾校的招生旺季。2020年3月，受疫情影响，虽然驾校线上线下招生工作仍在继续，但驾培、驾考属于人员高接触、高密度聚集的服务行业，训练、考试主要依赖线下，学员报名暂时放缓；另外，驾考的一大消费群体——在校大学生，受疫情影响开学时间推迟，导致报名训练也相应延后。即使疫情结束，学生也会面临复学后学习考试的压力，对报考驾校采取谨慎的态度，这些都让驾校招生面临困难。

（三）驾校经营压力倍增

驾校在停训期间没有营业收入或收入骤减，春季招生受限，行业竞争压力大，但驾校员工的薪酬、社保以及场地租金、管理费用等固定成本仍需支付，这些都给驾校带来巨大的压力。

以三级驾校为例，教练员和行政人员有25~30人，按平均工资福利4000元/人计算，每月经费至少在10万~12万元；对一级驾校而言，其人员是三级驾校的三倍以上，每月的人员工资福利支出在40万元以上。另外，三级驾校至少需要15亩的场地，每月需要支付租金3万元以上，经营压力不小。一级驾校或处于经济发达地区的驾校，租金更高，压力更大，或面临破产倒闭的风险，员工也将面临失业的危机。①

二　驾培行业应对疫情冲击的措施

（一）行业管理部门在疫情下的举措

疫情就是命令，防控就是责任。我国的行业管理部门及各级政府把人民群众的生命安全和身体健康放在第一位，公安、交通等行业主管部门把抗击疫情作为首要任务，陆续出台了惠民利民的政策措施，并深入驾校进行检查督导。

例如，为认真贯彻北京市人民政府对新冠肺炎疫情防控工作部署，落实公安部交通管理局加强交管窗口疫情防控工作的要求，切实降低窗口单位等人员密集场所病毒的传播风险，保护人民群众身体健康和生命安全，从2020年2月3日起，北京公安交管部门对全市车管业务进行调整，改进服务方式，调整办理时间，大力推行网上办、自助办、延期办，积极为市民提供服务便利。其中，涉及学员学车的措施如下。

（1）学习驾驶证明有效期到期的，统一延长有效期限，群众可选择在疫情结束后继续学习驾驶，保障学车考证权益。

（2）暂停驾驶人初学、增驾、注销恢复、国外证换证、军警换证及满分考试等全部考试工作，将满分驾驶人现场教育学习调整为驾驶人自学。

（3）暂停驾驶人审验现场教育，一律调整为网上自学。

（4）对已通过互联网预约驾驶人考试（含科目一、科目二、科目三及科

① 刘治国:《新疫情对驾校经营的影响和对策（上）》，搜狐网，https://www.sohu.com/a/369716348_658430，2020年1月31日。

目三“安全文明驾驶常识”部分考试）的，将统一取消考试预约，不计入考生考试次数，再次预约不重复交纳考试费用，不影响今后考试预约顺序。

（5）考试场所、教育场所恢复对外办公以及互联网平台相关预约功能恢复时间，将根据本市疫情防控工作有关部署要求，确定后及时向社会公告。

又如，为及时做好复工复产以来机动车维修与驾培行业安全生产及新冠肺炎疫情防控工作，督促各区交通运输行业管理部门、生产经营单位全面落实安全生产监管和企业主体责任，2020 年 2 月以来，广州市交通运输部门结合岁末年初及重大节假日特点，重点对企业经营场所消防安全、作业操作、设施设备、用电安全风险隐患等项目开展监督检查。2 月，广州市交通运输部门共出动安全生产督查人员 37 人次，检查驾校 16 家，发现隐患 36 处；对所发现的隐患问题，要求企业限期整改并由辖区交通运输部门认真做好整改情况复查，完成闭环管理。同时，督查组要求各区交通运输部门切实履行监管职责，对复工复产的企业进一步加强监督检查，督促企业切实落实疫情防控工作措施，加强员工安全生产教育培训，按规范开展维修作业和驾驶培训教学，严防事故发生。

另外，根据国家、上海市卫生健康委员会、上海市道路运输管理局相关要求，为积极做好防控工作，提高人员对新冠肺炎疫情的应急处置及防控能力，上海市机动车驾驶员培训行业协会积极响应，在防控疫情行动中树典型，以上海小昆山机动车驾驶技术学院（简称小昆山驾校）开展的防控演练为标准，在上海市驾培行业内积极推广，为复工后疫情防护工作打下良好基础。

小昆山驾校作为经营性驾培训练基地及社会化考场，人员结构复杂，进出频繁，防控难度比较大，本次防控演练的重点是校区管理及各科目考场、办公区域等各个环节的防控与消毒，防控演练工作井然有序。上海市机动车驾驶员培训行业协会将小昆山驾校作为演练试点并进行经验推广，具有积极的借鉴作用和指导意义，为上海其他驾校的疫情防控工作提供了参考和范本。

（二）驾校应对疫情冲击的措施

由于疫情影响，很长一段时间各地驾校无法复工，正常经营活动受影响，学员不能参加训练，驾校为了止损、扭转局面、稳定市场份额，纷纷从招生、培训和服务方面试水新模式。

1. 开辟营销新渠道，提升招生业绩

疫情期间，很多驾校及教练员纷纷开展线上营销，利用新媒体网络营销工具，在社交媒体开展营销宣传工作。例如，山东济宁北城驾校在往年运营的基础上，疫情期间开设了“快手”直播的营销渠道，提升了话题热度和品牌知名度，员工自制的“快手”段子新颖、有趣，得到了“快手”公司的认可和推广，报名人数大幅增加。

2. 关爱服务再升级，增加品牌黏性

疫情期间，中国交通运输协会驾驶培训分会、人民交通出版社、“驾校一点通”平台、“驾考宝典”平台、车轮大数据平台、驾多多学院先后开展面向驾校经营者、教练员的网络免费课程，有 100 多万人次参与学习。其中，“趣学车”作为一个服务驾校和教练的驾培行业运营商，疫情期间给全国 92.5 万名教练员免费提供招生神器“趣教练”等线上招生工具，驾多多学院线上课程免费开放，从信息化管理、品牌推广、教练培训等多个维度为行业赋能，得到了驾培行业从业者和客户的好评。

3. 开放教学视频，进行线上指导教学

科目二“场地驾驶技能”和科目三“道路驾驶技能”部分是各驾校学员线下培训的必备课程。受疫情影响，学员大多滞留各自家乡，无法进行场地训练，同时一些马上面临考试的学员对已经完成的训练课程变得生疏，北京海淀驾校通过微信、腾讯、抖音等平台，把精心制作的科目二、科目三教学视频免费分享给广大学车用户，并通过线上客服、教练远程答疑解惑服务等满足市场需求。

4. 推广先学后付政策，满足学员需求

受疫情影响，驾校春季招生整体不理想，部分驾校采取科目一不交费先报名，或利用移动支付工具预交定金、满意后再付款的方式吸引学员报名。在此期间，驾校的服务、管理将直接影响学员最终是否完成报名交费，这推动了驾校服务、管理、流程的优化。

5. 推广无接触办理报名手续

全国各地驾考手续办理多年来一直采用的是传统纸质方式，学员到报名

大厅报名或与招生人员电话联系进行上门服务。由于面对面接触在疫情期间存在传播隐患，北京公交驾校在官网、App 等平台实现无纸化手续办理，学员报名时提供电子版证件即可完成报名；北京海淀驾校还通过快递方式接收学员资料，实现驾校与报名学员之间的无接触业务办理。

三　驾培行业在疫情防控中的举措

2020 年 1 月 28 日，中国交通运输协会驾驶培训分会和中国道路运输协会驾驶员工作委员会同时发出倡议，建议驾校暂时停工停训，用力所能及的行动积极支持新冠肺炎疫情防控工作，为打赢这场疫情防控阻击战做出贡献。此外，湖南省驾培行业协会、上海市驾培行业协会等不少省、市、县协会也纷纷发出倡议，动员会员单位和全行业积极作为，配合当地政府部门做好疫情防控工作。

2 月 22 日，中央应对新冠肺炎疫情工作领导小组印发《关于全面落实进一步保护关心爱护医务人员若干措施的通知》，号召以实际行动关心爱护奋战在抗疫一线的医务工作者。中国交通运输协会驾驶培训分会积极响应，在其会员单位和驾培行业中发出倡议，并提出了具体的关爱建议。

一是切实帮扶。给予一线医务人员及其子女更多帮助与关爱。建议本年度内，针对一线医务人员及其家属学习驾驶培训的，凭证明优惠一定的费用，并在学车过程中给予更多的关心爱护。

二是志愿服务。建议驾校在具备条件的情况下，根据政府安排和部署，全力参与运送一线防护物资等志愿服务。

三是组织义捐。建议驾校组织员工和学员进行义捐，从学费中拿出部分费用，以驾校和学员的名义，通过当地红十字会等公益组织定向捐赠给疫情防控一线，将爱心和慰藉传递给一线医务人员。①

作为行业自律组织——各级行业协会的倡议，得到了驾培行业广大驾校

① 中国交通运输协会驾驶培训分会：《关于用实际行动关心爱护医务人员的倡议》，http://www.zhongjialian.org/News/News_show.asp?id=2849&tid=85，2020 年 2 月 24 日。

的积极响应，典型的案例如处在疫情重灾区的湖北黄冈平安驾驶教学培训中心（简称黄冈平安驾校），该驾校同仁的善举彰显了驾培人的政治觉悟和使命担当。

案例 1　黄冈平安驾校支援抗疫纪实

2020 年 2 月 28 日，湖北黄冈平安驾校参加这场战“疫”已经一个月了，当天他们在公众号推送了一篇文章《平安驾校——坚定希望，战“疫”满月》，其中分享了两天的纪实内容。

小小鸡蛋累倒壮汉

2 月 13 日，黄冈市黄州区交通运输局接到区疫情防控指挥部指令，有一批捐赠的鸡蛋，需要从黄州区最偏远的陈策楼镇浒子口村，装运到黄州区总医院。

上午 10 时，在黄州区交通运输局、道路运输管理所相关同志的带领下，黄冈平安驾校校长王瑞富组织 3 辆大货车和驾驶员赵志刚、熊鹏等一行 7 人，领命前行。

上午 11 点多，他们到达目的地，才意识到任务的艰巨性，每箱鸡蛋大约 25 公斤,600 箱，重达 15 吨！时间紧，任务重，疫情管控期间，临时调人肯定来不及。

图 1　黄冈平安驾校校长带领员工搬运物资

图 2　黄冈平安驾校运送物资的车辆

他们 7 人瞬间变身搬运工，一箱一箱地搬、一车一车地装（见图 1、图 2），没有犹豫、没有埋怨。他们顾不得春寒料峭，为了方便搬运，外套脱了、毛衣脱了、口罩湿了、汗水迷眼了、胳膊软了、手磨出泡了、腰伸不直了、内衣也湿透了……他们相互协助、鼓劲打气，等把三车货物装完，已经是下午 2 点多了，他们与时间赛跑，也顾不得吃午饭，最后每个人都累瘫了。小小鸡蛋累倒壮汉呀！

紧急任务

2 月 20 日凌晨，人们还在熟睡。黄冈黄州区交通运输局急需两台大货车，去武汉市新洲区运回一批防疫隔离用物料，送到市防疫指挥部。

伴随着一阵清脆的电话铃声，“快起来，晚上又有任务啦！行动快点，不要惊醒家人……”赵志刚迷糊中接到王校长的电话，翻身起来，二话没说就赶赴驾校。王校长说：“我只打了赵志刚电话，他们白天已经忙了一天了，都很累了，实在不忍心大半夜又叫醒他们。就在群里问了一下，有没睡的吗？瞬间就收到了陈国平的回复。”（见图 3）

放下手机，王校长心头一暖，是为自己，更是为志愿队的战友们。深夜接到任务，临时去申请调配隔离服，时间显然来不及了。他们没有考虑更多，

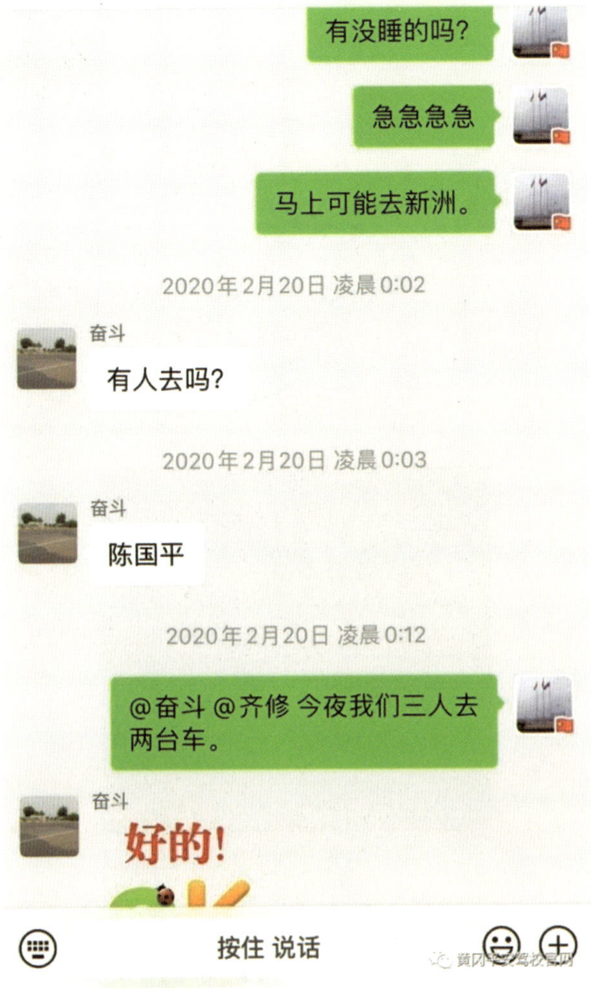

图3 黄冈驾校同事就运送物资沟通

做好基础防护，赶紧出发。考虑到白天任务的劳累，王校长让赵志刚在车上稍稍休息，自己驾驶1号车，同6号车驾驶员陈国平一起星夜兼程前往武汉。

时间就是生命！这次任务十分紧急，必须在20日早晨7点之前把隔离用物料运送到市防疫指挥部。夜间开车本来就不容易，又在疫情管控期，很多路封了，走不通，有时需要绕行好几圈，又经过几道交通管制关卡，他们才来到武汉市新洲区凤凰镇。在去物料厂的路上，进厂道路封堵，大家下车，一起铲开封路的土墩，进到里面，发现又有一棵大树横挡在路中间，大家齐心协力，将大树挪开，才顺利进入厂区。物料体积大又很重，大家把物料装上车后，又用绳子捆绑好，确保运输的安全。

物料装车完毕后，东方已泛白，那是希望的曙光！大家舒了一口气，总算放心了！伴随着初升的朝阳返程，因为有了来时的经验，返程很顺利，他们终于在7点前到达市防疫指挥部，将13吨防疫物料交接完毕，圆满完成了任务。图4为黄冈驾校员工搬运物料现场。

图4　黄冈驾校员工搬运物料现场

黄冈平安驾校的善举是驾培行业的一个代表、一个缩影，在全国各地还有很多驾校参与了这场战“疫”，他们用自己的行动守护一方安康，彰显家国情怀。

深圳市深港机动车驾驶培训集团有限公司（简称深圳深港驾培集团）、河南邓州市驰诚驾驶技术培训学校有限公司（简称河南邓州驰诚驾校）、河南平顶山市三弦畅想机动车驾驶培训集团有限公司（简称河南三弦驾培集团）、安徽合肥八一驾校、柳州荣兴机动车驾驶员培训学校（简称柳州荣兴驾校）、山西文水县吉宏达机动车驾驶员培训学校（简称文水吉宏达驾校）、深圳市鹏城机动车驾驶员培训有限公司（简称鹏城驾校）、南京谷峰机动车驾驶员培训有限公司（简称南京谷峰驾校）、中铁二局贵阳驾驶培训有限公司（简称贵阳中铁二局驾校）、黄冈外滩驾校、武穴众赢机动车驾驶员培训有限公司（简称众赢驾校）、广东揭阳市永定机动车驾驶员培训学校（简称广东永定驾校）、江西南昌赣洪驾校、江西遂川江南驾校、河北沧州金海岸驾校、四川省五洲鑫濠实业有限公司（简称四川五洲鑫濠集团）、湖南益阳市资阳驾校、宁夏红宝机动车驾驶员培训学校（有限公司）（简称宁夏红宝驾校）、安徽巢湖平安驾校、四川华蓥广华驾校等纷纷捐款捐物，驰援抗疫一线。其中，柳州荣兴驾校还召开疫情防控工作电话会议并向全体员工发起向疫情灾区奉献爱心总动员，董事长徐兴国带头捐款，各单位员工积极响应总部的号召，在短短的5天内，共收到员工爱心捐款43万元。柳州荣兴驾校还定向援助湖北省洪湖市，助力革命老区，捐赠三辆医疗救护车和防护物资给洪湖市人民。

甘肃兰州永登县八运驾驶员培训中心（以下简称甘肃八运驾校）党支部组织全体党员进行“战疫进行时，我是共产党员我承诺”的集体宣誓，号召全体党员发挥共产党员的先锋模范作用，当好疫情防控工作的宣传员和践行者。

甘肃平凉静宁县建宏驾驶员培训学校（简称甘肃平凉建宏驾校）、河北燕赵驾校免费向市民发放口罩、向值守人员捐赠护目镜，多次向医护人员捐款、赠送防护服等。

江西南昌白云驾校、重庆西南机动车驾驶培训集团（简称重庆西南驾培集团）、甘肃新通力企业驾校管理集团（简称甘肃新通力驾培集团）、吉林公主岭征达驾校等在疫情期间针对高考学子开展学雷锋志愿者活动，如提供免费口罩、跑腿服务、打印学习资料等，为社会奉献爱心，输送正能量。

甘肃新通力驾培集团组成志愿者车队，在疫情高峰期持续为武汉等地运送生活保障物资。广西梧州市桂通机动车驾驶员培训有限责任公司（简称广西桂通驾校）组建抗疫爱心运输队，出动工作人员60余人次，运输车辆20多车次，行程4000多公里，确保疫情防控物资及时安全到位，受到当地政府的肯定和赞扬。

宁夏银川20多家驾校及贵州吉源驾驶培训学校有限公司（简称贵州吉源驾校）、北京海淀驾校、河北燕赵驾校、四川泸州新时代驾校、辽宁本溪华航驾校等关爱疫情防控一线医护人员，承诺为医护人员提供免费学车服务。

湖北黄冈浠水学校、安徽舒城天赐驾校、内蒙古包头轻工驾校、湖北玖和正汉川驾驶员培训服务中心（简称湖北玖和正驾校）、山东青岛公交集团驾驶员培训有限公司（简称山东青岛公交驾校）等组织骨干力量组成志愿服务队，深入社区、卡点等开展志愿服务活动。

人民交通出版社股份有限公司推出了知识抗“疫”活动，启动上线了“车学堂”公开课，将最精华的内容免费分享给4亿驾驶人和80万名教练员，受到了广泛认可和媒体公开赞誉报道。

河南开封豫通职业驾培集团厉保伟以个人名义捐款20万元，安徽舒城天赐驾校胡立强积极参与疫情防控与宣传的事迹被《法治报道》报道，他被称为“最美教练”（见图5）……还有无数像厉保伟、胡立强一样的行业优秀代表，他们默默无闻、无怨无悔地坚守在疫情防控的各个岗位。

驾培人不畏自身艰难，坚决落实习总书记、党中央和国务院的决策部署，全力配合做好疫情防控工作；向在一线抗疫的湖北同胞及各地方医务工作者捐款、捐物，甚至冲向“抗疫”一线。据中国交通运输协会驾驶培训分会的不完全统计，疫情期间，驾培行业共计捐款捐物价值超过5000万元；积极作为，主动停考停训，严格按照“外防输入、内防反弹”的基本要求，为全面阻击疫情扩散贡献“驾培力量”，体现了驾培行业的社会担当，树立了驾校良好的品牌形象，获得了社会的广泛认可。

62% 11:18

抗击疫情典型事迹：最美教练胡立强-...

法治报道

中国保护消费者基金会打假工作委员会
3.15疑难案件研究中心

抗击疫情典型事迹：最美教练胡立强

时间：2020-02-05 16:43:26 来源：法治报道 作者：汪洋超

法治报道讯（通讯员 汪洋超）安徽省舒城县干汊河镇乌羊村河沿组村民胡立强，男，53岁，中共党员。胡立强平时在舒城县天赐驾校担任教练，其家属在干汊河镇汉寿街开超市经营日用百货，此次冠状病毒疫情发生后，他主动将超市关门停业。并积极响应各级党组织号召，参与到疫情防控工作，利用自家教练车在村里义务宣传，坚守岗位，始终发扬共产党员的先锋模范作用。

春节返乡人流量大、人员聚集，疫情扩散危险系数高，防控工作迫在眉睫。面对疫情传播的严峻形势，必须火速采取行动，做好宣传引导。在认识到宣传工作的重要性后，胡立强主动到村要求出动宣传车进村民组进行宣传。自此，他每天早上8点准时到村进组进行广泛宣传。前期，其母亲因病卧床不起，需要陪护，胡立强兄弟二人轮流值班，为了不影响宣传工作，胡立强值夜班看护母亲，白天由其弟弟看护。其母亲于2020年2月3日病故,胡立强

驾校好教练

图 5 《法治报道》对抗击疫情的驾培教练员的报道

四　驾培行业疫情防控及应急机制

3月13日，交通运输部发布《交通运输部关于精准有序恢复运输服务扎实推动复工复产的通知》（交运明电〔2020〕95号），通知要求：推进驾驶培训行业复工复产，各地交通运输主管部门要结合本地区疫情形势变化，认真研判、精准施策，分区分级分类有序推动驾校复工复产；低风险地区要根据本地疫情防控要求，在做好卫生防疫防护措施的前提下，全面恢复所有科目驾驶培训；中、高风险地区要科学合理制定复工复产计划，做好人员信息登记、体温检测、教练员和学员防护、教学车辆和教学设施设备消毒等工作，逐步有序恢复部分科目培训；鼓励推行理论课程远程网络教学和实际操作技能"一人一车"的培训教学服务。

为响应国家号召，中国交通运输协会驾驶培训分会通过调研，撰写机动车驾驶员培训行业复工复产的情况汇报，对驾培行业的整体情况进行了分析，从7个方面对驾校复工复产面临的问题进行了梳理，并给出了复工复产的7条对策建议，为政府主管部门和驾校精准有序开展复工复产工作提供了支撑。①

随着全国疫情防控取得阶段性重要成果，部分地区机动车驾驶人考试业务和培训工作陆续恢复，驾校外地员工开始返校复工、学员开始参加驾驶培训，但疫情防控工作仍然是当前工作的首要任务，驾校一手抓疫情防控，一手抓复工复训，两手工作同步推进。其中，合肥市交通运输管理处发布的文件通知和贵阳智杰驾驶培训学校有限责任公司的疫情防控模式具有一定的代表性和借鉴意义。

案例2　合肥市交通运输管理处发布的驾培业务有序恢复通知

合肥市交通运输管理处发布了《关于有序恢复合肥市机动车驾驶培训机构培训业务的通知》。具体内容如下。

① 中国交通运输协会驾驶培训分会：《关于机动车驾驶员培训行业复工复产的情况汇报》，http://www.zhongjialian.org/News/News_show.asp?id=2850&tid=85，2020年2月25日。

（一）复工复训前准备

1. 建立防控机制。各驾校要落实疫情防控企业主体责任，建立本单位疫情防控组织，明确工作职责，制定严密的复工复训方案并向所在街道（社区）乡镇备案。

2. 安排职工返岗。全面排查返岗执行信息，掌握其假期出行、亲属往来、身体状态等相关情况，通过综合研判，安排符合相关疫情复工要求的职工返岗工作。

3. 研判学员情况。学员参加培训前，必须填报个人近期居住、旅行、健康、与发热病人接触等情况，驾校根据学员填报信息，安排符合疫情防控要求的学员参加培训。

4. 配备防控物资。各驾校在办公场所、报名大厅、培训场地等处，均要准备必要的疫情防控物资（如体温探测仪、消毒水、口罩等），安排若干独立或相对独立房间，作为体温异常人员临时隔离场所。

（二）复工复训后防控措施

1. 建立报告制度。各驾校安排专人负责单位疫情防控工作，积极配合所在地的街道（社区）、卫生疾控等单位的疫情防控工作，遇到疑似情况，及时报告相关部门，在其指导和帮助下做到科学防控。

2. 加强宣传教育。各驾校要通过悬挂横幅、张贴通告、电子屏滚动播放等形式宣传疫情防控知识和要求。同时，组织开展职工、学员疫情防控知识非集中式（如视频、电话等）培训，切实提高职工、学员的自我防范意识和参与社会群体防控的自觉性和责任感。

3. 落实防控措施。各驾校要严格落实本单位复工复训工作方案，实施封闭管理，在驾校办公、训练、报名等场地大门口设置专门的体温检测岗位，安排专人对职工、学员及其他人员进行“健康码”核验，引导未申领“健康码”的人员现场申领。严禁不符合相关防控要求的人员进入，学员上车训练必须严格刷IC卡计时，真实记录学员培训情况。所有员工、学员及其他人员在驾校办公场所、教学场地工作、培训、咨询时必须全程佩戴口罩。每天对办公场所、训练场所、食堂、教学车辆等进行通风、消毒。乘坐驾校交通车的学员和职工，必须佩戴口罩且经体温检测正常后乘车。通过分散就餐、保持工位间隔、教练员“一对一”培训等方式避免人员聚集情况出现。

案例 3　贵阳智杰驾驶培训学校有限责任公司的疫情防控模式

（一）基本模式

复工复产期间该校疫情防控工作的基本模式为分区管理、全员参与。建立完备的复工复产工作方案及突发事故应急预案，工作落实到部门，责任细化到个人。

（二）创新点

1. 人员管控。对驾校员工建立“一人一档”，每天对员工进行体温检测，落实日报告、零报告制度；设置防疫卡点，对来访人员进行“一测二查三询”（测体温、查身份、询问踪迹），并做好记录台账，确保不落下任何一个人。

2. 教学模式。疫情期间驾校的实操教学采用安全、高效的一对一教学模式，每日为学员科学安排练车时间，保证同一时段、同一教练、同一训练车辆只能有一个学员的“四个一练车守则”。

3. 考试安排。在驾校开展的考试统一实行分批次、划区域模式。根据当场考生数量进行合理分批，考试前一天电话通知考生到场时间；对同一批次考生实行分区域候考，保证考试安全有序进行。

4. 安全排查。对教练车和驾校各区域定时定点消杀，驾校安全科对驾校安全隐患做好每日排查，做好隐患源登记和管控台账，确保驾校工作有序开展。

5. 管理模式。将驾校的工作分为四大区域（行政中心、理论考场、实操场地、后勤保障），指定各区域负责人，负责人细化各区工作任务，将责任落实到每一位员工，真正做到人人参与、人人有责。

6. 送口罩。为保障学员和职工安全，驾校设立了爱心口罩发放点，为前来学车的学员赠送优质口罩，并每天为职工发放口罩，以保障驾校复工复产安全有序开展。

五　疫情带给驾培行业的启示

当前，在党中央的领导下，经过全国上下和全国人民群众的艰苦努力，疫情防控已经取得了阶段性重要成果。接下来要面对的是经济社会秩序加快恢复，复工复产水平快速提升。驾校作为劳动密集型的传统行业，具有重资产、高成本、抵御风险能力差等特点，通过这次疫情需要认真思考，驾校怎样做才能趋利避害、止损降耗、尽快有序步入正轨。

（一）思维模式

企业抵御风险的能力与综合实力紧密相连，管理者应思考如何用辩证的思维看待疫情给企业带来的压力，以扭转被动的局面，也需要不断地补足短板、突破思维的天花板，处理好突出重点与统筹兼顾、当前与长远、“危”与“机”、“常”与“变”的关系，积极寻求和探索多种经营模式。

（二）招生模式

积极探索拓展电商招生平台。据悉，在多数行业面临严峻的经济冲击时，也有少数行业迎来了发展的春天。其中，电商行业当属个中翘楚。疫情期间，京东到家订单量比 2019 年增长了 374%，盒马万家汇门店线上订单增加了数百倍，排名前十电商 App 日均活跃用户都大于 50 万……我们可以这样说，疫情给其他行业带来冲击的同时，也给电商行业带来了增长的机遇。[①] 因此，网络营销将成为驾校招生新的渠道。驾培行业不少优秀的驾校，在疫情期间不知不觉完成了一次产业升级，更加快速地向“驾校 + 互联网”进化。

（三）培训服务

推动人工智能在驾培领域的深度应用。2020 年 3 月 7 日，上海荣安驾校成为首批复工复训的驾校之一，他们的复工秘籍就是“智能机器人教练”，既能做到减少接触、安全防护，又能保证培训质量，对“00 后”的新生代来说，他们更喜欢这种“人工智能”感十足的科技创新产品，一举多得。随着科技的进步，5G、AI、AR、VR 等先进前沿科技将为驾培行业发展注入新的活力，开启驾培新时代。

---

① IT168:《如果疫情结束了，电商行业还能高速增长吗？点识科技这样认为》，http://m.it168.com/article_6155126.html，2020 年 3 月 12 日。

（四）经营管理

积极推进企业数字化进程。2003 年，阿里和京东抓住了线上电子商务发展的机遇，打开了企业数字化进程的大门，大数据走入群众视野，互联网思维成为企业管理新的方向。数据表明，此次疫情期间“钉钉”不到一个月的下载量达到11亿人次[①]，众多企业开始在家办公，学校则通过线上授课、停课不停学，实现了工学、防疫两不误。驾校数字化转型将助力企业做出最合理的战略决策、提升劳动生产率、创造新的价值空间、形成新的企业文化。

（五）人才储备

建立一支有行动力、创新力、想象力的员工队伍及人才储备力量势在必行。当下，有的驾校员工存在年龄偏大、学历偏低、学习力差等客观问题。服务意识差、纪律观念弱、没有进取心、不能很好地履行岗位职责和管理职能，成为制约企业发展的痼疾顽症，驾校管理者应高度重视并痛下决心充分解决。

（六）应急机制

我国目前疫情防控效果明显，但是对新冠病毒的认识还远远不够，对其传播规律掌握得不全面，所以，还要对疫情是否反复保持足够的警惕。驾培行业是一个高接触性的教育培训行业，因此十分有必要建立健全公共卫生应急机制，从而减少风险。

---

① 《微信地位不保！中国新社交巨头连续 30 天霸榜第一，如今火遍全球》，https://baijiahao.baidu.com/s?id=1662126952682841865&wfr=spider&for=pc。

B.7
驾培行业产业链整合研究与实践

董 强　王常香　胡小婧*

摘　要：在驾培行业产能过剩恶性竞争的市场背景下，驾培行业呈产业链短、产业链交织密度不足的现状。本报告对驾培产业上中下游的产业布局分析，得出在驾培行业的上、中、下游，依旧有潜在的商业机会有待挖掘。驾培从业者需投入精力和资源尝试拥抱市场，探索使用数据化、信息化工具，让软硬件信息化、标准化、智能化、品牌化、新能源化，并努力延伸到产业生态链上下游相关资源的开发和整合当中。

关键词：驾培行业　汽车后服务　生态链　产业链

驾培行业属于第三产业，行业社会分工的主要载体是驾校。驾校的主要商业行为是为消费者提供掌握驾驶技术的服务，教会其安全驾驶、文明开车，并协助其通过车管部门的考试取得驾驶证，其服务特性是销售在 40 天至 3 年中提供不固定频次的服务。消费者拿证即走，这样的服务特性，使得绝大多数驾校只做一次性生意。

相比其他产业链较短的行业如制造业，服务业，由于驾培行业的一次性

* 董强，中国交通运输协会驾驶培训分会副会长、四川省长征机动车驾驶员培训学校有限公司董事长、汽车驾驶高级技师，研究方向为机动车驾驶人培训；王常香，中国交通运输协会驾驶培训分会副会长、安徽省驾培行业协会副会长、合肥八一驾校执行校长；胡小婧，趣学车安全驾驶研究院总研究员。

生意的服务特性，使得驾培行业的产业链更短。产业链短，直接导致产业的经营、服务和产品只顾眼前利益，不顾长远利益，不具备挖掘深层商业价值的动力，商业模式单一。

这种特性对驾校经营者来说，存在一定风险。例如，当行业市场竞争激烈时，只能通过提效降本创造利润空间，对于个体驾校来讲，很难改变利润空间越来越小的行业趋势。

当发生2020年新冠肺炎疫情这样的不可抗风险时，驾校无法招生和培训，相当于要承担长时间无法生产的亏损，如果亏损过大只能关门清算止损。其造成的经济、就业、商誉等损失难以估量。只有将产业链变长、变宽，与其他的产业链交织在一起，让行业中的社会分工更加精细，组织形式更加复杂，其商业行为更加活跃，商业表现形式更为多样，这样整个行业无论是市场规模、商业价值，还是社会价值才会迈上一个新台阶，驾培行业从业者才能创造更多的增量价值。因此，丰富行业产业链是利在长远、关乎每一位从业者当下和未来发展的重要议题。

驾培行业有没有可能通过丰富驾校商业模式，加强产业链整合的路径来增加驾校的营收规模和利润空间，增强驾校的抗风险能力呢？有没有可能通过卷入其他产业链，整合需求丰富服务，走上差异化服务道路呢？本报告通过对驾培行业产业链上下游的探究，探讨了其他商业模式的可行性，为驾校经营者提供了拓展商业模式和产业链整合的参考。

一　驾培行业产业链内在要素情况分析

驾培行业产业链从功能、生态看，由四大部分组成：政府职能管理部门，驾培产业上游关联企业及经销商，驾培教学及配套硬软件设施设备，汽车消费市场及其衍生的其他服务。具体分解为如下几个方面。

1. 驾培服务许可与监督产业链结构分析

从取得准入资格及服务监督的角度看，产业链离不开以下关键职能部门及机构。

从图1看，交通部门是行业政策的制定者、监管者和资源调控者、行业

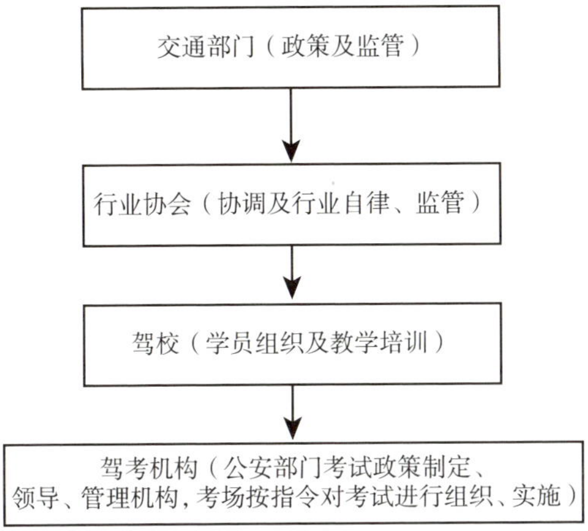

图 1 驾培行业产业流程

规范者，是行业规范的执法机构；行业协会是职能部门同驾校的直接联络机构、行业自律及监管机构；驾校是学员职业技能培训及职业道德、交通法规、安全文明常识等知识的培训机构，是技术过硬、职业道德高尚、素质全面、安全文明驾驶人的培养、输出机构。驾考机构是公安机关驾驶人考试政策执行及考试指令组织实施完成机构，通过科学的考核机制、手段，全面考核评价学员熟练掌握《机动车驾驶培训教学与考试大纲》内容的情况，判定新驾驶人能否驾驶机动车参与交通。

从这一角度来看，市场化是促进产业链扩充与整合的催化剂，随着“放、管、服”（简政放权、放管结合、优化服务）政策的进一步推进，驾培行业正在逐步市场化。

2. 驾培服务产业链结构分析

就学员从报名开始到成为一个合格的驾驶人，细分其学车过程需经过 42 个环节（见图 2）。从学车流程看，驾校内部业务各要素是否科学合理组合及高效连接，不仅决定学员的培训质量、学车感受、考证快慢及驾校的口碑形成，而且决定驾校在区域内的品牌打造及生源市场的占有率。

在学员接受驾校服务期间，即在服务有效期 3 年内的不固定频次场景教

图 2　驾校的产品形态

资料来源：《董生说驾考》公众号转发郸城职专驾校相关内容。

学式服务期间，许多车厂、租车公司寻求异业合作，如在驾校里立广告牌增加曝光率，在驾校举办试乘试驾会，租车公司赠送学员租车券等，使学车这一服务增加了更多的商业行为，这些商业行为本身就能使驾培行业涉足其他的产业链，但由于驾培行业的服务场景过于分散，1+1>2 的商业效果并不明显。

3. 驾校经营产业链分析

驾校在经营上与产业链上下游企业的连接较多，如教练车供应商、教学设备供应商、教练员师资供应商、软件硬件信息化设备等。驾校与这些相关企业合作除了为学员学车提供高效服务外，还拥有学员学车信息采集、开发、使用等资源；车载配套设施设备研发、生产或采购、运用选择等资源；企业信息化、精细化、标准管理硬软件研发或采购使用等资源。

（1）车载教学及监控硬软件设备资源分析。随着相关部门狠抓《机动车驾驶培训教学与考试大纲》的落实，出现大量数字化、信息化需求。目前全国范围内研究、开发、生产教练车辆车载配套硬软件设备的公司多达上千家，种类多、品牌多，但是标准、型号、规格不统一，质量参差不齐。全国各驾校普遍反映，现教练车辆车载设备及软件运行不稳定、售后服务不到位、使用附加费用高。这些痛点的存在，使得车载教学及监控硬软件设备具有较高提升空间。

（2）软件硬件信息化采集学车大数据资源应用分析。按《机动车驾驶培训教学与考试大纲》要求，学员从科目一到科目三均有学时要求，学员学车过程信息均需通过网络进行传输并在云端记录贮存。但每年 2500 万 ~3000 万学习驾驶技术的人群的数据信息，还没有一个完整、开放的数据采集和数据化工具，运用现代科技手段采集学员学习驾驶中的偏好、习惯、应变能力等数据并进行分析处理，形成驾驶行为数据，参与交通能力的评价数据，为社会及学员提供服务。对数据的分析，不仅可以运用到学员的学习过程中提升学习效率，而且可以应用于社会服务及安全文明交通建设上，为驾驶行为数据、车险大数据提供参考，为车厂反向定制车型提供参考，商业价值巨大。

为深层次挖掘全国驾培行业的数据资源，2019 年由全国十家驾校联合成立了常春藤合伙企业。该企业的中期目标是要在两年时间内，实现传统驾校线下资源同互联网平台的对接，整合驾校学员的数据资源并应用于驾培的后市场；远期目标是在 5 年时间内，在整合合伙人驾校现有资源的同时，开发产业链上下游资源，为合伙企业拓展边际经济效益，以此助推行业的转型升级。

常春藤合伙企业的中、远期目标就是挖掘合伙驾校内的大数据资源的价值，实现同互联网科技公司有效对接，让数据资源为社会服务、为学员服务、为商业经济服务。

受 2020 年新冠肺炎疫情影响，无论是政府还是驾校经营者都更加重视数据联网和在线化的重要性，这将进一步加快驾培行业在线化和数字化进程，大幅提升驾校运营效率，提高政府监管效率，预计未来 1~2 年信息化发展进程将更加快速。

4. 教练员师资供应分析

截至2019年，我国教练员人数有92.5万人。这其中，大多数教练员的上岗培训来自师父带徒弟，具有培养教练员能力的驾校是行业中的少数，大多数驾校需要补充师资时，都选择对外招聘教练员，这难以把握教学过程中形成服务差异化。这说明，对教练员培训的服务具有一定的需求空间。

如河北燕赵驾校，为驾校培养输送高素质管理人员、业务人员和具备“传道授业解惑”能力的教练员，创办了“燕赵成长大学”。该机构于2019年12月为行业培养了第一批学员，培训质量及效果均得到了参训人员的高度认可。

除教练员外，全国各驾校对懂得驾培经营管理及教学培训的人才需求量极大，希望专业院校为驾培行业培养输送有文化、有技术、有品德及懂教学的人才的呼声极高。但因全国尚无一所高等学府设置相关专业，驾培行业人才的缺口将越来越大。

随着驾考政策进一步改革，全国各地驾考标准将越来越统一，让集约供给行业人才成为可能，培训驾培教学管理、教学人才的商业价值还有待挖掘。

由此可以看出，驾培行业的产业链现状较为单薄，与其他产业链的交换价值没有被充分挖掘。尤其在产业链上游、下游蕴含着巨大的发展机会。

二 驾培行业产业链上游情况分析

驾校要按《机动车驾驶培训教学与考试大纲》完成学员教学培训，就必须具备三个基本要素，即教学训练场所、教学师资力量及队伍，教学车辆及配套设施。三个基本要素缺任何一条，均难以完成教学培训任务。而这三要素，处于驾培产业生态链的上游，靠驾校自身可以解决。

（一）业务主管部门的资源

从行业主管部门掌握的驾培资源看，主要包括如下资源：一定区域内使用教练车品牌、车型的市场资源；教练员等级考核评定及素质提升资源；学员个人及学车过程的信息资源；教学场地所需土地配置的资源；教学考核监管的硬软件研发、评审及运用等资源。

根据《机动车驾驶员培训机构资格条件》（GB/T 30340—2013），驾校等级不同，要求装备的教练车辆数量、种类均各不相同，而且对各类教练车对应的单车使用土地面积及教练员配比做出了明确规定。

1. 教学场地资源及现状分析

GB/T 30340—2013、GB /T 30341—2013 两项国标对驾校建设教学场地的占地面积做出了明确要求，但国土部门对驾校教学场所用地又未出台相关正式的政策性文件，导致了全国驾校教学用地多为租赁。此外，全国各地的驾校资源配置数量又同用地面积紧密正相关，因此，2014 年以来，全国驾校为贯彻落实两项国标要求，追求资源的最大配置，在行业内掀起了教学场地建设热潮。

据不完全统计，全国驾校教学场地占地面积应在 30 万亩以上，而当前驾校对用地的实际需求不足 30%。据业内人士介绍，全国不少驾校在 2013 年至 2017 年间建设的教学场地，在职能部门验收完毕后就荒废甚至丧失，国家土地资源使用效率低、浪费极其严重。

2. 教练车资源及现状分析

《中国道路运输发展报告（2018）》与《中国道路运输发展报告（2017）》的数据显示，2018 年全国教练车数量相比 2017 年增长 3.1%，2018 年全国驾校总数相比 2017 年增长 7.1%，对比两年间新增教练车与驾校年涨幅，新增教练车增长幅度较小，说明新增的驾校中部分教练车为存量教练车的再次交易或资源调配。

根据中国交通运输协会驾驶培训分会发起组织的 2019 年全国驾培市场的运行情况与营商环境的问卷调查（见表 1），全国驾校对其重要资源（教练车辆）的使用率较低，只有不到 15.86% 的驾校产能利用率能达到 80% 以上。14.83% 的驾校教练产能利用率不及 30%，37.41% 的驾校教练产能利用率在 50%~80%。教练车重资产已成为驾校投资的主要部分，也成为驾校增大投资回报及参与市场竞争的瓶颈。

表 1 2019 年全国驾校教练车产能利用率

选项	小计	比例（%）
80%~100%	170	15.86
50%~80%	401	37.41
30%~50%	295	27.52
30% 以下	159	14.83
存在产能缺口	47	4.38
本题有效填写人次	1072	—

资料来源：2019 年全国驾培市场的运行情况与营商环境的问卷调查 https://mp.weixin.qq.com/s/r2btyPJF22-yPW2rr07fww

3. 驾考机构资源及现状分析

驾考机构是驾培产业链操作层面上的最后一环，是公安机关判定新驾驶人能否驾驶机动车参与交通，能否取得证照的法定机构。

从结构链看，公安机关是考试政策及内容、规则的上游制定机构，也是驾驶人考试的组织、监管、实施机构。民间资本投资建设的社会化考场，仅在完成公安考试任务的过程中获得投资回报。

考试机构（考场）成为机动车驾驶员的出口，出口把关严，向社会输出的是更多的安全文明交通参与者，反之就会给人民的生命财产造成伤害。

颁发机动车驾驶证的流程见图 3。

（二）驾培产业上游资源开发成功案例

各驾校资源使用率及投资回报低，导致投资人及驾校经营者不得不把目光向产业链上下游资源聚集。目前，已有个别企业从产业链上游资源的开发中获得红利。

（1）以驾培产业链上游资源开发，推动政府重大招商引资项目落地。2009 年，四川省成都市人民政府为引进一汽大众项目，在签订招商引资战略协议时，把该公司生产的车辆指定为本地区驾校教学用车，作为附加的优惠政策极大地吸引了投资方。此项目在龙泉驿区成功落地，加快了该区汽车产

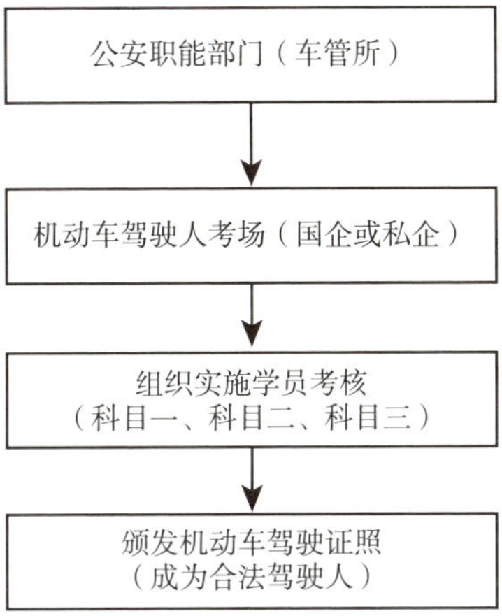

图 3　颁发机动车驾驶证的流程

业城建设步伐，推动了当地经济建设，实现了政企共赢。

（2）驾培产业上游资源的有效整合，极大地提升了驾校的市场竞争能力。以安徽合肥驾培联盟的创办带领区域内驾校成功走出困境为例。2014 年，该市驾校仅 17 家，但是到 2019 年底全市驾校达 139 家，仅合肥市区就多达 84 家驾校，教学场地达 239 处，然而该市的生源总量不足，只有 26 万人。资源过度配置不仅导致区域内驾培市场出现恶性竞争，也给重资产驾校带来了严重的生存危机。

2017 年 12 月 1 日，由该市新亚驾校、合肥八一驾校、新地驾校、五星驾校、长安驾校、宏昌驾校、徽通驾校、通运驾校、全心驾校 9 家驾校组织发起，宣布成立合肥驾培联盟，抵制驾培乱象，共享优质资源，引领行业自律。学员在联盟内任一驾校学车，均可自由选择训练基地，可就近享受统一的服务标准和教学模式。驾培联盟成立后，利用联盟的体量优势向驾培产业上下游延伸，向上下游资源要效益。努力铸造区域驾培联盟大品牌，用大品牌引领当地市场，承担社会责任。并通过举办惠民车展等形式，开启驾培产业链上游异业联合，打造驾培产业链上下游良好的生态环境。驾培联盟成立以来，资源整合极大地降低了企业的运营成本，扭转了过去严重亏损的局面。

重庆市为赢得产业链上游资源开发的主动权，以鼎吉驾校、西南驾培集团、城南驾校、金西亚驾校、昆仑驾校、易点学车、秀学车 7 家重庆知名驾校和学车平台联名发起成立了重庆西南驾培集团。该集团成立后不仅整合了原有的过剩资源，注入了智能驾培元素，而且与重庆长安汽车签署合作协议。该集团引入新能源教练车，得到了重庆市政府及社会的高度认可。与此同时，他们在保险业务收费返利及教练车辆维修、检测、油气等收费标准商谈上赢得了优于竞争对手的条件，目前集团开源节流情况良好。

（三）驾培产业链上游潜在资源分析

驾培产业链上游资源开发不仅事关驾培行业生态建设，为参与者们带来丰厚回报，而且为行业的可持续发展注入活力，有志参与我国交通运输事业建设的投资人在这一领域大有可为。

（1）大型客货车驾驶人职业教育潜在资源分析。为保障人民群众生命财产安全，从源头上遏制重特大道路交通事故的发生，不断提升大型客货车驾驶人培养质量及全面素质。2014 年，交通运输部办公厅、教育部办公厅、公安部办公厅等应大客车驾驶人职业教育的需求，联合下发了《关于开展大客车驾驶人职业教育试点工作的通知》（厅运字〔2014〕100 号），并在江苏、安徽、云南三省开展了大客车驾驶人职业教育试点。

目前，试点工作进展顺利，但还处在教育培养体系建立、探索之中。虽在培养渠道、模式等方面积累了一些经验，但各省进入实质操作阶段还未来临。交通运输行业相关人士介绍，目前我国各省区市大型客货车驾驶人缺口均在万人以上。如果从事大型客货驾驶证照同参与职业教育情况挂钩，则在此期间无论是院校还是民间资本参与职业教育资源挖掘上都潜藏着一些机会。

（2）教学场地集约化经营潜力资源分析。国务院行政法规《中华人民共和国道路运输条例》第三十八条第（四）款规定："申请从事机动车驾驶员培训的，有必要的教学车辆和其他教学设施、设备、场地。"必要的场地是驾校和驾考机构市场准入的必备条件。

我国国家标准《机动车驾驶员培训教练场技术要求》（GB/T 30341—2013）

规定，机动车驾驶培训教练场的面积是“三级驾校 15 亩地，二级驾校 25 亩地，一级驾校 50 亩地”。截至 2018 年底，我国共有机动车驾驶员培训机构超过 1.9 万户，初步估算全国驾校训练场占地面积应是 30 万亩以上。而实际情况是各驾校为获得更多的资源配置，在满足上述标准的情况下，大规模地修建了数量多、面积大、使用率极低的教学场地。

调研显示，全国驾校教学场地平均使用率不足 30%。这不仅造成了土地资源的浪费，还增加了企业运营成本。为此，在驾校教学场地用地的顶层设计及集中经营管理上均有极大的潜力可挖，可通过集中规划建设经营性训练场提升土地的利用价值。各驾校也可通过驾校间教学场地资源的有效整合，达到降低运营成本的目的。

（3）驾培产业链同车联网、智能车的有机联合潜力资源分析。现代通信、网络技术与车的融合，汽车的无人化已不是梦想。但就驾培产业在实现人、车、路、后台等智能信息交换共享和实现安全、舒适、节能、高效方面还差距极大。

2018 年，工信部曾发布《国家车联网产业标准体系建设指南（总体要求）》《国家车联网产业标准体系建设指南（信息通信）》《国家车联网产业标准体系建设指南（电子产品与服务）》等政策，极大地推动了我国车联网产业技术研发和标准制定，促进中国车联网产业发展。目前，新能源教练车、机器人教练等产品，因技术不成熟、费用高等问题尚未被行业广泛认可。驾培行业如何同现代通信、网络技术融合还有较长的路要走，也为从业者挖掘车联网产业和新能源汽车同驾培产业融合提供了商机。

三　驾培产业链下游情况分析

随着我国社会经济持续发展，汽车产销量已经连续十年蝉联全球第一，属于全球汽车产销大国。2019 年中国已经成为全球汽车保有量最多的国家。汽车销量、保有量越来越高，导致学车需求持续旺盛。充盈的学车需求又促进了驾培产业链下游产业的发展。

驾培产业链下游连接着汽车市场，二者受众人群的关联度极高，且资源丰富，产业链下游资源潜力的挖掘，不仅可优化驾培产业结构及生态，而且可极大降低从业者的营运成本。

（一）驾培产业链相关下游产业资源构成分析

驾培产业链下游资源丰富，价值高、开发潜力大。如汽车的消费金融、保养、维修、保障、油气、美容、停车等服务，跨越的领域可延伸到展览、博览、体育、旅游等文化产业链，几乎可涵盖人们生活的方方面面。

（二）驾培产业链相关下游产业资源应用成功案例分析

近几年，由于驾培市场竞争的激烈，不少驾校非常注重下游资源的开发，产生了良好的社会和经济效益。

以山东省临沂正直驾校为例。2017 年 10 月，该驾校为充分开发驾培产业链下游资源，投资成立了山东正直机动车检测公司和山东正直汽车保险代理有限公司。为公司客户提供全方位车辆保险方案，赢得了客户认可。目前，该公司已与大地、国任、天平、阳光、人保、人寿、平安、太平、天安、渤海、安华、华安 12 家保险公司建立了合作关系，在竞争激烈的保险代理市场中快速发展。2018 年度实现保险代理业务 1.72 亿元，2019 年度实现保险代理业务达 2.2 亿元。

目前，他们开创的三大类“十项增值服务”涵盖：服务类的审车代办，二手车过户代办，其他车驾管业务代办增值服务；非事故道路救援类（限临沂五区）的拖车救援，送油服务，充气服务，搭电服务等增值服务；理赔服务类的极速理赔，全天候理赔咨询，代步车免费使用增值服务。这些服务，客户都可以通过微信公众号实现一键操作，电话预约，最大限度地为客户提供便利，深化了保险服务，让正直驾培品牌价值得以延展。

与此同时，其机动车检测业务每年审车数达 50 余万辆，现山东正直机动车检测公司数量已发展到 7 个。该企业成功的经验就是善于捕捉产业链下游资源的商机，敢于围绕主业跨界投入发展，优化内在产业链生态结构，实现产业互补。

（三）驾培产业链下游潜在资源分析

就全国驾培产业链下游资源开发使用情况看，虽然个别驾校开发出了保险代理、陪驾、网约车、车检等下游业务，但 90% 以上的驾校投资人还局限于只做驾驶培训业务，且开发下游生态链上资源的手段及跨行本领有些力不从心，建立内在良好经营管理生态的观念还没有树立。

1. 保险业务潜在资源分析

保险业务资源是驾培产业链下游重要资源之一，这对大型驾校及整合、联盟驾校而言，是资源挖掘的重点。仅就教练车保险而言，一般驾校除交机动车交通事故责任强制保险外，车辆商业险的保额均在 50 万元以上，这意味着单车年保额均在2000元以上。如果以我国驾校教练车辆年保险总额来核算，78 万余辆教练年保额应在 16 亿元人民币以上。

若再加上驾校办公用车、驾校安全责任保险、学员意外险等，全国驾培行业保险总额应在 20 亿元以上。调查结果显示，对于大客户或保险代理商而言，各项返利之和高达 50% 以上。就各大型驾校及整合、联盟后有一定规模的驾校而言，有多大的同保险公司商谈代理的体量，就有多大的保险返利空间。加之，教练车辆及公务用车保险是刚性需求，驾校（联盟）做保险代理成本极低。

如果能培训好驾校员工，使他们熟知保险知识和激励制度，就能将学员变成保险用户及宣传推广员，保险业务不仅增加了员工的收入，调动了员工的工作积极性，还能增加学员的黏性，实现多赢局面。由此可见，驾培产业链上的保险资源是驾校新的利润增长点，应引起驾校的高度关注及开发。

2. 新车、二手车潜在资源分析

据公安部统计，2019 年全国新注册登记机动车 3214 万辆，机动车保有量达 3.48 亿辆，其中新注册登记汽车 2578 万辆，汽车保有量达 2.6 亿辆；机动车驾驶人达 4.35 亿人，其中汽车驾驶人 3.97 亿人。从数据中看到，汽车的保有量仅仅有 2.6 亿辆，但汽车驾驶员有 3.97 亿人，汽车的保有量仅占有驾驶证人数的 65% 左右。

随着我国汽车保有量持续增加，二手车市场也将迎来增长和暴发。据中国汽车流通协会公布的 2019 年 11 月二手车市场的交易数据，从 2019 年 1~11 月的二手车月度交易量来看，2019 年 1~11 月，除 5 月份的交易量同比出现小幅下跌之外，其余月份较上年同期均处于增长态势，其中 6 月份增长情况最为明显，二手车交易量为 124.44 万辆，同比增长 17.76%；9~11 月份，二手车交易量也保持了稳定的增长，同比增幅稳定在 8% 左右。2019 年 11 月，全国二手车交易量为 138.37 万辆，较上年同期增长 8.47%。

虽然我国二手车市场交易活跃，但与国外相比还是相差甚远。发达国家每年的汽车销售总量中，二手车销售数量占 70%，这一数据我国还不到 30%，我国二手车市场发展仍有巨大空间。

仅就开发学员的后续汽车相关消费需求而言，驾校的经营者和教练员本身具备天然的资源优势：学员资源。只要学员信息化管理得当，这本身就是一笔无形的资产。若驾校品牌管理做得好，学员对驾校品牌的认可度高，那么信任度就高，学员的资源转化率就高。教练教学服务做得好，就能与学员形成良好的信任关系。

在达到一定规模的情况下与车厂直接合作，从学员的驾驶习惯和使用需求角度为学员推荐新车车型，引入汽车消费金融，促进汽车金融市场的发展，形成消费习惯，甚至有望形成对汽车类消费品的终身服务。

四　结论

可以看到，我国的驾培产业链自身及上下游资源极其丰富，具有巨大的延展空间。只有将产业链变长、变宽，与其他产业链交织在一起，让行业中的社会分工更加精细，组织形式更加复杂，其商业行为才更活跃，其商业表现形式才更多样。整个行业的市场规模、商业价值、社会价值都会迈上一个新台阶，驾培行业从业者才能创造更多的增量价值。

要想实现自身与行业产业链扩展与整合，与其他产业链增强协同关系，需要在这几个方面努力。

第一，从业者投入精力和资源在驾校经营的数据化、信息化工具上。只有拥有了数据，才能够实现高效管理，并针对数据产生衍生的商业模式，与更多的产业链协作者合作起来。

第二，教学与服务走向规范与标准。只有教学与服务越来越规范和标准，才能够加速整合行业，形成规模效应，从而形成规模化议价能力，降低与其他产业链的协同成本。这需要政府部门（正在加速与推动）与从业者的共同努力。

第三，更加充分的市场化。只有更充分的市场化，形成市场监督机制，在行业回归有序、供需平衡的过程中，促进市场活力，才能构建出更多交织的协作网络生长的环境，使产业链协同迅速发展。

第四，从业者要走出“驾校就仅是从事驾驶人培训”这个误区。围绕主业建立完整的生态链是市场发展的趋势，驾培产业生态链建设不仅要做好驾驶人培训及服务这个根本性工作，也要紧盯产业迈入软件硬件信息化、标准化、智能化、品牌化、新能源化带来的商机，并努力延伸到产业生态链上下游相关资源的开发和整合，以此确保产业的可持续经营和产业价值的最大化。

总之，开发建设完整驾培产业生态链，不仅可以为驾培行业从业者带来高额的商业回报，而且能为驾培人事业可持续发展壮大带来持久动力。

B.8
驾校集约化经营与区域整合实践

罗建忠　赵　昕　丁　林*

摘　要：随着竞争的加剧，单体驾校在运营上的优势日趋减弱，驾校间合作、整合进行集约化经营的优势逐渐显现。针对这一趋势，本报告将结合行业内的案例，具体介绍集约化经营在节约成本、延伸消费群体、统一管理标准、统一服务标准等方面的优势，为驾校集约化经营者指出了明确的方向，集约化经营窗口期非常珍贵，一旦时机成熟，可以考虑扩张经营版图，扩大经营规模。

关键词：区域整合　集约化经营　单体驾校

自2015年以来，驾校经营的压力逐年增加。单体驾校在市场推广、口碑传播、品牌树立、核心团队运营和抗风险能力等方面都逐步呈现弱势。与此同时，区域间驾校合作、整合的优势逐渐凸显。《2018—2019全国驾培市场发展状况与信心指数调查》的数据显示，有41.16%的从业者认为“区域合作”“品牌联盟”“并购重组”是代表2018年驾培行业变化和驾培市场热点问题的关键词。因此，在过去两年内，全国各省、市、区县的驾校经营联盟和集团化驾校犹如雨后春笋般崛起，而且迅速在全国各地抢占市场。

---

* 罗建忠，中国交通运输协会驾驶培训分会理事、重庆西南驾培集团董事长，研究方向为集约化整合经营；赵昕，趣学车安全驾驶研究院研究员；丁林，中国交通运输协会驾驶培训分会专家、山东梁山联运驾校校长，研究方向为驾校区域联合经营与驾校管理运营。

为什么区域内的驾校合作、整合越来越受到从业者的重视？这与众多从业者所面对的严峻市场环境紧密相关。随着市场准入政策的放宽，各种各样的培训机构和培训形式开始涌现出来，但是，整个驾培市场的工作重心并没有放在培训和服务升级上，全国大部分区域驾培市场以挂靠模式居多，招生价格把控在挂靠教练员或挂靠训练场的经营者手中，这就导致同一驾校下的同一班型，价格也会出现很大差距。

培训机构的增多，导致部分地区政府监管执法困难，进而“黑驾校”从生。“黑驾校”的利润可观，经营成本较低，甚至用普通私家车即可开展培训。这些“黑驾校”往往通过超低价抢夺生源，对正规驾校产生了冲击。根据调查，有77.9%的驾校认为同业恶性竞争是对驾校发展影响最大的因素。①

一　驾校合作、整合的常用模式

区域内驾校实现合作的模式有很多种，可以按照合作深度由浅入深的顺序对各种合作模式进行介绍。

（一）价格联盟

“价格联盟”顾名思义就是联盟的参与者在市场定价上进行协调、联合，遏制低价竞争，并制定最有利于联盟的价格。面对上文中所介绍的市场环境，特别是针对很多挂靠经营者和“黑驾校”所引发的区域内价格战，价格联盟是一种最直接的合作手段。但是，这种合作模式面临着两个巨大的挑战：一是法律法规上的限制；二是联盟的可持续性。

根据《中华人民共和国反垄断法》第二章第十三条规定，禁止具有竞争关系的经营者达成固定或者变更商品价格的垄断协议。因此，价格联盟存在着法律法规上的风险。

① 《2019—2020全国驾培市场运行情况与营商环境调查》中第2题的调查数据，https://mp.weixin.qq.com/s/r2btyPJF22-yPW2rr07fww。

但是，只要没有签订具有垄断性质的协议，即“排除、限制竞争和协议、决定或者其他协同行为”，只是遏制非法或者不良从业者，维持合理的经营价格，则并不存在法律上的风险。《中华人民共和国反垄断法》的第一章第五条明确指出：“经营者可以通过公平竞争、自愿联合，依法实施集中，扩大经营规模，提高市场竞争能力。”

即使没有法规上的限制，价格联盟的可持续性也是一个巨大的挑战。在产业经济学和规制经济学中，价格联盟可持续性一直是被研究的话题。要知道，在联盟中，如果有一方违背约定，即公开或者暗中降低价格，则意味着联盟失效。以下就是一个失败的案例（见案例 1）。

案例 1

一个区域的地级城市，总共有 20 余家驾校，每年招生价格不断下降，最低时候价格杀到 1500 元左右，每家驾校都苦不堪言。为此，该地区的所有驾校经过多次协商，形成价格联盟。联盟成员依旧各自进行自我经营，但是价格必须保证在一个区间。为防止有驾校私自让价，每家驾校给联盟缴纳一定数额的诚意保证金。如果发现某驾校有降价行为，则该驾校保证金被扣除。为防止某些驾校私自多招生而产生不公平现象，所有驾校要从每名学员的学费中拿出 1000 元交到联盟，后期作为所有驾校的收入进行均分。最后，该联盟坚持不到半年宣布失败。

剖析其失败原因，具体包括以下几方面。（1）虽然价格有一定的保证，但是各个驾校整体管理和运营始终没有标准化提升和进展；（2）驾校收入的一部分平均分配会导致驾校动力和创新不足，因为收入均分会造成“看得多，做得少”，部分驾校出现了经营懈怠；（3）原有资产较大驾校的投入规模和力度与资产较小驾校形成不对等现象，导致联盟失去平衡。

（二）区域内资源整合

区域内驾校可以通过资源共享、统一服务标准、统一管理来实现更为深度的合作。这种资源整合性的合作能够使多家驾校在更大范围内实现集约化经营，特别是在闲置资源较多、产能过剩的情况之下，在下文涉及集约化经营的优势时，将进一步讨论。

但是，区域整合需要参与的各个驾校适度开放资源，交出自己的部分管理权，服从统一的调度和安排，合作的门槛要远远高于价格联盟，这也导致区域整合较难以实现，以下是一个区域整合性合作的案例。

案例 2

主要情况：重庆市的 22 家驾校共同商议发起成立抱团联盟。在反复协商中，由于各家驾校需求不够统一，最终仅 8 家驾校形成联盟。

联盟成员的主要合作条件为：联盟体开放各自驾校场地资源，资源共享。联盟形成统一服务标准，统一管理，每家驾校投入 5 万元作为联盟的共同投资，用于开拓新项目、日常管理支出，可惜的是，联盟坚持 6 个月后解体。

剖析其失败原因，具体包括以下几方面。（1）联盟成员虽然在形式上进行了整合，但经营模式上还是独立管理经营、各自为政，难以做到统一管理。（2）即使某些成员有统一管理的意愿，但也没有统一管理的团队来统筹——行业内缺乏擅长大规模经营、管理的团队。（3）联盟最终只是名义上的抱团，业务上没有任何实际性的进展和发展，解体最终难以避免。

（三）合并与收购

合并和收购是合作程度最深、整合范畴最全面的一种合作、整合模式。这两种模式的共同点都是将企业由多个法人变为一个法人。合并是指多家企业在相对平等的基础上合并成一家企业，以对各家企业的资源、管理进行完全整合。收购是指由一家企业通过现金或有价证券购买另外一家或者多家企业的股票或资产，实现对被收购企业的所有权。

驾校间的合并，本质上是大家共同投资，价值观统一是能够快速形成合作的基础。合并后的企业管理团队既可以是来自原有驾校的经营骨干，也可以引进更好的管理人才和团队来经营，所有股东不参与具体管理。

资金较为宽裕、实力强大的驾校，可采取收购其他小型驾校的形式进行整合。这种方式无疑是最直接、最简单的，能够快速地通过高效的管理手段优化原有驾校体系，但是这种模式对资金和管理团队的要求很高。

以下分析几个驾校并购的案例。

案例 3

重庆西南驾培集团于 2018 年 9 月开始进行对 4 家区域驾校的整合经营。驾校以资产价值为抱团评估依据，证券公司做股份估值和股份划分，最终形成平台统一运营。每家驾校由集团控股，集团由经营能力较强的驾校控股股东经营，其余股东不参与管理。

经过一年发展后，各项数据发展较好，均达到目标，整体招生数量有了倍增。团队管理能力上升，驾校整体品牌价值有了较大增值。一年后，集团统一控股各家驾校 100% 股份。后期，该集团又通过收购方式由 4 家驾校发展到 7 家总校。目前各项经营指标达到预期效果。

可持续发展的原因包括以下几点。（1）采取的是由少到多的整合模式，由于驾校相互认可，在股权估值上都愿意让步，这是合作成功的有力保证。（2）合作模式上，属于深度合作，大家都有投入，有利益关系和契约精神的绑定。（3）由擅长经营和管理的人才团队进行统筹，能够在较艰难的经营情况下带领驾校走出困境。（4）整合之初，集团就制定有整体发展蓝图和三年发展愿景，有短期和长期实现的目标和思路，所有发展均是在有计划有方向的轨道上进行，这是保证企业良性运转的重要基石。

案例 4

浙江省舟山市岱山县运输管理局积极引导岱山县驾校两两合并，资源共享，优势互补。最终，东鑫驾校与欣鸿驾校合并，海天驾校与福兴驾校合并，驰骋驾校与骏腾驾校合并。在驾驶培训行业日益困难、生源利润变低的情况下，区域整合，集约化的经营有效地减少了场地租金，解决了车辆更新问题。6家驾校变3家，并没有带来市场的垄断和干扰，反而因为驾校资源的整合，驾校经营更加规范，行业监管也更加直接。

可持续发展的原因包括以下几点。（1）运管的积极引导发挥出一定效果。（2）大家认识到位，整合真正实现了经济效益与社会效益双丰收。

案例5

前些年，山东省泰安市的驾培市场一度出现较多恶性竞争。国营驾校、直营驾校、挂靠驾校共存，各种驾校杀价广告层出不穷，促销手段令人眼花缭乱。各类驾校的培训价格差异较大。运营良好的、收支平衡的、入不敷出的，各占一定比例。在泰安市驾培协会的推动下，泰安市驾培行业协会25家会员单位联合探索出了发展之路。

最终，2019年，通过多次沟通谈判，实现共同发展的合作经营，建立统一报名大厅；2020年，成立集团公司，集约化管理，人尽其才，将各驾校管理优势发挥出最大作用。

可持续发展的原因包括以下几点。（1）在组建管理经营团队方面，采用社会化公开纳贤，改变企业“一把手性格经营现状”。（2）定价方面，采用了区间差异化价格策略，打破固有的价格垄断风险。（3）统一管理，统一服务品质，统一资源调配，统一企业形象，集中人力、物力、财力共同抵御风险。（4）解决了挂靠车管理难、异地报名难、异地训练难，并使其转变成为新的效益增长点。

二　驾校集约化经营的优势

驾校间进行合作、整合的目的在于实现一定范围内的集约化经营。但是，集约化经营相比粗放、分散的经营有什么优势？这里具体介绍集约化经营的优势。

（一）节约成本和集中、高效率使用资源

驾校的经营成本主要是场地费用、车辆费用和人工成本。现在，这些成本不仅居高不下，而且存在大量的资源闲置。随着驾培市场的逐渐饱和，人口红利的逐渐消失，学车人数的逐年减少，驾校大量的土地、车辆资源和人工开始处于闲置状态。根据调查，驾校教练车利用率不足 50% 的占了约 42%，利用率在 50%~80% 的占了约 37%，也就是说，全国大部分驾校存在教练车闲置、资源浪费的现象。

驾校集约化经营以后，首先可以对现有的场地进行调整和整合，发挥优质场地资源，放弃或转租部分价值率低的场地，从而降低高额的场地租金的经营成本。其次，可将空置的车辆进行合理的调配，提高车辆利用率，达到再降低一部分成本的目的。最后，对集约后的重叠工作岗位进行统一匹配和优化，降低人工成本。

（二）从地域位置上覆盖、延伸消费群体

整合后的驾校由于场地多、地域位置覆盖广，加之场地实现了优化，可以根据当地实际情况进行东、南、西、北的全方位布局。每个驾校负责一定范围的学员，进行有针对性的营销，实现消费群体的大面积覆盖，最终达到全城覆盖的目的。更进一步地，还可以做到一处报名全城学车，彰显集约化经营的服务优势。

（三）去分校、走直营的管理优势

当驾校走向集约化，以前存在的分校挂靠等问题迎刃而解。全面的直营会给管理带来极大的优势：管理标准的统一、服务标准的统一、经营收支的统一和发展理念的统一。

（四）增加话语权、主动权

单体驾校往往因为经营规模小、学员少，在面对考场、保险、车厂与政

府单位时，没有话语权，甚至常常被忽略。而集约化以后，庞大的学员数量、经营规模和社会影响力会让驾校在谈合作时占据主动权，有时候还会成为对方优先考虑的对象。

（五）构建统一的人才机制

“流水不腐，户枢不蠹”是亘古不变的真理。驾校要健康发展必须高标准、严要求地进行人才筛选，实现管理、运营团队优化，这样才能形成一支具有较强战斗力的队伍。

集约化经营以后，对个人的综合能力要求会更高，一个标准、系统的“招聘—培养—晋升”机制必不可少，也就是常说的“选人—育人—留人”。人才机制一旦形成，面对扩张，其实就是一个岗位分配的问题。

（六）降低主管部门管理风险、提升行业整体形象和促进良性竞争

近几年，行业经营竞争激烈，各中小型驾校已经到了“山穷水尽”的地步，而多年无序、盲目的招生培训，导致很多驾校有大量的已缴费未培训的学员积压。

如果驾校经营无望，会选择放弃学员跑路或采取其他非法的路径，给行业主管部门增加管理风险，而整合后的集约化经营有足够的抵御风险能力，驾校相互支持、资金相互利用、资源相互整合，有足够的实力来经营驾校。同时，规模化驾校的竞争将从恶性的价格竞争转变为标准化管理和服务的竞争。

三　合作、整合的若干要素

在行业整体经营困难的情况下，从业者都曾考虑过做区域驾校的整合或者联合，但没有成功案例，一部分原因是联盟中各驾校私心过重，联合过程中“小手段”太多；另一部分原因是联合设定价格涉嫌垄断，被主管部门制止。

从简单联合向资源整合的探索是很有利的，能够强强联合、优势互补，这里浅谈驾培行业合作、整合的几个要素，以便让驾校少走弯路。

（一）合作、信任和认可是基础

合作要以信任为基础，一定要留足空间来选择合作伙伴，很多合作都夭折在蜜月期，合作者应具备谦让之心与和谐共处的态度，建立初期的良好合作，吸引更多伙伴来参与。

（二）深度绑定

合作模式能够决定合作能走多远。全国所有失败的案例无一例外是在合作模式上出了问题，都只顾眼前而不看长远，只顾表面而不顾深层，没有将彼此的利益结合在一起，没有永恒的利益就没有永恒的合作。

（三）长远的合作价值观和愿景

合作不能仅要求解决眼前的低价乱象，还应有一个长远的发展规划，能够指引整个企业健康稳定地向前发展。

（四）优秀的管理和运营团队

合作中要有优秀的指挥官和管理团队，能够带领团队走向一个新的征程，要做到除了资产硬件的整合，还要有管理团队的强强整合。

四　如何做好驾校合作、集约化经营

在目前的市场条件下，驾校通过深度合作、整合来实现集约化经营是具有明显优势的。即使驾校具备了上述整合的要素，在整合之后如何做好集约化经营才是驾校不得不面对的挑战。克服这个挑战是一个复杂的工程，必须做到以下几点。

（一）必须建立合理合法的集约经营机制，包括利益分享机制

任何整合、合作联营无不是通过短期和长期的利益来维系，集团化管理经营必须有一套成型的盈利模式，让股东能从中获益。

（二）必须建立规范的分权机制

健全分权机制是集约化经营成功的要素，就是要让擅长管理和经营的人来操盘。经营管理权要集中，才能保证决策的时效性和执行力。据不完全统计，整合和抱团失败的重要原因之一就是管理权不够集中，缺乏控股方的足够话语权和掌控力，各种声音太多，导致管理失衡最终走向失败。

（三）必须全方位建立标准和体系

整合企业要全方位地建立标准和体系。成功的整合，最核心的就是统一企业价值观。员工要清楚为什么整合，整合对行业、对自己有什么价值和意义，标准化经营对行业的影响和意义是什么。集约化经营以后，每个子公司的运作都要有统一的工作标准，小到日常的考勤，大到学员的服务。在建立标准和体系过程中，首先要对以前的体系进行综合、优化和升级，形成标准的执行体系，然后对所有的标准体系进行学习培训，最后才是统一的跟踪执行。

（四）必须增强应变能力、创新发展

市场瞬息万变，墨守成规注定会被淘汰。很多现代化、高科技的使用工具可以适时引进，不但可以节约人工成本，还可以提高工作效率，让经营更精细化。

（五）必须顺应市场要求，不断拓展版图

驾培行业时至今日举步维艰，集约化经营的窗口期非常珍贵，一旦所有的整合体系形成，可以考虑扩张经营版图，扩大经营规模。

五 总结

2020年初，新冠肺炎疫情暴发，停工停训，这无疑让众多驾校在本已产能严重过剩、竞争恶劣的市场环境下，经营情况雪上加霜。

即使疫情全面结束，还要继续面对行业价格战。但是请相信，集约化发展、资源整合、联盟化经营将是攻克难关、走向胜利的法宝。

B.9
无人机驾驶培训在驾培行业的推广

熊燕舞　俞卫江 *

摘　要：本报告重点介绍民用无人机培训行业的政策、现状，得出了一个结论是虽然无人机产业突飞猛进，使用无人机数量快速增加，但我国对无人机人才的培养严重滞后，驾驶员的缺口浮出水面。这给驾校培训带来新的契机，一些驾校已开始迈出无人机驾驶培训的第一步。本报告还对无人机培训在机动车驾驶培训机构应用推广的可行性进行了分析，给出了可行的合作模式与案例，希望为驾培行业从业者带来新启发。

关键词：无人机驾驶　驾培行业　无人机驾照

2013 年 10 月，真人秀节目把无人机带入大众视野，《爸爸去哪儿》广泛使用了无人机拍摄，出现了大量高空俯拍画面，引发众人围观。

2016 年，大疆无人机作为央视猴年春晚广州分会场《发光时代》舞台道具出现，29 部无人机组成的空中方阵技惊四座，这也是无人机首次亮相于央视春晚的镜头当中。

2019 年国庆 70 周年阅兵展现的高精尖装备之中，有一款外表奇特的黑色涂装无人机出现，它的功能是为战场提供侦察、打击效果评估情报。

无人机，即无人驾驶航空器（Unmanned Aircraft Vehicle，UAV），能够替

---

* 熊燕舞，中国交通运输协会驾驶培训分会副秘书长，交通运输部科学研究院交科传媒首席研究员、高级工程师，研究方向为驾培、客运、物流；俞卫江，交通运输部路网中心原副主任、中国交通运输协会驾驶培训分会副会长。

人类完成4D任务——Difficult（困难的）、Dull（枯燥的）、Dirty（脏污的）、Dangerous（危险的），它是一架由遥控站管理（远程操纵或自主飞行）的航空器，通常指无人驾驶并由无线电遥控或自备程序控制，可利用空气动力承载飞行并可回收重复使用。

总体看来，无人机与驾校教练车差别不小，知识结构完全不同，国内驾校能否顺利接纳无人机培训这种运营方式呢？

一　无人机的发展前景与应用场景

一般按用途来分，无人机主要分为军用无人机和民用无人机。其中，军用无人机主要分为侦察无人机、攻击无人机、诱饵无人机以及货运无人机；民用无人机主要分为消费级和专业级无人机，消费级无人机多用于个人航拍，专业级无人机则多用于农林植保、电力巡检、测绘、安防、物流等。

2012年7月，《国务院关于促进民航业发展的若干意见》明确了民航业是我国经济社会发展的重要战略产业，并把通用航空列为发展重点，要“大力发展新兴通用航空服务”。

2016年，国家相关管理部门积极制定、出台法规制度，个别省区市也顺势推出管理制度。

《民用无人驾驶航空器系统空中交通管理办法》（MD-TM-2016-004）、《民用无人机驾驶员管理规定》（AC-61-FS-2018-20R2）、《轻小无人机运行规定》（AC-91-FS-2019-31R1）等管理办法相继颁布；《促进民用无人驾驶航空发展的指导意见（征求意见稿）》、《中等职业学校专业目录》增补专业通知、《大型货运无人机适航标准》草案征求意见等相关制度、规范发布。

一些科学家将21世纪称为无人机世纪。根据互联网数据中心的数据，中国无人机年销售量达196万架（截至2019年底），其中包括150万架消费级无人机与46万架工业级无人机，预计未来无人机驾驶员人才的需求量近百万人，就业潜力巨大。

2020年初，新冠状病毒肺炎疫情快速扩散，传播速度快、传播途径多、易感人群广、潜伏时间长，使人民正常的生产生活受到了严重影响。

这时无人机派上用场，各地通过无人机进行防疫物资配送、城市乡村疫情巡查、抗疫医院的建设照明，第一次使无人机作业全面应用于国家公共应急防疫中，实现“无接触”运行，提高了防疫工作效率，减少了因人员聚集和接触带来的病毒扩散。

它还能够实现远程数据采集和作业，一种5G联网无人机防御方案在医疗领域逐渐发挥作用。它天然的具备人员替代性和阻隔特性，按照系统生成的航点以及飞行路径，能达到厘米级飞行精度，尤其是在监控巡查、喷洒消毒、快捷物流等场景中效果突出，精准、快速、高效、安全。

在驾培行业管理工作中，无人机也能用于监控巡查工作。苏州运政执法队伍就有这样的“空中侦察兵”，可以实现实时监控、精确定位、高效执法。

2019年，我国无人机作业飞行时间为125万个小时，比有人机作业（112.5万小时）高10%，行业呈现无人化、智能化飞行发展的新趋势。

图1　在一次苏州市驾培市场专项整治行动中，执法人员利用无人机对位于吴中区的一处“黑教练车”集中教学场地开展多次航拍取证，一举捣毁该“黑教练车”教学场地，查扣正在从事非法教学活动的“黑教练车”4辆

它可以应用于农业、商业、基建、能源、医疗、航拍等多个领域。在影视拍摄方面，许多经典大片如《哈利·波特》系列影片、《变形金刚 4：绝迹重生》等，幕后都有无人机的踪影。

在消防方面，用无人机进行线路巡检能有效避免巡视盲点，应急救援能实现远距离搜救，无人机还可以监测森林火情、台风。

在航拍领域，用无人机动态监管国土资源、测绘等。2015 年 3 月，巴黎发生人质劫持事件时，无人机还参与了救援行动。

在交通领域，无人机可以应用到应急处置、养护巡检、桥梁健康检测、施工进度检查、交通规划勘察、路域环境整治、路政巡逻等诸多场景。2019 年 7 月，中国民用航空局印发通知，同意民航西南局将顺丰旗下的江西丰羽顺途科技有限公司（简称“丰羽顺途公司”）在江西赣州南康区开展的“无人机物流配送应用试点”范围扩大到中国民用航空西南地区管理局辖区内四川、云南等地的部分地区，助力扶贫攻坚工作。通知明确，试点期限自通知印发之日起为期 2 年。

2019 年 10 月 15 日，中国民用航空局向杭州迅蚁公司所属的杭州送吧物流科技有限公司颁发了《特定类无人机试运行批准函》和《无人机物流配送经营许可》，这是全球范围第一个针对城市人口密集区的无人机的官方运行许可，是民用无人机行业发展的重大里程碑，标志着无人机开始在物流行业进行快速应用。

在交管领域，无人机用于判定违法、处理事故、获取路况。近年来，无人机在成自泸高速公路抓拍交通违法，计有 30 余辆车因侵占应急车道被拍，无人机拍摄记录成为交警开罚单的重要依据；无人机也监控路段，帮助交警指挥中心探明拥堵原因，为实施远端分流创造条件。

在农业领域，无人机喷洒农药效率比人工提高 30 倍，还可以实现农作物数据监测、农田播种。

在商业领域，无人机用于快递运送、影视拍摄、广告宣传。

在基建领域，无人机用于城市测绘、环境检测、搜索救援。

在能源领域，无人机用于燃气管道检查、地球资源勘探、石油管道巡线。

图 2　民用无人机驾驶员合格证

二　民用无人机驾照与行业发展瓶颈

（一）驾驶员须持证上岗

机动车“无证驾驶”属于违法行为，违反了《中华人民共和国道路交通安全法》，无人机“无证驾驶”也是属于违法行为，违反了《民用无人驾驶航空器经营性飞行活动管理办法（暂行）》。在中国，如果要合法驾驶机动车，需要取得公安机关交通管理部门颁发的驾驶执照，要合法操作无人机，则需要获得中国航空器拥有者及驾驶员协会（中国 AOPA）颁发的“无人机驾照”，否则就是“黑飞”。

“黑飞”，就是指那些没有取得驾照的驾驶员或者飞机未经登记的飞行。在中国，任何未取得中国民用航空局许可的飞行都是不允许的。

2017 年，北京某公司员工因操控航模“黑飞”，进行非法航拍测绘，惊动了军区，被军用飞机迫降，几名当事人分别被判处有期徒刑 1 年 6 个月，缓刑 2 年。据统计，仅 2017 年上半年，全国各地机场发生近 50 起无人机影响航班运行的事件，影响的航班架次超过 270 架次。

中国 AOPA 本身不承担合格证培训业务，只是负责管理培训机构并进行理论和实践考试，考试合格的“飞手”可以获取该机构颁发的《民用无人驾驶航空器系统驾驶员合格证》。只有持该合格证的“飞手”才可以向有关部门申请飞行计划。

我国目前对无人机飞行管理的要求大致分为两类：一类是以四川、江苏、广东等省份和北上广等城市为代表的完全禁飞区域，即根据地方法规没有空中交通管制部门批复航线的不允许操作无人机飞行，无人机驾驶员合格证是申请航线的前提条件；另一类是法律上没有明确规定必须持证，但是根据中国民用航空总局现行规定，操作重量在 250 克以上，进行视距外飞行（距操作者 500 米以外）的无人机必须到空军和空中交通管制部门及民航局备案和申请航线，具有无人机驾驶员合格证也是备案申请航线的前置要件。

（二）证件的种类

按照机型分类，国内无人机驾照可以分为固定翼、直升机、多旋翼、飞艇、垂直起降固定翼 5 类，每类由低至高分为视距内驾驶员、超视距驾驶员、无人机飞行教员 3 个级别，首次报考只能报考视距内驾驶员、超视距驾驶员，目前持证最多的是多旋翼类（比较适合航拍领域）的视距内驾驶员、超视距驾驶员。超视距驾驶员经过再次学习深造才可以报考无人机飞行教员。

航拍爱好者最为熟悉的是多旋翼无人机，此外还有旋翼机（包含了多旋翼和直升机的更高级别）和固定翼等。

无人机驾驶执照中，直升机是目前就业收入最高的，但门槛较高，需要具备实操经验。针对即将踏入社会的学生市场来说，一般多旋翼是目前学习人数最多的，大概占学生市场的 2/3，在剩余的 1/3 里，30% 左右为直升机，70% 左右为固定翼，飞艇极少。

表 1　2015~2019 年无人机驾驶员执照数量

单位：个

等级 \ 年份	2015	2016	2017	2018	2019
固定翼	241	876	904	1010	393
直升机	200	533	555	281	224
多旋翼	1455	6692	12600	18445	21336
飞艇	2	1	3	2	0
垂直起降固定翼	0	11	90	428	692
合计	1898	8113	14152	20166	22645

（三）无人机驾驶考试

学员要经过飞行理论和实践操作培训，然后邀请 AOPA 考官进行考试。考试为期两天，共分为理论考试（类似科目一，包括民航法规、气象学、无人机理论、空域与起降场、任务规划、旋翼无人机原理等）、口试、实操飞行、地面站飞行（类似科目二、科目三）4 个环节。

口试内容包括，飞行器的安装维护使用和飞行前的检查，如何使用遥控器设置、遥控器熟练操作、飞机的电池、电机、电调和螺旋桨飞控等的知识掌握。

实操考试内容包括，起飞到一定高度后，慢速的自旋一圈，然后在飞出一个水平的“8”字，之后成功降落。整个飞行考核完成（此处以多旋翼为例）。

地面站飞行考试内容包括，航线的规划，飞行中遇到紧急事故的处理操作等。

无人机驾驶员合格证执照有效期为两年，不需要重新考试，可以直接到自己培训的机构进行更新换发，无人机飞行教员的执照到期后必须经过实践考试之后才能换发。

案例 1　哈尔滨首家无人机驾驶员培训考试基地

2017 年 6 月 16 日，腾硕通用航空有限公司和哈尔滨轻工业学校共同建立了全市首家无人机驾驶员培训考试基地，这也是哈尔滨市首家通过校企合作共建的无人机新兴技术人才培训基地和首家全机型大型校企共建考试基地。

黑龙江省只能受理视距内驾驶员、视距外驾驶员的报名考试，培训考试费用分别为 1.28 万元和 1.68 万元。在参加此次考试的首批学员中，既有哈尔滨轻工业学校定向培养的学生、利用暑期参加培训的大学生，也有社会中从事无人机植保、电力巡检以及无人机飞行爱好者。

三　民用无人机市场带给驾校的契机

（一）从市场热度看契机

《中国 AOPA 民用无人机驾驶员报告（2015–2018）》显示，2014 年全国持有无人机驾驶员合格证（固定翼 / 旋翼 / 飞艇）的总人数仅有 244 人，而 2018 年增至 44573 人，5 年时间无人机驾驶员数量增长 181 倍。

由于无人机在各行各业应用逐渐增多，市场规模不断扩大，从事无人机驾驶职业的人数也逐年增加。民用无人机应用市场规模已占八成。行业的蓬勃发展，催生出对驾驶员的巨大需求。按照人力资源和社会保障部报告提出的“预测未来五年无人机驾驶员人才需求量近 100 万人”计算，目前无人机驾驶员人才缺口占比高达 95.6%。即使加上部分未取得 AOPA 无人机驾驶员合格证的从业人员，这一需求依旧远远无法满足。

（二）从无人机驾驶员年龄看契机

《机动车驾驶证申领和使用规定》第十一条规定，一般学驾年龄为“18 周岁以上、70 周岁以下”，如果有学员从 14 周岁跟随驾校学习轻型无人机驾驶，或者 16 岁学习小型，18 岁学习中型、大型，他们都是可以成为驾校的潜在学员，成为两类无人机驾驶学习的共同的流量。

《无人机驾驶员就业景气现状分析报告》提到，目前无人机行业大部分从业者在40岁以下，其中20岁至29岁的“90后”群体占比达43%，30岁至39岁的“80后”群体占比达42.1%。[①] 20岁至39岁属于驾校学习驾驶的黄金时段。

统计数据显示，无人机驾驶员主要工作去向排名前五的分别是航拍、植保、电力、航测与警用。《无人机驾驶员就业景气现状分析报告》中也提到，未来我国无人机运行主要领域包括影视航拍、农林植保、电力巡检、安防应急与航空测绘，这与目前无人机驾驶员主要工作去向基本吻合。

此外，消防、物流、应急救援、无人机培训等都是未来无人机驾驶员能够纳入考虑的职业规划方向，这些无不预示着无人机行业的光芒与活力。

（三）从无人机驾驶员收入看契机

无人机驾驶员不仅需求量大，而且薪酬也很可观。2019年6月21日人力资源和社会保障部发布的《无人机驾驶员就业景气现状分析报告》显示，约68%的无人机驾驶员收入持平或高于当地平均收入水平；收入水平达到或高于当地平均收入水平2倍以上的占13%；极少数无人机驾驶员的收入可达到当地平均水平的3倍以上，大部分无人机驾驶员的收入是当地平均水平的1~2倍。

国家统计局数据显示，2018年北京、上海居民人均可支配收入一年在6万元以上。按照这个数字推算，在一线城市做无人机驾驶员，大部分可支配收入能在6万元以上，少部分可支配收入甚至可以达到18万元以上。

（四）从培训机构看契机

巨大需求缺口直接拉动了无人机驾驶员培训机构的发展。AOPA数据显示，2014年至2018年我国正规的无人机驾驶员培训机构由18个增至337个。其中，华北、中南、华东、东北、西南地区的无人机驾驶员培训机构数量均是5年前的10倍以上。

天眼查数据显示，在经营范围和企业介绍中涉及无人机项目的企业，2014年到2018年几年内的增速达1049.7%。其中，全国与无人机相关企业

① 董红祥：《无人机驾驶就业景气现状分析报告》，《中国人力资源社会保障》2019年第10期。

增速在 2014 年与 2016 年达到峰值，相较上一年增速分别为 95.1%、98.9%。2016 年之后由于企业总量增多，增速虽然放缓，但每年新增企业绝对数量远高于往年，2017 年无人机相关企业数量增加 2000 余家，2018 年增加 3000 余家。

四　驾校切入无人机培训的路径选择

当前，驾培行业的利润率处于持续下滑的趋势，驾校数量逐年增长，培训能力大幅增加，新增驾驶人数量逐年减少。整个市场供需失衡严重，恶性竞争加剧。如果按照人口政策不变来预期，作为学员主力军的年轻人数量将呈现下降趋势。

从市场监管层面看，政府监管能力日趋弱化，无序竞争有加剧趋势。驾校数量限制逐步放开，行政许可前途未卜，教学大纲和学时要求难以落实，行业管理职能进一步弱化。从公安交通主管部门来说，他们更加注重改进社会公共服务，弱化培训与考试制度的衔接，驾校的学时对接难度大。此外，允许异地考试，非法培训有机可乘。不少有识之士也提出，驾校应不断试探市场，寻找更宽阔的培训蓝海。

我们来看无人机培训资质需要的几个条件。

①培训资质：根据《中华人民共和国民办教育促进法实施条例（修订草案）（征求意见稿）》规定，需在工商管理部门将“民用无人驾驶航空器技术培训”纳入营业范围。

②空域条件：满足开展室内或室外飞行培训的空域，并且室外飞行区域可申请成开放类空域，禁飞区、机场净空区不适合开展无人机室外飞行培训。

③场地条件：具有室内外闲置场地或可改造场地，室内空间累计：100~200m^2；室外空间累计：500~1000 ㎡。

④教学条件：具备相关硬件设施，包括但不限于课程、教材、教具、赛道及相关运营人员等。

⑤师资条件：满足日常学员培训需求。

按照上述资质驾校很多条件能符合，因此，可以考虑进入无人机驾驶培训行业。一般来说，驾校选择进入无人机驾驶培训行业的路径有以下三种。

第一种，选择与 AOPA 对接成为授权机构，或选择与持有无人机工程师区域许可证书的专业培训公司合作，使学员有机会在驾校取得民用无人驾驶航空器系统驾驶员合格证。2014 年，中国民用航空局出台了关于无人航空器驾驶员资质的相关规定，对民用无人机的资质设置了门槛，除民航局管理大型无人机驾驶执照外，主要由 AOPA 按规定负责无人机驾驶员的资质管理。

第二种，选择与国家体育总局下属的中国航空运动协会（以下简称：ASFC）合作，成为授权机构，让学员取得遥控航空模型飞行员执照。执照按照飞行器类别分为两种：X 类为遥控多旋翼模型飞行器执照，F 类为 FPV 第一视角飞行器类执照。

中国航空运动协会成立于 1964 年 8 月，航空运动涵盖运动飞机、热气球、滑翔、飞机跳伞、轻小型无人驾驶航空器、航空模型六大类共 26 个运动项目，科技含量高，消费时尚性强，带动相关产业作用明显。

第三种，选择与“慧飞”无人机应用技术培训中心合作，成为加盟分校，让学员取得 UTC 无人驾驶航空器系统操作手合格证。“慧飞”无人机应用技术培训中心由全球民用无人机行业领军企业深圳大疆创新公司于 2016 年 6 月成立。

五 驾校开展航空运动的设想

当前，无人机竞速、电竞和机器人格斗并称“世界三大新兴智能运动”，已经进入黄金发展时期。无人机竞速也被誉为“空中 F1 运动”，其最高时速超过 200 公里 / 小时，百公里加速 1.6 秒，手动操控，对飞手的拼装、调校、临场反应和操控能力要求极高，是一种速度与激情的完美融合。

2016 年以来，国家对航空运动产业发展支持力度逐渐增大，这为无人机竞速运动的发展提供了有力的政策支持，中国航空运动协会计划在 2020 年建成 20000 个航空飞行营地，这将有效缓解训练场地的问题。无人机产业瓶颈正在一步步被打破，无人机竞速运动也将迎来重大发展窗口。

在我国，航模运动可以视作无人机在青少年群体蓬勃发展的起点。20 世纪 90 年代，全国各地举办为数众多的航模大赛，在航模大赛上的参赛的遥控飞机其实就是一种简易无人机。

对青少年的航空科技教育可以为无人机事业发展提供人才后备力量，2018 年，中国 AOPA 发起并推动实施“梦天计划”；2019 年，新三板上市公司北京中斗科技发起了“冠军计划”，这是一家基于北斗位置应用、利用移动互联技术打造航空体育产业和低空安全领域信息化的应用服务商，这些科技教育计划均以提高青少年的综合素质、提升中国无人机运动水平为目标，为青少年航空科技教育项目落地搭建平台。

2021 年，无人机将成为全运会比赛项目，无人机全国锦标赛等国家级赛事将正式立项，无人机俱乐部联赛等职业赛事将启动，无人机专业队、专业俱乐部将涌现。国外职业赛事 DCL 等也纷纷落户中国。

中国 AOPA 在潍坊风筝节、郑州航展、黄平县一小、史家小学、鸟巢水立方、天津直博会、昌平游乐园、镇江新区航空嘉年华等分别举办过航空科普活动、飞行爱好者模拟飞行体验、航空科普进校园等活动。

“冠军计划”课程体系主要围绕培养学生兴趣爱好、创新精神和实践能力，进行 STEAM 与创客的融合式教学，科学合理地设计内容和形式，在航管中心官方教材《青少年航空体育 · 运动无人机》的基础上，推出无人机科学、无人机趣味创客（DIY 组装、3D 打印）、运动无人机训练法、青少年冠军心理（综合）素质训练及无人机行为规范、无人机模拟飞行、无人机编程、无人机考证等课程。

六　无人机培训：驾校战略转型的商业模式

驾校选择无人机培训商业模式，有利于发掘现有资源潜力（场地、教室、设施、师资等），有利于实现业务和服务协同，实现资源价值的再次开发。成熟的商业模式还有开设无人机培训课程，与教育局合作建立无人机实验基地，开展培训、研学、游学活动，创立飞手俱乐部，定期举办活动等。

驾培行业如果要转型从事无人机驾驶培训也有天然的优势，首先，驾培与无人机培训业务模式相近，易于转型；无人机培训教室、无人机模拟教室、无人机室外体验场、训练场均可以有效利用原有场地，投入不大。不足之处在于培训市场规模过小，对空域有要求（具备空域条件的驾校可以酌情发展）。

依托体育场地、旅游景区、高速公路空闲服务区、露营场地、不饱和通航机场等场地，国家正规划建设 2000 个航空飞行营地，让人们“想飞就飞”，具有较大场地和较好环境的驾校，亦可以拓展成为航空飞行营地。

无人机培训的基础改造内容及费用大致包括：无人机培训教室改造、无人机模式飞行教室改造、无人机室内体验赛道、无人机室外训练赛道（体验赛道）、无人机课程及教具购买。

按照培训群体的不同，无人机培训一般分为：普及推广培训和专业飞手培训两种，普及推广培训突出素质教育属性，以青少年群体（5~15 岁）为重点；专业飞手培训突出运动娱乐属性，以大学生等成人群体为重点。

随着国家对航空运动产业发展支持力度逐渐加大，无人机国际赛事增多，无人机驾驶在年轻人中逐渐流行开来，无人机驾驶培训不失为驾校转型升级的新路径。在国内，也有先行者开始试水，希望通过上述案例分享，辅助驾校渡过行业瓶颈期，找到新蓝海。

经营管理篇

B.10
智能教学与标准化教学推广

冯晓乐　何雪莲*

摘　要：智能化教学与标准化教学的应用推广，已经成为驾培行业发展的新趋势，也成为衡量驾校办学水平的重要依据。两者结合应用，不但能够提高教学质量，还能对驾校的经营管理水平起到促进作用。在当前应对疫情之困的大背景下，相对于人工教学，智能化教学为学员提供了更安全的教学环境、更科学的教学服务。本报告从驾校和智能产品生产企业两个角度着手，通过分析智能化教学的基本原理和标准化教学的运用方法，帮助驾校了解智能化教学和标准化教学的应用和推广。

关键词：机器人教练　标准化教学　智能化教学

* 冯晓乐，中国交通运输协会驾驶培训分会专家委员会执行主任，研究方向为驾校经营管理；何雪莲，中国交通运输协会驾驶培训分会副会长、深圳深港驾培集团深港学院院长。

一　概述

驾校智能化教学与标准化教学两者是相辅相成的，两者相结合可为机动车驾驶培训带来全新的教学体验，有利于提高教学质量与驾校经营管理水平。

驾校智能化教学对于提高驾校教学质量、保障驾驶员安全、促进道路交通发展有着积极的作用。

（一）智能化教学系统

驾校智能化教学是人工智能与驾培产业相融合的产物。作为一种新技术，已被越来越多的驾校所应用，被普遍看好，认为是驾校突破当前行业严峻形势的新途径。

驾校智能化教学系统可分为“模拟仿真教学”与“实车智能教学”两部分。按照使用场所分类，前者主要在驾校教室使用，因此可称为“教室智能化教学系统”；后者安装和使用都在教练车上，因此可称为“车载智能化教学系统”。教室智能化设备有驾驶模拟器和 VR 教学系统（虚拟现实教学）等。车载智能化教学系统习惯上被称为“机器人教练”，通过安装在教练车上的智能设备进行教学。

（二）驾校标准化教学

驾校标准化教学就是将驾校的教学进行规范和统一，形成可复制的教学方法。它主要包括标准化教学内容、标准化教学流程、标准化教学方法、标准化教学教案等教学要素。

实施标准化教学，可使驾校教学管理有章可循、有序合理，从而达到提升教学效率和质量，规范教学方法，提高教练员教学能力的目的。驾校标准化教学，也是预约计时培训模式和智能化教学产品的应用、推广的重要基础条件。

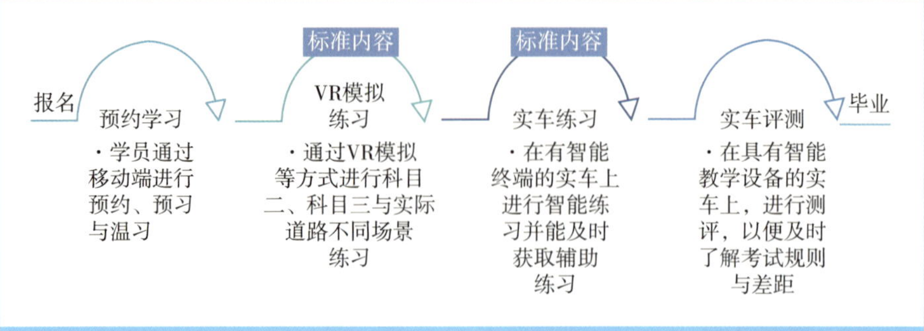

图1　标准化教学内容

（三）智能化与标准化教学基本流程

1. 预约学习

学员报名后，通过线上进行预约，同时能通过驾校网上教学平台进行教学内容的提前预习了解。学员可在模拟或实车练习后，及时通过工具进行查看练习报告，获取学习建议。

2. VR模拟练习

通过 VR 智能教学系统和驾驶模拟器，对驾驶基本动作进行反复练习。初步获得“基本驾驶能力”和“基本驾驶经验”，为实车训练打下基础。

3. 实车练习

学员通过模拟练习后，逐步掌握了基础教学与基础操作等内容，再进行实车练习。实车安装有智能教学系统（机器人教练），对学员进行智能化教学。

4. 实车评测

实车智能教学系统自带的评测功能，可以检测学员练习效果，还能够模拟学员考试时的场景，锻炼学员适应考试的能力，也可通过对学习效果的分析，为学员提供训练建议。

二　车载智能教学系统研究

车载智能教学系统是一款人工智能教学系统。2016 年 1 月，中央电视台新闻频道对其进行了报道。车载智能教学系统的出现标志着驾培行业已经开始进入“人工智能时代”。这些年来，经过技术更新，其智能化水平也越来越高。与人工教学相比，车载智能教学系统在很多方面具有独特优势，能对教学质量起到促进作用。对其进行分析研究，给出客观评价，对推广应用有着重要意义。

（一）名称评述

车载智能教学系统本质上是一种智能产品，其产业化程度还不高。至今还没有国家标准和行业标准的出台。现已有生产企业向国家有关部门备案了企业标准，将其名称定为“机器人电子教练智能化教学系统”。目前市场上出现的通俗称呼有：机器人教练、电子教练和“智能教练”。

对于“机器人教练”这个名称，因其没有人的模样，有人认为它有炒作之嫌。但是从机器人应用领域来看，很多行业都在使用的机器人，如汽车生产线上的装配机器人、京东快递分拣机器人、家庭用扫地机器人、排爆机器人、水下机器人等，这些都没有人的模样。因此“机器人教练”作为人们的习惯性称呼，是无可非议的。

“智能教练”这个称呼与“人工智能”有关。2017年全国两会，“人工智能”被写入政府工作报告。智能化已经被国家视为基础设施来发展。人工智能与我们的生活和工作融合度越来越高。智能手机、智能电视、智能空调、智能家居等智能产品纷纷出现，而且智能化程度也越来越高。驾校的“车载智能教学系统”是人工智能与驾驶培训相结合的产物，本质上它也是一款智能产品，所以把它叫“智能教练”更为准确。

本研究认为，车载智能教学系统可以拥有两个名字，就像很多药品一样，同一药品有医用名和商品名之分。如治疗胃病的常用药“多潘立酮片”其商品名叫“吗丁啉”。如果没有“吗丁啉”这个商品名，平时用医用名显得非常不方便。因此，“车载智能化教学系统”可以有一个通俗的名字，本研究将其称为“智能教练”，在本文中均以“智能教练”作为其称呼。

（二）基本教学原理

简单地说，我们可将“智能教练”看成一台车载导航设备。教练员就像领航员，用语言和肢体动作告诉学员怎么做；“智能教练”像车载导航，用声音和屏幕显示告诉学员怎么做。车载导航要比人工导航更精确。从这个角度讲，“智能教练”在某些方面有独特的优势，也可以将其看成一套车载的“多媒体教学设备”。

“智能教练”计算机中预装了教学程序，通过语音提示指导学员操作，也可以通过视频进行教学演示，还可以对学员的训练数据进行分析并给出训练建议。“智能教练”总体上包括车载智能教学硬件设备、智能教学平台与移动远程控制系统三个部分。车载智能教学硬件主要有八个部分（见图 2）。

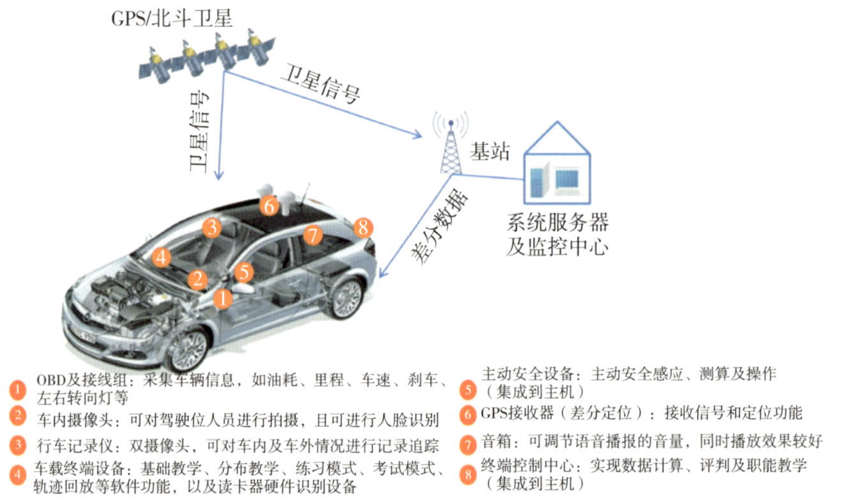

图 2　车载智能教学硬件

（三）功能和作用

从理论上分析，“智能教练”不但能够对教学质量的提高带来帮助，还能对驾校服务水平以及驾校的经营管理产生促进作用。

1. 对教学质量的促进作用

（1）教学规范化

目前生产“智能教练”的企业，都在其产品上添加了大量的技术应用，促进了教学质量的提高。“智能教练”教学规范化手段如表 1 所示。

表 1 “智能教练”教学规范化手段一览

项目 序号	教学手段	主要功能
1	规范教学	教学程序植入多位优秀教练员的教学方法和教学经验。标准教学语言、标准教学术语、合理的语速
2	语音提示	对学员进行细致生动、及时准确的语音提示。学员只需要根据语音的提示进行操作即可，也可选择无声模式
3	视频教学	多部教学视频，对每个科目的重点、难点、操作注意事项进行全面的展示。学员可先看视频然后再操作，做到理论与实践相结合
4	轨迹回放	学员操作完成后，通过观看训练轨迹回放了解自己的训练情况，清楚了解自己每一次操作失误的原因
5	精准纠错	卫星差分系统实时对教练车进行厘米级的定位。学员训练项目时，在车身轨迹即将接近“失误标准”前提示学员进行必要的操作，避免失误
6	数据分析	分析学员训练数据，给学员提出训练的建议。学员可通过手机 App 查看历史学车详细记录，帮助学员找到不足，提高训练针对性
7	智能评判	按照考试评判标准，对学员的每一次操作进行评判，也可用作模拟考试，让学员清楚地知道操作（模拟考试）结果和扣分项目

从理论上分析，表 1 中的教学手段，是教练员无法达到的。如果“智能教练”能在教学中被充分运用，对提高教学质量的作用应当是非常明显的。

（2）教学人性化

“智能教练”可以做到“诲人不倦”。它的标准化教学程序会及时准确地对学员进行指导，每一个教学细节、每一个教学重点难点、每一个注意事项等都会按部就班地提示学员，绝对不会省略一个步骤，因为它不知什么是“疲惫”，只要学员需要，它会一直在线。

“智能教练”做到了“文明教学”。它对所有学员“一视同仁”，不会因为学员“笨”而生气，不会因为学员出错而发脾气，保持耐心，不会骂人，不会给学员压力。甚至能进行“温柔纠错”，用温柔的话语告诉学员出错的地方和进行必要的鼓励。对于学员而言，“智能教练”能带来不一样的学车体验。

2. 对教学安全的保障作用

“智能教练”设计了独立的安全防护系统，“汽车自动刹车技术”被嵌入其中，这使得安全教学得到相关技术保障。主要安全防护，如表 2 所示。

表 2 “智能教练”安全防护性能一览

序号	教学手段	主要功能
1	油门误踩防护	可判断车辆在不该加速的情况下的突然加速，会对车辆进行熄火和制动。
2	车辆后溜防护	能够识别车辆后溜，并进行自动刹车。在“坡道定点停车与起步”这个科目时发挥作用最大。
3	车速限制防护	根据安全需要设置车速限制，一旦超过设定速度，车辆就会自动制动减速，之后会报警、停车。
4	电子围栏防护	电子围栏技术可以在某个训练科目区域内设置教学区域。教练车超出规定区域，偏离设定轨道，会报警，必要时可紧急停车。
5	自动刹车防护	若教练车前方或后方出现障碍物或行人，自动刹车系统会提前介入，在学员没有反应之前进行制动。
6	实时监控防护	通过后台监控系统，对每台车进行实时监控，并可以与车内人员进行对话。一旦发现车辆异常，就会采取远程制动的方式，将车辆熄火。

从理论上分析，使用“智能教练”提高了教学安全防护系数。当然，“智能教练”只是一台机器，它无法绝对保证安全，要保证教学安全还是要靠教练员和学员的安全意识。

3. 对服务质量的促进作用

使用“智能教练”可以降低教练员的劳动强度，因此，能将教练员释放出来的精力和体力用于为学员服务。在此情况下，驾校完全可以引导教练员对学员进行“鼓励”“夸奖”“赞美”“表扬”等情感劳动，亦可执行“微笑服务”“文明执教”的优质服务标准。这些措施原本对于教学中比较劳累的教练员来说比较有挑战性。随着“智能教练”的使用，教练员的精力和体力可以从繁重的教学中解脱出来。倘若这些优质服务措施落实到位，将使学员满意度大为提高，驾校的口碑也会随之提升，从而也能带动驾校的营销工作的开展。

4. 对驾校经营管理的促进作用

从理论上讲，“智能教练”还能对驾校的经营管理产生积极的影响。具体说，它能给驾校带来“四高三低”。四高是：合格率提高、教练员素质提高、学员满意度提高、招生数量提高；三低是：培训成本变低、教练员劳动强度变低、教学安全风险变低。

图 3 表明，如果想让“智能教练”发挥理论上的作用，前提条件是：它必须能够明显地促进考试合格率的提高。否则，就失去了其应用价值。

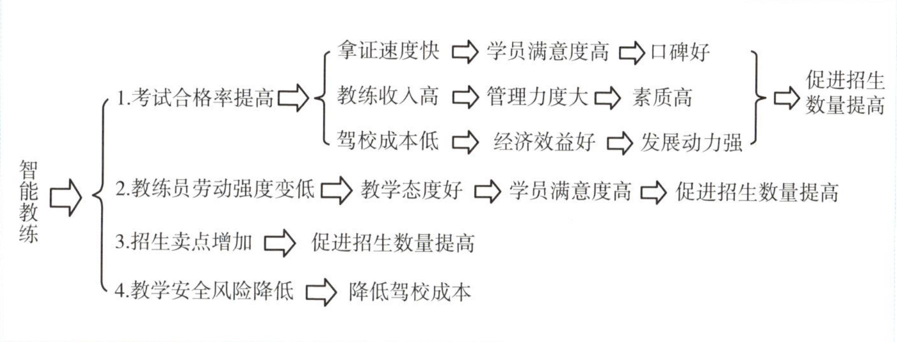

图 3 “智能教练”的积极作用

5. 应用局限性分析

从本质上讲，“智能教练”属于辅助教学设备，并不能够完全替代人工进行教学。主要表现有以下几个方面。

（1）无法进行示范教学

从专业教学角度分析，教练员是通过“讲解、示范、指导、讲评”四个教学方法对学员进行教学。从理论上分析，学员学习驾驶技能不能脱离上述四个方法的教学。

从教学原理角度看，学员是通过模仿教练员操作动作开始学习的。“智能教练”无法完全像真人一样完成示范教学这个环节。以方向盘的操作方法为例，左手握在9点至10点间，右手放在3点至4点间。拇指伸直按住转向盘外轮边缘，其他四指并拢由外向内握住转向盘。“智能教练”可以通过语音指导学员这个操作细节，但是它没有“手”所以无法完成这个示范教学操作。在教学中，教练员为纠正学员错误动作，经常使用“对比示范”和“边讲解边示范”以及其他大量的示范教学，这些“智能教练”无法完成。

（2）无法调节学员学习状态

学习状态决定着教学质量，学员在轻松和认真的状态下学习效率是最高的。这就要求教练员在教学中时刻注意学员的学习状态，并做相关工作来进行调整和干预。在教学中，学员不可避免地会出现紧张、急躁、自卑、自满等不良情绪，也会出现不认真训练的现象，导致学习效率不高。对此，教练员应通过表扬、批评、鼓励等手段，将学员的学习状态调整到最佳。而“智能教练”不能感知学员情绪变化，虽然它能进行一定的人机交互，但它不能与学员进行有效的沟通、情感交互，不能运用“表扬和批评艺术”和“幽默教学”积极地影响学员。

（3）无法因人施教

学员的年龄、性格、接受能力千差万别，教练员要因人施教。如对老年学员的教学，教练员应当增加讲解和示范教学，并放慢讲解的语速，示范时也要将操作动作的细节进行反复演示。另外，学员的接受能力不同，学习时间长短以及能否参加考试，这些“智能教练”是无法决定的。

（4）无法对学员进行全面纠错

“智能教练”能够按照考试评判标准，对学员的每一次操作进行评判。但是它不能全面纠正学员的一些错误的驾驶动作，如：低头看挡位、窜方向、驾驶姿势不正确、观察不全面等。而学员的这些错误，教练员随车指导是可以及时发现并进行纠错的。

（5）无法为考试合格率负责

教学质量关系到学员的拿证速度，而这又成为驾校招生的卖点，因此驾校都对教练员的教学质量有着严格的考核，并会对教练员的工资作出相应的奖罚。完全依靠“智能教练”，并不能保证百分之百的考试合格率，无法对其进行追责。

（6）无法完成《机动车驾驶培训教学与考试大纲》规定的所有内容

《机动车驾驶培训教学与考试大纲》从符合教学规律和科学训练角度出发，做了很多灵活规定，如规定了科目二和科目三可以进行交叉训练；安全文明驾驶常识教学应与道路驾驶教学交叉融合。这些规定，只能依靠教练员对学员的了解，做出决定，“智能教练”无法完成。

（四）应用模式分析

目前，使用“智能教练”的驾校数量也越来越多，也出现多种不同的应用模式。现加以分析如下。

1. 用于高端班型

很多驾校开设了高端班型，如 VIP 班，总的来看鲜见成功，究其原因，这些班型收费很高，但教学和服务与普通班型没有太大的区别。如果能把“智能教练”用到高端班，这样与普通班的差异性就非常明显，优势一目了然。

2. 用于学员自选

有些驾校购入“智能教练”是为了增加盈利手段，这与引导学员使用考试车进行“考前模拟训练”或使用“高仿真驾驶模拟器”进行模拟考试如出一辙。学员使用它们需要按时间交费，这成为驾校获得盈利的手段。这种使用模式前提是学员自愿，由于“高仿真驾驶模拟器”“智能教练”“考试车”有明显的区别，所以学员使用的积极性并不高，不利于“智能教练”发挥作用，也不利于推广。

3. 用于“一人教多车”模式

近年来，有些驾校采用了一个教练员“教”多台车的教学模式。从已知情况来看，从一人带两台车，到一人带八台车的情况都出现过。很多驾校购入“智能教练”的目的就是为了推行这种模式。调查发现，一人教 2~3 台车的模式，考试合格率并不低，从这个角度讲驾校的经营成本的确降低了。这种一人教多车模式取决于驾校所在地学时管控的严格程度。学时管理严格并且实现与考试预约系统对接的地区，这种模式不易出现。

这种模式在为驾校降低训练成本的同时，也增加了发生安全风险的可能性。原因显而易见，一个教练员由于精力所限，带的车越多，其教学安全系数就越低。目前，还没有收到使用“智能教练”车发生严重教学安全事故的报告。但驾培行业属于高风险行业，安全问题应当得到重视，现就使用“智能教练”进行一人多车模式的安全风险这一问题进行分析。

（1）“智能教练”自动刹车系统

自动刹车辅助系统（AEB），全称 Autonomous Emergency Braking，是指车辆在非自适应巡航的情况下正常行驶，如车辆遇到突发危险情况或与前车及行人距离小于安全距离时主动进行刹车，从而提高行车安全性的一种技术。“智能教练”使用这种技术，使得教学安全得到了很好的保障。需要说明的是，这种技术是辅助系统，它不能完全替代人的操作。此外，这属于一种新技术手段，还在完善改进之中。“智能教练”一般只在训练场进行科目二教学使用，车速不高，相较于道路行驶，发生危险的概率会降低很多。

“智能教练”自动刹车系统能起到安全防护作用，但不能认为有自动刹车系统就有了绝对安全保证。自动刹车系统的作用，与驾校的教学管理密切相关，管理不到位可能产生一些新的安全隐患。

“智能教练”的自动刹车系统包括三部分。一是危险情况下自动刹车；二是限制车速，超过设置的车速会自动刹车；三是电子围栏，超过规定范围会自动刹车。这三种刹车功能是为安全设计的，但也限制了“智能教练”车的活动范围。当车辆需要维修、加油的时候，就要将自动刹车关闭，重新投入教学时应当再次开启。如果忘记开启，将为安全教学带来隐患。

从目前来看，“智能教练”自动刹车的制动力是固定的，这可能会给驾乘人员造成一定的不舒适感。驾驶员驾驶汽车踩制动踏板时，会根据具体交通情况，采用不同制动力。而“智能教练”刹车制动力是固定的，不能根据具体交通情况改变。如果“智能教练”车周围频繁出现其他学员，自动刹车会反复制动将会造成不必要的麻烦，如车辆熄火和学员的不适应等，这会影响教学质量和效率。另外，如果学员不系安全带，也会在这种频繁的刹车中出现不安全因素。

（2）学员单独驾驶教练车风险

学员并不完全具备驾驶能力，单独驾驶车辆存在安全风险。所以，有必要采取措施，将这种风险控制在最低水平。

《中华人民共和国道路交通安全法实施条例》第二十条规定：学习机动车驾驶，应当先学习道路交通安全法律、法规和相关知识，考试合格后，再学习机动车驾驶技能。在道路上学习驾驶，应当按照公安机关交通管理部门指定的路线、时间进行。在道路上学习机动车驾驶技能应当使用教练车，在教练员随车指导下进行，与教学无关的人员不得乘坐教练车。学员在学习驾驶中有道路交通安全违法行为或者造成交通事故的，由教练员承担责任。

这条法规条文对学员的驾驶资格做出了要求：一是科目一考试合格，二是在道路上学习驾驶应当在教练员随车指导下进行。因为驾校训练场并不属于道路范畴，因此可以理解为在驾校训练场进行科目二教学时，没有对教练员是否随车指导做出明确规定。但这并不意味着，在教练员不随车情况下发生教学安全事故，驾校和教练员可以不承担法律责任。

案例 1

2015 年某地驾校发生高考女状元被撞致死事件。当时教练员在车下，学员单独驾驶。经法院审理判决，赔偿死者家属 138 万元，教练员黄某被判有期徒刑一年两个月，缓刑二年；校长被判有期徒刑一年，缓刑二年。

案例 2

2012 年某地驾校训练场内，学员单独驾驶车辆将车下指导的教练员撞伤致死，驾校要求赔偿损失 70 余万元。出事教练车购买了保险，但保险公司做出拒赔决定。经法院审理认定，保险公司没有赔付责任，最终驾校未获赔付。

对上述两个案例法院做出判决的理由是：驾校和教练员均有确保学员安全驾驶的义务，也应当预见到学员单独驾驶不能确保安全，对公共安全存在危害。如果教练员不随车指导，等于将车辆交由没有驾驶资格的人驾驶。发生事故，驾校和教练员要承担法律责任，保险公司也将不承担赔偿责任。由此看来，教练员不随车指导，教学安全风险极大。

（3）一人教多车模式的法律风险

“智能教练”的安全防护装置所起作用能否抵消教练员不随车指导造成的风险，暂时无法比对分析。目前并未收集到使用“智能教练”时，发生教学安全事故的有关信息，但是这种安全风险是存在的。“智能教练”无法承担法律责任这一点是明确的。

按照有关规定，对新驾驶员三年内发生重大交通责任事故的要进行责任倒查。《机动车驾驶员培训管理规定》明确要求：教练员应当并如实填写“教学日志”和“培训记录”，而且“培训记录”应当经教练员审核签字。由于“智能教练”并不是法律上所讲的“自然人”，因此无法承担上述义务和责任。一旦发生教学安全事故，使用者要承担责任。

4. 用于“双模式”教学

北京海驾机动车驾驶员培训有限公司（简称北京海淀驾校）、结合“智能教练”的特点，提出了双模式教学的理念，即人工教学模式 + 智能教学模式。现将双模式教学理念进行列举分析。

（1）智能模式与人工模式是相辅相成的关系

“智能教练”本质上是一种教学设备。从理论上分析，“智能教练”的应用是有局限性的，它并不能完全代替教练员。学员使用“智能教练”车学习，也要教练员指导。两种教学模式是相辅相成的，两者结合才能产生最佳的教学效果。

（2）使用“智能教练”也要运用科学的方法

双模式理论认为，只有将智能教学和人工经验传授相结合的教学，才能更好地发挥科技的力量。学员训练前期，以人工教学为主，训练中后期普遍以“智能教练”教学为主，但仍需要教练员对教学的重点和难点进行辅导。

（3）双模式教学能促进服务质量提升

使用“智能教练”后，要积极引导教练员将节省出来的体力和精力用于对学员的赞美、鼓励、夸奖、表扬，营造良好的教学氛围，执行“微笑服务”“文明执教”的优质服务标准。同时，要求教练员对学员进行安全文明意识的教学。

从科学角度和教学规律上讲，双模式教学能够获得教学质量和服务水平的双提高。因此，教练员手把手教学员的场景不应该在训练场上消失。双模式教学理念，为科学使用“智能教练”指明了方向，也为今后驾校教学的发展提供了理论支撑。

三　课堂智能教学系统分析

虚拟现实技术（英文名称：Virtual Reality，缩写为 VR），是一种利用计算机生成交互式的三维动态视景，能够使用户通过视觉和听觉感受仿真环境。

（一）VR教学系统

从理论上讲，模拟仿真教学系统与飞行模拟系统的教学原理类似。飞行模拟系统可以模拟飞机起飞、升空、降落等基本场景，也可以模拟恶劣天气、突发机械故障等特殊场景，让参训飞行员获得最真实的感受，从而进行有针对性的操作训练。经飞行模拟系统反复训练后，飞行员就初步获得了操作能力和操作经验，从而为驾驶飞机打下了基础。

驾校模拟仿真教学系统，可模拟教学和考试中的基本操作场景，如基础驾驶操作、科目二驾驶操作和科目三驾驶操作等普通操作场景；也可以模拟仿真驾驶场景，如恶劣天气下驾驶、高速公路驾驶、翻车、侧滑等特殊环境下的驾驶场景，从而让学员最大限度地获得真实感受，进而进行有针对性的操作，为实车训练打下基础。

（二）VR教学应用场景

目前市场上 VR 驾驶技术教学设备基本配置了汽车模拟操纵装置，如离合器、制动踏板、方向盘、变速杆等，戴上与设备相连的 VR 眼镜，就可以进行倒车入库、侧方停车、半坡起步等科目二训练。科目三训练时，可以在技术上模拟出各种突发状况来测试学员的反应能力，达到更好的驾驶培训效果。

（三）VR教学分析

1. 模拟真实驾驶体验

学员可通过 VR 眼镜看到仿真的驾驶场景，听到 AI 智能语音系统和环绕音效，如由远及近的过往车声、刹车声等使学员有逼真的体验。根据这些视觉和听觉上的感受，学员可以进行打方向盘、挂挡、踩离合、加油门、踩刹车等所有真实驾驶操作。

VR 教学系统自带的不同的路况场景，可通过精确地反馈到外部的机械装置，让驾驶人感受到汽车加速、撞击、颠簸及当坡道起步时离合器处于半联动状态等真实的驾驶体验。

2. 提高训练效率

VR 驾驶模拟器，囊括基础训练、科目二、科目三的全部训练项目及各种突发情况处置训练。VR 场景及车辆模型完全依据实际教练场、考试场及真车采用毫米级精准建模，保证虚拟和现实完全一致。“实车 +VR”相结合的学习方式可提高学习效率。先通过 VR 熟悉操作，后结合真车练习，再回到模拟器练习，学习效率非常高。

3. 进行安全驾驶培训

在 VR 模拟器上训练，还可练习在雨、雪、雾等模拟恶劣天气下的驾驶；以及对突然被加塞儿、前方追尾、轮胎爆胎等突发状况的应急处置操作练习。学员可以通过模拟各种驾驶当中出现的情境来测试练习者在驾驶车辆过程中抗干扰的能力。VR 模拟器设置了不同的驾驶场景，每个场景都对应一种开车途中会遇到的问题，比如突然遇到极速超车，或者开车途中前面突然发生意外事故等。

（四）当前VR教学产品存在的问题

从整体上看，VR 智能教学系统还在完善和改进之中。有些 VR 眼镜和驾驶模拟器存在视线模糊、轻度头晕、画面延迟等问题。随着 5G 商用化的加速、VR 设备成本的降低、VR 技术的迭代，VR 智能教学也会变得越来越好。但未来是否能够大规模推广还有待市场验证。

四　智能化教学应用推广的挑战和对策

总体来看，智能化教学推广应用的速度并不快，“智能教练”和 VR 教学产品的使用率也不够高。现将影响其推广应用的主要因素列举如下。

（一）影响智能化教学应用推广的因素

1. 驾培市场环境对推广的影响

近年来，驾培行业各种矛盾日益突出，其中最突出最主要的矛盾是供求失衡，产能过剩。驾培市场上也出现了一些恶性竞争，导致驾校盈利水平的下降。根据《2019~2020 年全国驾培市场运行情况与营商环境调查》① 中的调查数据，全国大约 40% 的驾校出现了不同程度的亏损。在这样的背景下，“智能教练”的应用推广将受到影响。

从目前情况来看，规模化使用“智能教练”的驾校更有限。当前的驾培市场环境使得很多驾校经营状况不佳，他们无法投入过多资金。驾校都在绞尽脑汁地想着增收节支、开源节流，面对价格不菲的“智能教练”，驾校经营者不得不谨慎行事。

2. 产品性能对推广的影响

（1）驾校普遍对“智能教练”认知度不高

“智能教练”是一种智能产品，由于问世不久，很多驾校对其性能心存疑虑。如，它到底能不能帮助驾校降低成本，是否能提升学员的考试合格率，产品质量是否稳定，维修保养成本是否高昂……这些非常现实的问题让很多人感到担心。因此，一些驾校担心自己“花钱不少、效果不好”，不愿成为被“试验者”。所以，他们在等待更好的产品和更低的价格。

作为一种产品，“智能教练”从诞生到成熟，必然会经历一个过程。目前驾培行业使用最多的“智能教练”产品还属于初期产品，产品性能并不高，

① 《告别 2019，驾培市场迎来充满挑战的 2020》，驾校经营管理俱乐部，https://mp.weixin.qq.com/s/r2btyPJF22-yPW2rr07fww，2019 年 12 月 27 日。

没有为“智能教练”带来较好的口碑。

（2）有些产品无法满足驾校需求

调查发现：一些驾校，虽购买了“智能教练”却闲置不用。这些驾校反映，购买的“智能教练”不实用，与生产企业的宣传和承诺不符，并没有给驾校的教学工作带来促进作用。有些驾校则反映，“智能教练”的教学方法是错误的，遭到了教练员的反对。有些驾校使用新教练员，完全按照“智能教练”的教学方法进行教学，结果考试合格率比人工教学低 50% 以上。这样的结果让一些强力推行“智能教练”的驾校也不得不放弃。

对此，驾校和生产企业各执一词。经调查了解，双方所说的“教学方法”，实际上是根据考试要求所设计的“考试操作参考点位”。双方孰是孰非，考试合格率是最好的说明。虽然，机动车驾驶人考试办法由公安部颁布，考试标准全国统一。但现实情况是：中国太大，驾校太多，情况复杂。各地驾校教学方法，尤其是“考试操作参考点位”，受制于考试车型、考场设置、训练环境和教学习惯等诸多因素，要做到像工厂流水线一样标准化作业是不可能的。最了解当地考试场的不是生产企业而是驾校一线教练员，因此生产企业应当按照驾校要求，对“智能教练”的教学程序进行定制开发，保证驾校的需求得到满足。

然而，并非所有的厂家都能满足驾校的这个合理要求。某厂家工程师表示，改动教学程序，可谓牵一发而动全身，所涉及的问题非常多。实际上，像这样的“智能教练”设计时就没有充分考虑驾校的需求，这是产品的“硬伤”。这样的“智能教练”，无法在市场上得到推广，也实属正常。

（3）有些生产企业的服务无法满足驾校需求

部分驾校反映，生产厂家的服务不到位。2016 年 4 月 1 日，《机动车驾驶证申领和使用规定》颁布实施。机动车驾驶人考试办法发生重大变化，驾校的教学方法自然也是要随之发生改变。于是已经购买的“智能教练”的驾校，自然要对生产企业提出要将“智能教练”进行升级。有些企业显然没有做好准备，很多驾校的“智能教练”没有得到及时升级，后来升级完成，厂家收取驾校一笔升级维护费用，这引起了驾校的不满。

经了解，“智能教练”问世时间不长，各厂家投入的“前期开发成本”的回收期不得而知，不少生产企业不得不考虑继续投入的人力和物力成本。目前，很多生产企业售后服务网络还处于建设状态，缺乏相关的技术服务人员，尤其缺乏复合型技术人员，即懂技术又懂教学方法的人才。技术人员上门服务也要产生费用，这对企业来说也是一笔开支，企业也是有苦难言。

3. 驾校教学管理不力

长期以来，很多驾校的教学管理工作是缺失的，只管考试结果不管教学过程。教学根本没有实现“规范化”和“标准化”。一个驾校如果没有做到教学统一，“智能教练”和 VR 教学产品就不可能发挥应有的作用。很多驾校在购买产品后，在没有准备的情况下，选用了个别优秀教练员的教学方法，将其写入“智能教练”和 VR 教学产品的教学程序。但这些匆忙中选用的方法未必能让所有教练员接受。有些厂家将其掌握的教学方法直接推荐给驾校，这更是一种错误的做法。虽然考试标准全国统一，但各地的考试环境和要求都有不同，他人的方法无法保证学员考试合格。对此，有些教练员抵触这些外来方法，这就给“智能教练”的应用推广造成了巨大的障碍。

（二）推广障碍解决对策

不能否认，“智能教练”作为一款智能产品，从其诞生推向市场开始，一定会面临应用和推广上的问题。为加快其应用推广，帮助生产企业和驾校共同克服生产和应用上的难题，鉴于当前推广过程中的实际问题，我们建议如下。

1. 生产企业优化产品和销售

（1）采取灵活的销售方式

为克服严峻的市场环境尤其是应对疫情带来的严重困难，也为了打消驾校对“智能教练”的疑虑。生产企业可考虑采用分期付款、以租转售、租赁使用和合作经营等灵活的销售模式，刺激驾校的需求。因为只有旺盛的需求方可有规模化生产，只有规模化生产才可以降低生产成本，低成本才能引发更旺盛的需求，有了规模化生产，才有丰厚的利润。

（2）完善产品性能

根据市场实际需求，不断提高“智能教练”的产品质量、性能和售后服务，尽可能满足驾校需求。一是为驾校量身打造产品和服务，在“智能教练”教学程序开发设计时具有拓展性，采用“模块化”程序设计，根据驾校的要求，将驾校的教学方法进行定制编入，驾校的教学方法并非一成不变，教学方法应当在教学实践中不断被优化，因此，生产企业应当考虑在产品设计时，预留可以更换教学方法的程序板块，方便驾校升级；二是研制开发用于大型教练车的“智能教练”和用于科目三教学的“智能教练”；三是按照《机动车驾驶培训教学与考试大纲》的要求开发研制教学程序，尤其是有关安全文明驾驶教学的内容；四是强化人机交互技术的开发，进行“智能教练”自我学习功能的研发。

2. 驾校采用标准化教学模式

“智能教练”能够帮助驾校提高教学质量和服务水平，促进驾校经营和管理的提升。同时，“智能教练”的性能提高和应用推广也离不开广大驾校的支持。为此，驾校应当积极地做一些工作。

（1）加强教学管理

开展教学研究，优化教学方法和流程，科学训练，彻底改变驾校“不管教学过程，只计考试结果”的粗放式管理模式。

（2）积极开展规范化和标准化教学

根据实际教学需要，编写统一的规范化教学教案，解决教练员教学不统一问题，形成稳定的教学方法，再将其植入“智能教练”的教学程序中，这样才能解决“智能教练”的落地问题。对此，驾校要从加强教学管理入手，让教学做到规范统一，这样才能发挥“智能教练”的作用，实现对驾校经营管理的促进。

（3）开展双模式教学研究

“智能教练”不能完全脱离人工教学模式而独立存在。智能教学和人工教学两种模式应相辅相成，才能让“智能教练”的性能得到充分发挥。为此，驾校应当开展关于双模式教学研究，使其成为驾校教学体系的一部分。

五　标准化教学研究

标准化教学，是教学管理中的一个重要环节，也是驾培行业发展到今天所必须深入思考的问题。根据调查，大多数驾校的教学没有实现规范化和标准化。驾校不进行统一教学，依照教练员个人能力发挥，考试合格率并不低。因此，很多驾校对标准化教学的开展积极性不高。但是，在当前的驾培形势下，实施标准化教学不仅为了提高教学质量，更多是为了促进驾校提升服务质量，提升驾校的口碑和品牌，这就需要驾校经营者认真理解标准化教学的内涵与长远发展意义。

（一）实施标准化教学的意义

驾校标准化教学指的是：通过制订科学合理的教学标准，并通过教学管理达到教学统一，以获得最佳教学效果。

1．标准化教学，可促进驾校口碑和品牌的提升

教学的标准化，是衡量驾校办学水平的重要依据。实施标准化教学，可使驾校教学管理有章可循、规范统一，从而使教学质量得到保障，教学效率有所提高。同时，标准化教学是提升教练员教学水平和素质的重要依据。而教学质量和教练员素质是决定驾校品牌和口碑的两大重要因素。因此，驾校标准化教学对提升驾校的口碑和品牌能够起到积极的促进作用。

2．教学的标准化，是新技术、新模式应用推广的基础

智能化教学和预约计时培训模式是当前驾驶培训的新趋势。若将两者应用推广，就必须以教学标准化为前提。“智能教练”、驾驶模拟器、VR 教学等教学设备的教学程序的编写离不开教学的标准化，实行一人一车的预约计时培训，改变“一师到底”的老教学模式也离不开教学的标准化。

3．标准化教学，有助于驾校进行品牌加盟连锁经营

品牌加盟和连锁经营模式，是很多实力型驾校的战略规划。要实现这个目标，依托品牌优势发展连锁和加盟驾校，势必要进行管理的输出。而将管

理经验进行复制，就一定要将管理标准化，包括经营理念、服务模式、市场营销和教学规范等，而标准化教学是不可缺少的重要内容和管理环节。2020年初的疫情，必定会使产能过剩的矛盾更加突出，也会加速淘汰一大批经营不善的驾校。这就为驾校进行品牌加盟和连锁经营提供了机会。之前就做足了标准化管理的实力型驾校，此时必然会抢得先机。

（二）如何开展标准化教学

驾校实现标准化教学，不能照抄照搬他人经验，需要根据自身实际情况因地制宜，并跟进实际情况，对已经标准化了的教学进行优化升级。

1. 教学方法的提炼

几乎所有驾校对教学质量的追求，都集中在考试合格率和合格人数上，在此我们将两者统称为“培训效率”。为了追求“培训效率”应试教学就在所难免，这成为一种普遍现象。不能否认，以保证“培训效率”为目的的教学方法，是驾校的主要需求。鉴于这个原因，为了科学的开展教学工作，驾校标准化教学，应主要分为两个部分：一是“基础教学”，二是“应试方法”。

（1）基础教学

基础课程，指的是理论教学和实操教学中的基础驾驶动作（如方向盘、驾驶姿势等）。这部分内容的标准化教学，完全可以参照《机动车驾驶培训教学与考试大纲》规定进行，有关教学项目、教学内容、教学目标、教学学时和教学要求等教学大纲都有非常详细的说明。

（2）应试方法

机动车驾驶人考试办法由公安部制定，全国统一。现实情况是，各地的考试场地、考试车型、考场设置、训练环境和教学习惯等诸多因素都不同，因此驾校教学方法不可能像工厂作业一样做到标准化。必须承认，最好的应试教学方法应该来自教学一线的教练员，凡是背离了这一点的教学方法都是不适宜的。对此，驾校应当因地制宜地进行总结和提炼。

（3）教学艺术

能够合理运用讲解、示范、指导、讲评四个教学方法，把学员调整到最佳学习状态、营造最佳教学氛围，我们将其称为“教学艺术”。这是教学方法的一种，也是可以进行标准化的，驾校也应积极开展对教学艺术的研究工作。

2. 教学标准化的建立

好的教学方法被总结和提炼出来以后，要做到科学的归类，并尽可能做到“可复制”化，还应该“精确”教学内容、教学手段、教学时间等，并要做到统一。教学标准制订过程应当争取让更多的教练员参与，并且充分听取一线教练员的意见。这样做的目的一是充分吸收优秀教学方法，二是获得他们对标准化教学的认同。最后将形成的统一的教学方法汇集在一起，编写成教学教案。

3. 对标准化教学的管理

标准化教学的实施和应用效果取决于驾校的教学管理。而做好教学管理，必须注重过程管理，只管考试结果，不管教学过程，这是培训效率低下的重要原因，也是造成智能化教学应用的主要障碍。

（1）明确不允许教练员自由发挥的模块

明确标准化教学必须统一的内容，这部分内容教练员必须严格参照执行，不能自由发挥。以“坡道定点停车与起步”的教学为例，一是统一讲解内容，教练员必须按照统一的教学教案要求的教学流程、教学内容、教学步骤和教学手段进行教学。二是统一训练步骤。教练员必须带领学员在平路上训练，即在平路上按照坡道定点停车与起步的要求和标准进行操作，待学员掌握了基本要领后再在坡路上练习。

（2）设置教练员可自由发挥的模块

教学标准化并不是限制教练员的自身水平和积极性的发挥，教学标准综合了许多教练员的经验，在教学方法上具有普适性。在标准化教学中，在保持教学规范统一的基础上，对应试教学部分的考试参考点位，应当允许在规定的范围内灵活掌握，这也被称为“点位不定式”。这是由于学员的身体条件、反应速度、车速控制、打方向快慢就决定了应试点位的位置可以做适当调整。

（3）加强对教练员教学管理

驾校实施标准化教学，必须对教练员教学工作进行监督和指导。教练员的教学随意性越强，以自我为中心的教学理念就越强，就越不容易接受标准化教学和新的教学理念。因此，让每一名教练员按照规范化、标准化的教学模式统一教学方法，是保证标准化教学实施的前提。

纵观一个教练员的教学能力成长轨迹，大致可以分为三个阶段：教学起步期、教学成长期、教学成熟期。标准化教学要在教学起步期开始贯彻，这个时期是第一阶段，其对教练员的标准化教学管理要求是“固化”，这个阶段可以允许其手拿教案对学员进行教学；第二阶段其管理要求是“强化”，此时要求教练员教学的熟练程度要不断提高；第三阶段其管理要求为“优化”，此时要求教练员能够在熟练掌握运用标准化教学的基础上融入“教学艺术”。

这三个阶段，驾校要分别进行培训、监督和考核。尤其要注意对老教练员的管理。因为他们都有自己的教学方法，而且已经根深蒂固，不容易接受驾校的统一教学标准。此外，他们的教学方法和思路会影响到其他教练员，从整体上影响驾校标准化教学管理推进。因此对老教练员的培训管理要多下功夫。

六　发展趋势预测

智能化教学技术的发展与应用正推动驾培行业信息化的快速发展。目前仍处在发展阶段，随着核心技术的推广应用与智能产品化程度的提升，预计驾培行业智能与标准化教学不久会达到成熟阶段，逐渐向普及阶段迈进（见图 4）。

（1）起步阶段

随着 OBD（On Board Diagnostics，车载诊断系统，缩写为 OBD）技术和车联网技术被广泛应用。驾校智能化教学也开始了起步阶段，在“互联网 +”和“人工智能”大背景下，“智能教练”和 VR 智能教学产品相继出现。当前，智能化教学产品应用非常少，这是因为驾校对智能教学产品和智能化教学，

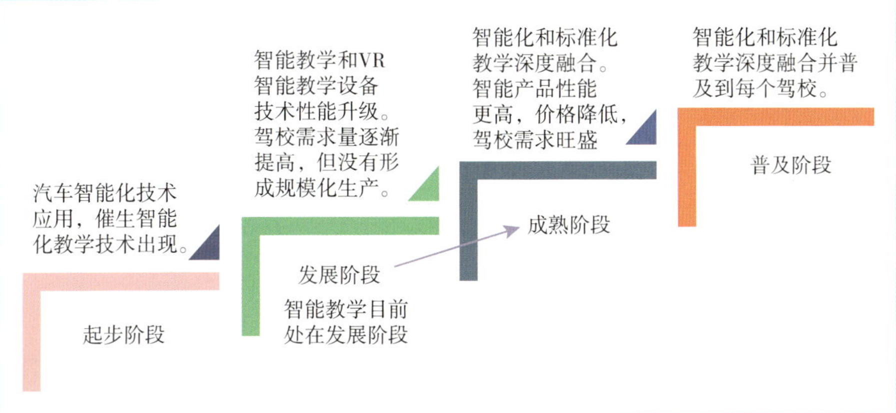

图 4　智能化与标准化教学发展趋势

还处于观望状态。

（2）发展阶段

随着人工智能技术的进一步提高，“智能教练”和 VR 智能教学产品的性能也在不断进步。目前，驾培市场形势较为严峻，“供需失衡，产能严重过剩”致使驾校盈利水平下降。智能教学产品的需求受到严重抑制，生产企业无法进行大规模量产，这导致成本较高，销售价格自然也居高不下，这就阻碍了智能化和标准化教学的推广和应用。因此，生产企业和驾校应当共同努力，促进智能化教学的推广。

（3）成熟阶段

本阶段是人工智能和驾培产业深度融合的阶段。随着 5G+AR/AV 与 AIoT（AI+IoT）的发展，智能化教学和标准化教学结合更加紧密，采用智能化教学的驾校也会越来越多，智能教学产品的性能也会越来越高，价格也会越来越低，形成良性循环。在本阶段，如果驾校智能化和标准化教学滞后，将使其竞争力产生受到严重影响。

（4）普及阶段

随着人工智能对整个社会的影响持续深入，以无人驾驶汽车为代表的人工智能技术，将对人们的生活和工作产生越来越大的影响。智能化教学产品将变成一种普通产品，而不再是高科技产品。智能教学和标准化教学将进入普及阶段。“智能教练”也许会成为教练车上的标配，“VR+ 实车”的培训模式也将会被广泛运用。

2019 年 7 月，交通运输部下发《机动车驾驶员培训管理规定》(征求意见稿)，其中第四十二条提出：充分利用大数据、人工智能等先进技术，提高培训质量。本研究认为，虽然本条意见还没明确说明智能教学设备，但是将来“智能教练”和 VR 教学产品有可能像教学磁板、驾驶模拟器、安全带体验装置等教学设备一样被明确写入。被《机动车驾驶员培训机构资格条件》(GB/T 30340—2013)规定为驾校必备教学设备的可能性也是存在的。

七　结束语

智能化教学与标准化教学的应用推广已经成为驾培行业发展的新趋势，也成为衡量驾校办学水平的重要依据。当前，人工智能的大潮俨然已经来临，科技改变生活势不可当。人工智能与驾培行业深度融合必定带来机动车驾驶培训的技术革命。谁能抓住这个机遇，谁就会成为人工智能时代的宠儿，谁就能在激烈的市场竞争中博得先机。

B.11
驾校标准化管理与成本管控探索

冷若冰　邓晓樵　刘 彬　刘 辉*

摘　要： 目前，驾培行业内教学服务水平差异大，从业人员素质参差不齐，教学服务质量和运营管理评价标准的缺失，很大程度上制约着行业的健康发展。标准化是驾校管理和服务水平不断提升的有效工具，而成本管控是驾校标准化管理的重要环节，本报告分析了驾培行业标准化管理的应用和探索：员工培训标准化，加强新员工入职引导；招生流程标准化，降低对员工能力的要求；标准化管理落地，重复的事情坚持做。标准化管理在驾校成本管控方面的应用：对工资及福利成本的管控；制定每项成本支出的标准，降低可控成本；提升教学质量，减少重复培训。

关键词： 标准化管理　管理效率　成本管控

我国的机动车驾驶培训学校，性质上就是企业法人。2004 年《中华人民共和国道路交通安全法》实施之后，进一步规范了驾校公司化运营的性质。

企业的本质是什么？在法律上，企业是指以营利为目的，运用各种生产要素（土地、劳动力、资本、技术和企业家才能等），向市场提供商品或服

* 冷若冰，中国交通运输协会驾驶培训分会理事，云南省昭通市机动车驾驶员职业技术学校党支部书记、董事长；邓晓樵，重庆壹鹿企业管理咨询有限公司 CEO，研究方向为企业管理；刘彬，趣学车安全驾驶研究院研究员、驾多多学院负责人，研究方向为标准化管理与培训；刘辉，天津五八驾考信息技术有限公司驾校运营总监，研究方向为驾校标准化运营。

务，实行自主经营、自负盈亏、独立核算的法人或其他社会经济组织。

创办企业的目的，简单说是创造价值，创造的价值以企业的营利性体现出来。企业的核心就是“以营利为目的”，因此不赢利的企业注定难以生存，驾校也同理。办驾校，说大了是为社会培养安全文明的高素质驾驶人，为创建和谐社会做贡献；说小了，是为投资驾校的人创造财富，这两个目的其实并不矛盾。企业的核心就是“以营利为目的”，因此不赢利的企业注定难以生存和发展。

只有赢利，才能回报投资者，才能改善职工待遇，才能实现税收上缴，才能不断改善企业生存环境，才能实现可持续发展。如何赢利，如何长久地盈利，一直是驾校校长等企业家们为之困扰的问题，驾校想要赢利，就需要“开源节流、降本增效”。

在驾培行业实现“开源”，比如通过品牌营销提高培训费价格、拓展营收范围等方法，在业界有很多成功的范例，本文中不详细叙述，只侧重从精细化管理的角度，来介绍如何通过标准化管理提升驾校运营效率。“节流”，也就是合理地控制成本，实现更高的盈利比例，特别是在驾培行业滑向低谷、提高客单价格难度很大的今天，显得尤为重要。

一　标准化管理助力驾培行业提质增效

驾培行业的标准化工作，开展的历史已经不短。早在2004年，我国就发布实施了行业推荐标准《机动车驾驶培训机构资格条件》（JT/T 433—2004）。2013年，在此基础上，发布了国家推荐标准《机动车驾驶员培训机构资格条件》（GB/T 30340—2013）和《机动车驾驶员培训教练场技术要求》（GB/T 30341—2013），对规范行业准入门槛，推动行业健康发展起到了重要的作用。但目前还缺乏有关驾校开业后，具体运营管理的相关标准。

为贯彻落实《中华人民共和国标准化法》《国务院深化标准化工作改革方案（2015—2020年）》，加强和改进交通运输标准化工作，统筹推进铁路、公路、水路、民航和邮政等领域标准化发展，交通运输部颁布《交通运输标准化管理办法》（简称《办法》），于2019年7月1日起施行。

目前，驾培行业教学服务水平大相径庭，从业人员素质参差不齐，教学服务质量不高和运营管理评价标准的缺失，很大程度上制约着行业的健康发展和品牌化、集约化经营。但一些地区的驾校逐步开展了标准化运营管理的工作，也取得了一定的成绩和经济效益。这为行业的标准化管理和成本管控提供了研究案例和有益的探索。

管理，其中最为本源的东西，就是标准化、流程化、规范化。

（一）标准化体系的定义

什么是标准，什么是标准化，什么是标准化管理？

标准是指导行为过程或衡量结果的尺度和准则。通俗地说，就是将企业里各种各样的规范（如规程、规定、规则、标准、要领等），统称为标准。依照所制定的标准付诸行动，统称为标准化。依据事先由管理者和被管理者都认同的规矩、约定实施管理，统称为标准化管理。

例如：驾校的制度规定，早上8点上班，超过8点就是迟到，迟到就要罚款。严格按照这个标准来做，这就是标准化。迟到就要罚款，这就是标准化管理。

（二）标准化管理的必要性

为什么要标准化管理？标准化的实质是通过制定、发布和实施标准达致统一，以获得最佳秩序和社会效益。举例来说，交通法规规定，红灯停，绿灯行，黄灯减速。如果闯了红灯就要扣分、罚款，这就是一个标准。严格按照这个标准做，就是标准化。谁闯红灯都要扣分、罚款（除特殊任务车辆），这就是标准化管理。假如我们不严格执行，那么马路上的交通就会乱成一团。其实，在日常工作和生活中，标准化管理无处不在。

在我国的中小型企业尤其是驾培行业，会因为人才储备的相对不足，管理者不去执行标准化管理。每当规则被触犯的时候，点对点的沟通成为管理者常用的手段，这是为了一方面稳定员工的情绪，另一方面，管理者自我感觉这个问题被解决了。但实际结果并不是这样，这会导致：①员工努力工作，但收效甚微；②重复性的问题不断发生，从来没有被真正解决；③驾校各个部门之间缺乏协调工作的依据，没有全局观念和系统观念；④驾校缺乏对员工工作评价的尺度和标准；⑤驾校急需人才，但是人才跳槽频繁并且新人难以招聘，或招聘后没有很好地方式去培训新人、甄别人才。

最后的结果是，驾校管理者不停地在重复处理个案问题，管理者成了“救火队员”，每天都在应付各种突发事件，无法很好地完成本职工作，整个团队在前进的过程中显得无力。所以，标准化管理在一个企业中是必须存在和实施的。只有这样，才能让团队有足够的战斗力。

麦当劳、肯德基、星巴克等国际化餐饮公司之所以分店遍布全球，奥妙之一就是其具有生成和复制内部标准化的能力，其表现在工艺标准化、程序标准化、作业标准化以及服务标准化等，把人的行为和意识巧妙地嵌入标准之内，形成独一无二的核心基因。

所以说，不管现代管理如何演化，概念如何时髦翻新，其根本内核依然是做好标准。

（三）驾培行业标准化管理的意义

驾培行业是劳动密集型行业，提供给消费者的是无形的服务，不是具体的有形“产品”。作为服务行业，最重要的就是人，“服务”是通过人去提供的。

如果没有标准，做出来的服务就是千差万别的。标准化就是用来控制最低服务标准的，以确保最低服务质量，当标准化要求越高的时候，消费者对驾校品牌的认知才越高。

下面举例说明标准化管理在驾培行业的意义。

有一个校长咨询说：驾校里科目三的教练员“吃拿卡要”现象还是存在，科目二因为在场地能看得见所以还好。问有没有什么办法来解决科目三“吃拿卡要”的现象？

笔者反问他三个问题：第一，“吃拿卡要”有惩罚措施吗？第二，“吃拿卡要”惩罚措施合理吗？第三，执行了吗？

无制度，不管理。这是驾培行业普遍存在的一种现象，很多驾校做到了标准、标准化，但是没做到标准化管理。

为什么不执行？因为驾校缺乏对教练培训、培养的标准。一旦业绩还不错的教练触犯规则，驾校不执行惩罚标准后，制定的标准就是一纸空文了。

这也从侧面反映出很多驾校的共性问题，为什么总感觉驾校被教练“绑架”了？这就延伸出另一种标准化管理，就是人才引进培养的标准化管理。通过案例1发现，标准、标准化、标准化管理是递进的关系，如果不做到标准化管理，制定标准就没有意义。同时，标准化管理并不是单一存在的，它是系统性的工程，必须成为一个可循环系统。

案例1

某城市的A驾校校长来壹鹿驾校交流，该驾校本身招生很不错，在当地也比较知名，但是在讨论交流之后该校长发现壹鹿驾校的教练招生数量和他们驾校的招生数量总量相同，但区别很大（见表1）。

表1 驾校教练招生人数

单位：人

壹鹿驾校一个月招生数量		A驾校一个月招生数量	
A教练	25	甲教练	47
B教练	23	乙教练	32
C教练	19	丙教练	12
D教练	19	丁教练	5
E教练	18	戊教练	3
F教练	16	已教练	0
总　计	101	总　计	99

从表1可以看出，虽然总计差不多，但是A驾校每个教练招生的数量差距非常大，排名靠前的几个教练占据了接近80%的份额。

这其实是很多驾校普遍存在的问题，为什么会这样？就是在业务开展上没有实现标准化、流程化，只靠个体自主意识去提供服务，这导致了两极分化严重，也会导致消费者只记住教练的名字，记不住驾校。头部教练一旦离开，对驾校的伤害就特别大。

标准化管理在驾培行业中非常重要，只有驾校实行标准化管理，才能降低驾校对头部教练的依赖。

二 驾培行业标准化管理的应用和探索

汇总一下驾校存在的问题，如前面的描述可知有以下三点：第一，总感觉被教练“绑架”了；第二，教练招生，两极分化非常严重；第三，教练员难管，执行力差。

这三个问题，都暴露了背后缺乏标准化管理的问题，在这里讨论一下解决办法。

（一）员工培训标准化，加强新员工入职引导

为何驾校有被教练“绑架”的感觉？这其实更多的是驾校的原因，其没有给员工赋能，使业绩的产生都是个体自主意识提供服务的结果。服务的好坏，完全取决于个体。

这背后就是因为驾校缺乏标准化体系，新员工不能胜任岗位，老员工缺乏压力，企业变得固化。

案例 2 趣学车驾校的培训标准化流程

趣学车驾校的培训标准化内容见表 2。

表 2 趣学车驾校的培训标准化内容

培训主题	培训内容	时长（分钟）
走进趣学车	企业介绍——走进趣学车	45
趣学车文化	企业文化——趣学车文化	
科目零	科目零概念及安全意识宣导（盲区、速度、经纬、风险预判）+ 案例	30
驾校各岗位职责说明	管理人员、服务人员、教练岗位范畴、核心重点工作	

续表

培训主题	培训内容	时长（分钟）
接待礼仪	目光、手势、坐姿、站姿、走姿	30
着装规范	着装要求、仪容仪表（工服 & 无工服）	
服务用语	电话服务用语、面谈服务场景、服务用语	30
场地及车辆规范	场地卫生、车辆卫生、车辆使用标准	
教学规范	教学流程、考试内容	40
安全规范	安全生产责任法、教学安全	
客户投诉应急预案	投诉处理流程、投诉产生原因、如何预防、减少投诉	30
良好心态	良好的心态调整	

从表 2 可以看出，通过对新人的培训，员工对公司就有一个基本的概念了。那么接下来，要做的就是教练员的进阶培训。新入职教练员培训内容见表 3。

表 3　新入职教练员培训内容

类别	课程名称	培训内容
作风培养	军训	引导教练员的服从、统一、纪律意识
心态建设	走进趣学车	企业介绍、企业文化、团队意识导入
	教练员的社会责任及道德	我国汽车社会的现状与当前交通形势，教练员工作与道路交通的关系，教练员责任与义务等
	教练员职业生涯规划	帮助教练员指定职业生涯规划
	服务意识	教练员等的心态建设，情绪管理，服务意识，服务行为引导
教学手法	教学心理研究	学员心理预判，因材施教，伙伴式教学风格
	教学方法	教练员常用教学手段及方法
	安全意识教学	科目一、科目二、科目三触发事件防控，教学风险认知与防控
	不同类型的学员沟通	不同类型 / 性格 / 年龄 / 吸收能力的学员教学行为及特点话题导入，学员情绪疏导
	创新培训方式，学习能力培养	创新培训的方式，学习能力的培养

续表

类别	课程名称	培训内容
驾驶及教学要求	道路交通法律法规	道路交通法律法规规范与解读
	汽车驾驶规范化教学	汽车驾驶规范化教学（科目一、科目二、科目三）
	应急突发事件处理	道路行车时应急突发事件处理、现场保护、伤员救护、事故处理案例、小故障检修
技能/技巧	如何提高通过率	考试重点清晰，理论清晰，结合实际教学，如何提高科目二、科目三通过率
	汽车技术/节能环保	更好地了解汽车硬件及规律，节能环保
	服务端学员转介绍	学员转为介绍的场景、话术、方法、分享

虽然这里没有分享出具体内容，但可以看到，通过教练员岗位进阶的标准化学习，最后实现标准化管理。

写出来的都要做到，做到的都要写出来，这就是新员工入职培训的意义。如果按照这个标准化管理去执行，一定能解决被教练员“绑架”的问题。

（二）招生流程标准化，降低对员工能力的要求

为什么教练员招生两极分化严重？最直接的原因就是没有将业务流程标准化，导致教练员招生数据参差不齐。新员工的入职培训解决了岗位胜任力的问题，那么将业务流程标准化就是将可行的方法快速复制。

案例 3　壹鹿驾校的转介绍操作标准

标准的制定不是驾校觉得该如何做，而是应当从消费者的角度出发，考虑如何做好服务。表 4 中的内容是壹鹿驾校任何新老教练员都会对每一名学员重复培训的内容。

表 4　驾校标准化作业内容

约车管理规范	①自我介绍 ②约车方式方法 ③交通介绍	制定适用于自己驾校的具体执行细则
教学接待管理规范	①初次见面时再次自我介绍 ②场地基础设施介绍 ③学习流程及练车模式介绍 ④考试介绍	制定适用于自己驾校的具体执行细则
态度管理规范	①禁用反问的语气	禁止在教学过程中使用反问语气中的“肯定形式表示否定”
	②禁用命令的语气	禁止在培训过程中使用命令的口吻和学员沟通
	③禁用不耐烦的语气	不耐烦的语气给人不舒服的感觉，就是说别人是一个麻烦，是一个问题，意思是你让我不开心。不耐烦的语气看似是妥协，其实是一种非常激进的表达，如果再加上一点敷衍，会让学员的体验更加糟糕。
车辆使用管理规范	①车辆卫生 ②车辆故障维修 ③车辆燃料管理	合理地对车辆进行管理，才能充分保障学员训练时的利益，舒适的用车体验更能带给学员愉悦感。
学时管理规范	①如何打学时 ②如何查学时 ③学时问题反馈 ④如何让学员信息对称	学时作为学员报考的重要条件，应严格执行各项规则的细则，充分保障学员的利益最大化，使其利益不受损，同时和学员保持信息对称减少学员的各种猜疑。

续表

培训管理规范	①规范化教学 ②规范化报考	制定适用于自己驾校的具体执行细则
奖惩机制规范	①奖惩类型 ②奖惩细则	规范的奖惩在约束教练员的基础上更能激发教练员的潜力，员工在乎的是表扬了谁，批评了谁，晋升了谁，处罚了谁。
客户信息管理规范	①学员信息跟进	建立适用的学员信息表，跟进好每一名学员的详细信息。
	②意向信息管理	定期规范梳理意向学员，确保意向信息的有效性。

教练员招生的主要来源是转介绍，表 4 列出的标准化作业就是转介绍的前提条件。做好转介绍同样需要制定标准（见表 5）。

表 5　转介绍的标准

日常互动	建立日常互动的规定，如需和每日参加完培训的学员有沟通，和学员建立良好的关系
表述招生任务	让学员知晓教练员有招生任务
引导学员发朋友圈	规定教练员每个周期引导学员发朋友圈的次数
把握住峰终体验	在峰终时让学员留下深刻印象，可参考将科目二、科目三考试作为时间节点
学员信息跟进	建立适用的学员信息表，跟进好每一名学员的详细信息
意向信息管理	定期规范的梳理意向学员，确保意向信息的有效性

（三）标准化管理落地，重复的事情坚持做

做了这么庞大的标准化系统工程，对驾校而言具体有哪些好处呢？总结如下三点。

1. 对员工的好处

①员工可以更容易、更轻松地工作，坚持按照正确方法做一件事，它会变得越来越容易，不是因为事情的性质变了，而是因为做事的能力增加了。

②正确的工作方法提升了个人的工作技能，不再局限于个人经验，提高了个体的工作效率。

③员工可以更快乐地工作，不断进行研究，接受新的挑战，不断解决工作中所产生的各种问题，在工作中能获得成就感。

2. 对管理者的好处

①管理者的角色归位，从原来错位的“救火队员”回归管理者和指导者的位置，更好地履行本身的工作职责。

②管理变得有序、轻松，下属各司其职，考核有标准、沟通有平台。

③管理者从繁杂的事务性工作中脱身，有更多的时间学习和思考自己负责部门的未来。通过标准化的不断改进，提升自己的管理能力和创新能力。

3. 对驾校的好处

①标准化是建立驾校品牌的最佳方法。标准化保证了驾校对外输出的服务及培训品质是稳定的，不会发生服务体验不一致的问题。

②标准化是驾校组织建设的有效工具。企业都是由小到大逐步发展起来的，发展的过程中岗位不断增多，可以把原来由管理人员处理的工作标准化。驾校逐步发展壮大，工作依旧井然有序，组织架构能轻松跟上驾校发展的脚步。

③标准化是个人优秀工作经验转化为全员生产力的有效方法。驾校招聘的人员素质参差不齐，有了标准就可将这些经验转化为标准流程，通过培训让员工能快速掌握这些好的工作方法，提升工作效率和工作成果。

④标准化是驾校信息化的前提和基础。驾校信息化的过程中，遇到的最大的障碍是员工的抗拒，很多驾校连基本的工作流程、工作标准都没有建立起来，缺乏实施信息化的基础。

通过以上论述可以看出，标准化是一个系统性的工程，涉及驾校的各个层面，对原有的管理体系和方法都有改变，并且需要经历很长的一段时间才能真正实现标准化。

有了标准，重要的是去实施。驾校应当针对标准化建立绩效考核机制，有效的监督，保障制度的执行，当员工违反制度或达到淘汰标准时，应该按照制度执行。

所有的企业，在执行标准化管理的过程中，一定是痛苦的，通常是因为：

第一，决策层（高层）标准化的意识不足；第二，经营层（中层）标准化的方法不足；第三，执行层（基层）标准化执行力不足。

管理标准化过程经历计划、执行、检查、处理四个阶段，并不断循环，每一次循环都在上一次循环的基础上进行，提升管理标准化，最终成为全员的自觉行为。

标准化管理是由上至下的管理过程，驾校高层首先要有这样的意识，然后和中层探讨学习方法，基层执行，最后驾校的工作就慢慢理顺了。

三　标准化管理在驾校成本控制的应用

成本控制是驾校标准化管理的重要环节，是现代企业经营管理的必要手段，是驾校增加利润的根本途径。目前全国驾培行业正处在转型升级阶段，行业如何开展标准化管理和成本控制也在不断摸索中。

（一）驾校成本控制的几个误区

1. 成本控制意识较为薄弱

大部分的驾校对成本控制的意识较薄弱，驾校的高层对此重视度也不高，没有认识到有效的成本控制可以降低驾校的成本，从而提高驾校的利润空间；也没有充分认识到目前的市场形势，提高学费单价难度很大，而通过优化管理，降低驾校的成本还大有潜力可挖。

2004 年《中华人民共和国道路交通安全法》实施，中国驾培行业发展从粗放型逐步走向规范型，但时至今日，全国驾校中约 80% 仍是三类驾校，规模和规范管理都与大型驾校有一定差距，特别是在财务管理上。一般驾校都会聘请会计，但有的驾校由老板或者亲戚兼职，只负责处理日常的流水，预算、决算、审计、财务分析等都没有开展实施，因为管理不善，资金链断裂，驾校倒闭，学员不能继续培训，投诉无门，造成了社会问题，极大影响了驾校的形象。

2. 缺乏成本控制的标准和体系

一般驾校只重视教学培训过程中的成本控制，标准不完善，主要以是否节约为参考，只强调如何节省费用开支，没有将成本控制与学员学时数、毕业合格率等经营指标结合，特别是没有把学员学车前的培训计划、培训成本费用的核算标准进行有效的控制和管理。

目前，大部分驾校实行的是一费制收费办法，即学员报名时交清全部学费等款项，驾校负责全程培训，直到学员学会并参加科目一、科目二、科目三的考试，合格后拿到驾驶证。有的学员报名后长期不参加培训，或者断断续续参加培训，存在较长时间不能结业的情况。学员交款时全部直接作为收入，或在学员交款的时候全部作为挂账处理，待学员结业后再转收入，这两种处理方式都不妥。

①学员交款时，培训还没有开始，成本费用、收入也没有发生，这时全部作为收入入账，没有遵循权责发生制（按收入—成本费用的会计配比原则，学费作为预收账款，然后再按每个学员科目一到科目三的考试情况再分科目结算）的原则，也违背了会计核算的谨慎性原则。

②在学员交款的时候全部作为挂账处理，待学员结业后再一次性地转入收入账户，确认收入。这种核算方法违背了企业收入确认的准则。

建议在学员交款时可以作为挂账，但根据收入和成本配比原则，随着培训开始，应该按培训进度如理论培训与操作培训的学时数、理论培训与操作培训的收费标准，结合驾校实际各科目培训成本，制定会计核算各科目合理培训的学时数，与取得科目一、科目二、科目三合格人数的情况合并计算转入收入账户。

具体来说，可以按完工百分比法来确认收入。完工百分比法，是指按照提供劳务交易的完工进度确认收入和费用的方法。因此，驾校预先收取的学费，在没有培训之前都属于预收账款，会计核算上属于负债项目。

3. 缺乏执行力度，考核标准不到位

目前大多数的驾校开始运用成本控制管理方法，比如作业成本法、目标成本法等，制定比较先进的各部分成本控制法，加强对各个成本支出的管理，但目前效果不佳，主要原因是各部门的管理者和员工没有按照具体成本控制的标准，或有了标准，没有按指定的成本控制管理法去落实，监督力度不够，缺乏执行力，缺乏奖励制度，导致员工的积极性不高。

驾校必须严格培训标准，严格控制限期，最终实现专业化经营。驾校的培训模式一般是“流水线”，即把整个培训过程，根据考试科目的划分，分成几个工序，由一个或几个教练员分阶段地对学员进行培训。

（二）驾校成本管控的实施途径

截至 2019 年底，全国各类各级机动车驾驶培训机构 19741 户，所有制形式五花八门，据有关培训机构于 2019 年底对全国 1027 户驾校进行的统计，驾校分为国有驾校、民营驾校、合资驾校三种类型，其中国有驾校数量约占 10%，民营驾校约占 85%，合资驾校约占 5%。

从经营类别上看，直营模式、承包模式、挂靠模式、混合模式、股份制模式、联合经营模式都在市场中存在。相关部门统计，全国驾校中收费形式采用一次性打包收费的占 76.3%，由此可见，驾校是现金流比较充裕的一个行业。

本文主要向大家介绍驾校直营模式经营中的成本管控，挂靠、承包模式经营的驾校，把大部分工资、油料、修理等培训成本，打包转嫁给了教练员，故而没有过多地考虑这一部分的成本开支。直营驾校与挂靠驾校、承包驾校不同，教学车辆、教练员、业务员、后勤、管理人员都直接与驾校签订劳动关系，每一个环节都涉及驾校的成本开支。直营驾校的成本构成大致分为人力资源成本（工资、福利、培训）、教学运行成本（油料、修理、保险、检验）、固定资产折旧成本（购置土地房屋折旧、场地租金、教学车辆折旧、教学设施折旧）、办公运行成本、财务成本（税收、贷款）等。

1. 对工资及福利成本的管控

驾校属于劳动密集型产业，想要提高产能就要增加教学设备，增加教练车是最直接的办法。增加教练车的同时就面临增加教练员，每一个教练员的单位产能是有限的，就算是特别优秀的教练员，受学时、精力等因素的影响，每年培训学员的数量也不过100来人，所以对于直营驾校来说，最大的成本就是人力成本。

其中，工资是驾校成本的重要组成部分，大致分为基本工资、绩效、五险、公积金、企业年金，根据企业性质的不同，缴纳的类别和比例都有不同。

驾校的员工大致分为管理人员、业务人员、教学人员，他们的基本工资和绩效，发放情况各不相同。管理人员和业务人员，大多采用基本岗位工资+考核绩效+招生奖金的模式，为了激励占驾校人员大部分的教练员，尽可能多地提高招生人数、单辆车的毕业效率，各个驾校都采取了不同形式的考核办法。

案例 4

云南昭通驾校对教练员采取单人单车考核，结合报名班类型价格不同，核定给教练员的带班费也有区别，科目二是300~400元，科目三是350~450元，每毕业一批学员结合合格率进行带班费的发放，合格率在80%以上的按全额发放，合格率在60%~80%的按80%发放，合格率在40%~60%的按60%发放。

由于全国部分地区开始了学时对接，由此造成培训成本相应增加。江西南昌白云驾校对教练员的考核根据班型不同，结算方式也不同（见表6）。

表6 江西南昌白云驾校对不同班型的不同结算方式

班型	科目	发放标准
C1普通班	科目二	400元/人
	科目三	260元/人

续表

C1 VIP 班	科目二	500 元 / 人
	科目三	360 元 / 人
C2 普通班	科目二	420 元 / 人
	科目三	280 元 / 人
C2 VIP 班 C5 班	科目二	520 元 / 人
	科目三	380 元 / 人

注：科目二合格率≧ 75% 另加 10 元 / 人，≧ 80% 另加 20 元 / 人。科目三合格率≧ 85% 另加 10 元 / 人，≧ 90% 另加 20 元 / 人。

保险方面，大部分民营驾校在 2019 年金税三期纳税人网上申报系统（以下简称“金税三期”）上线实行之前，都没有为员工购买五险，有的只购买了三险，有的一样都没买。随着金税三期的实施，税务机关利用大数据平台开展涉税风险控制，税务、工商、社保随时合并接口，企业人员、收入等相关信息互联；社保、个税申报数据将实现全面比对，一旦有异常，违规企业将成为重点稽查对象。这样一来，五险、社保就得按时缴纳。一些驾校采取合作经营的模式，把教练员发展成驾校的合伙人，通过签合伙协议，不再与教练员存在劳动雇佣关系，从培训费中与教练员分成，并在协议中约定按一定比例核转，为教练员缴纳五险等社会保障。

案例 5

甘肃新通力驾培集团对集团旗下所有教练车进行改革，教练员自购车以合伙人形式与驾校合作，在培训费中以 48% 的金额作为教练车的油料、工资、保险、社保五险等的分成，驾校不再与教练员存在劳动关系，以合约约定双方的责任、权利，并把质量考核的内容予以约定，实现考核和核算成本的最终目的。

一些发展好的驾校为员工提供了很多福利，比如河南邓州的驰诚驾校，员工可以享受驾校的体育馆健身设施等，云南昭通驾校为员工建立大病救助基金，从全年营业额中取出一定比例金额，滚动投入救助基金，对于不幸身患大病的员工，每年在医保、互助医疗等赔付补助发放后，再予以一定金额的补助，从而减轻职工负担。

2. 对员工培训费用的管控

近几年随着驾培市场竞争日益激烈，各个驾校都开始重视员工的能力提升，有的在内部组织培训，有的聘请专家对员工进行培训，有的组织员工到全国各地学习，员工的培训费用在驾校成本费用内逐渐变成一笔很大的开支。根据企业会计核算，员工培训费用大致以每月职工工资总额的 1.5% 进行计提，效益好的企业可以按 2.5% 计提。在培训中应结合企业长期发展战略、发展需求合理分配培训费用的开支，中层管理人员的培训费用比例应控制在 67%，高层管理人员培训的费用比例应控制在 20%。

3. 对教学运行成本的管控

对于直营驾校来说，所有教学工具都是自己的，包括教练车、教学模拟器等，教练车作为驾校最重要的教学工具，也是最难管控的。

放眼中国的驾校，教练车五花八门，有一汽大众的捷达、上海大众的桑塔纳、东风雪铁龙的爱丽舍，还有北汽、五菱等车型。在教练车的使用中，油料和修理占很大一部分，有的驾校雇专人对油料、修理进行追踪管理，凭经验来控制，但时间长了容易滋生岗位腐败。定点维修是业内通用的做法，也有驾校将修理、保险、二级维护等项目承包给使用教练车的教练员，这也是节省管理成本的做法。

4. 对场地购置折旧及租金的管控

现在中国大部分驾校的训练场地都是租用的，受国土部门驾培用地不能供地的政策的影响，自己购置场地的驾校只占少数。

自有土地在全国很多地区都要按年缴纳土地使用税，房产税等，而场地及办公场所租赁费用，要取得专用发票才能进行进项抵扣。要取得专用发票，需增加一定的成本才能行，目前大多数房东都是小规模纳税人或者个体户，由于小规模纳税人不能使用增值税专用发票（住宿业、建筑业、鉴证咨询业等试点小规模纳税人自行开具增值税专用发票的行业除外），如需开具专用发票，还需携带合同代开发票并支付税金，税率在9%左右。

5. 对财务成本的管控

控制好财务成本，合理安排资金，使企业资金利用率最大化，合理、合法节约税收成本，是今后驾校的必经之路。

税收是财务成本中的一个重要项目，它涉及企业增值税、城市建设税、教育附加税以及企业所得税，自有土地房屋的驾校可能涉及土地使用税、房产税，个人部分还涉及个人所得税，每个地方税务部门的要求略有差异，但大致内容相同。

根据年纳税金额来划分，有小规模纳税人和一般纳税人，小规模纳税人税务核算方法比较简单，采取核定征收模式，而且相关所得税的征收比例相对较低。对驾校来说，短期的管理成本也相对较低，但如果驾校经营已经有了年头，培训规模也逐年稳中有升，小规模纳税人可能就不太适合了。如果年收入在500万元以内，增值税就要按照营业额的3%进行缴纳。

受2020年新冠肺炎疫情的影响，根据中国交通运输协会驾驶培训分会于2020年2月对全国驾校所做的调研结果，现有资金能够支撑驾校运营一个月的占41%，能够支撑驾校运营两个月的占25%。

湖南省长沙某驾校，2019年底刚扩张两个新校区，每月租金高达30余万元，受新冠肺炎疫情影响，现金流非常紧张，经营压力巨大。

新冠肺炎疫情暴发后，国家为支持实体经济尽快复工复产，相继出台了多项支持举措，涵盖了企业经营的各个方面，这里为大家梳理一下对驾校利好的政策。1~5月对增值税进行减免，由原来的3%调整到1%，驾校可以把原有的应缴纳税额的部分调整到这个时间段来缴纳，这可以节约很大一部分成本。基本养老保险、失业保险、工伤保险，中小微企业可以免交2~6月共五个月的费用，社会保险可以推迟缴纳，时间大约为6个月，且免缴滞纳金。

失业保险可以申请稳岗补助，对于未裁员或裁员比例低于失业率的企业，按照失业保险缴纳数量可以获得一定金额的稳岗补助。

在贷款方面，很多银行都出台了相应的支持政策，从流动资金等方面给予驾校资金支持，年利率在4.55%左右，低于基本利率。

（三）加强驾校成本管控的建议

驾校成本管理工作，直接关系着驾校的生存和发展，因此加强驾校成本管理是一项重要的时代任务。

1. 转变管理理念，实行全员管理

随着驾培市场恶性竞争的加剧，驾校获利空间一再压缩，这就要求驾校管理人员改变传统的成本管理理念和手段，着眼于更具竞争优势的战略成本管理，从注重事后成本核算转向事前成本的管理和控制。

驾校成本管控必须与驾校发展战略和标准化管理结合起来，以培训学员为成本管理导向，以价值链分析和流程优化为基础，以提升驾校市场竞争力的总成本管理为目标，通过优化驾校成本提高驾校竞争优势。

驾校成本涉及招生宣传、学员报名、学员培训、学员考试、驾照取证等多个环节，所以要提升驾校成本管理工作能力，就必须实行全员成本管理，即发动驾校全体工作人员共同对成本进行管理和控制。

2. 制定每项成本支出标准，降低可控成本

驾校的成本包括直接成本和间接成本，驾校的成本除了固定资产折旧之外，其他主要运营成本包括驾校管理人员及教练员的工资福利和各种保险、培训学员在培训过程中使用教练车的燃油费用，还有教练车修理费、教练车保险费、教练车审验费、税费（增值税、所得税等）、场地维修费、招生宣传费、教学耗材费、办公费、水电费及日常运营费用等。

这些成本涉及面广，每一项都必须有精确的核算标准，需要驾校结合实际情况，逐步建立起科学、完善、可持续优化的精细化管理制度体系。重点抓好燃油费用等成本费用的现场管理工作，对一些可变成本要细分管理项，明确管理重点，关注管理难点，保证管理效果。在燃油费用等成本的控制上，要精确推进定额管理、目标管理、预算管理和责任管理。

3. 提升教学质量，减少重复培训

很多没有一次性通过科目二、科目三考试的学员，不得不再次回到驾校重新学习，因为重复培训的人数和频率的增加，培训成本费用比例不断升高。

如果学员的考试合格率低，则学员返校的重新培训率就会变高，这无疑会增大驾校的运营成本。针对这个问题，驾校应该科学设计和安排训练流程，梳理标准化教学流程，加大考核力度，与教练签订培训质量责任书，提高教练的责任心，进一步提高培训质量，提高学员的考试通过率。教学管理人员要根据培训学员的具体情况和特点，合理安排并动态调整学员的培训频率，提高培训效率。针对年龄大的学员，应该有针对性地采取特殊的教学方法，例如情景教学、模拟教学、模拟考试等培训方法，努力提高培训的质量。针对一些心理素质差的学员，要有针对性地开展考前心理辅导。建立教练员收入与学员培训合格率挂钩的激励机制，让教练员自觉提升教学服务质量。

总而言之，驾校做好标准化管理和成本管控，是个漫长的发展过程，是驾培行业精细化管理和高质量发展的必由之路，值得驾培行业从业者相互学习借鉴。

B.12 驾校文化建设与价值观营销

李 茜　李珠峰*

摘　要：团队靠目标驱动，组织靠使命愿景和价值观驱动。本报告在分析企业文化概念、内容的基础上，分析了驾培行业的企业文化发展情况以及驾培行业开展企业文化体系建设的必要性，具体包括驾校内部变革需要企业文化体系的支持、行业从业人员综合素质需要提升、优质的驾培服务来源于企业文化理念、驾校建立品牌的需要。驾培行业核心价值观的塑造有利于提高员工的职业素养；吸引到志同道合的人才；营造团队氛围，进行场域维护；促进团队的学习与成长。

关键词：企业文化　核心价值观　文化魅力　生存发展

一　企业文化

企业文化包含非常多的内容，究其根本是价值观的问题，企业价值观指的是企业在经营过程中推崇的基本信念和奉行的目标，是企业绝大多数成员共有的关于企业意义的终极判断，是企业文化的核心，也是基石。对于任何一个企业而言，只有当企业内绝大部分员工的个人价值观趋同时，整个企业的价值观才可能形成。

* 李茜，河南省驾培行业协会会长、驰诚集团总经理、华中科技大学工商管理硕士研究生，研究方向为机动车驾驶人培训管理；李珠峰，趣学车安全驾驶研究院研究员、趣学车人力行政部负责人，研究方向为驾校人力资源。

（一）企业文化的国内外发展

近几十年以来，随着社会生产生活水平越来越高，人们的受教育水平也在不断提高，西方管理学界早就意识到员工是需要被认可、被尊重、被鼓励的，除了机械式的管理制度外，更需要一个大家都认同的价值观，把所有的人凝聚到一起，造就一个基业长青的企业。

近十年来，西方很多老牌的企业坚守企业文化理念，一方面坚持自己的核心理念，另一方面升级自己的管理体系和组织。吉姆·柯林斯在《基业长青》一书中指出，所有的高瞻远瞩的公司坚持永远不变和应时而变，对应的是恪守核心价值观和核心目标，不断改变运营方式和策略。

随着互联网时代的到来，美国硅谷中几乎所有互联网公司都有非常鲜明和独特的企业文化，吸引和凝聚了大批的优秀科技人才，创造了许多商业奇迹。

我国改革开放以后，在20世纪80年代中期从日本引入了《Z理论》及《日本的管理艺术》两本企业文化名著，正式开始研究建立现代企业文化体系，包括海尔、格力、联想、华为、阿里等一系列公司通过树立企业文化建立起了自己的核心竞争力，并在各自的领域做到了行业顶尖。

（二）驾培行业的企业文化发展

随着驾培行业市场化的进程加快，越来越多的驾校经营者开始思考如何降本增效，树立品牌，打造差异化竞争策略，对于驾培这样的培训行业来讲，核心产品就是服务，而服务是需通过员工来提供的，所以如何通过企业文化的建设来提高员工的综合服务能力，成为驾校最核心的能力。

案例1　驰诚“军人”文化

河南邓州驰诚驾校2019年招生34297人（见图1），实现2.6亿元的收入，成为全国驰名的品牌驾校。

通过对河南邓州驰诚驾校教练员构成分析，其共有教练员625名，大车

图 1　河南邓州驰诚驾校招生数据

教练员 336 名，部队司训大队复原人员占 80%，面向各大运输公司招聘人员占 10%，其余 10% 为自培的教练员（送往部队的司训大队集中培训三个月），平均年龄 28~45 岁。小车教练员 289 名，平均年龄 26~40 岁，交通类本专科院校占比 32%；5~8 年军龄的士官占比 65%。教练员整体素质高，对教练员工作有崇高的职业荣誉感，保持着军人的素养，价值观鲜明、纪律严明、执行力强。我们可以得到一个结论，军人较高的政治和专业能力素养是河南邓州驰诚驾校的企业文化灵魂所在。

案例 2　趣学车的战争文化、铁军文化与背后的家文化

在趣学车，战争文化、铁军文化（图 2 为这两种文化在趣学车的体现）是业务发展的根本驱动力。战争文化和铁军文化可以激发自身潜能，在竞争过程中有利于个体潜力的发挥，竞争中的成功者可以增强信心，树立更高的奋斗目标，而竞争中的失败者可以通过总结经验，调整目标与行动方式，为进一步取胜打好基础。

员工之间通过“战争”中的 PK 展开竞争，增强信心和友谊。统一思想，减少一些假大空的想法，员工的能力高低淋漓展现出来，高下立判，有利于帮管理者提供判断依据，反对大锅饭，以奋斗者为本，能者上，庸者下，唯

图 2　战争文化、铁军文化的体现

才是举，形成公平公正的环境与共识。

同时战争文化、铁军文化的背后，还有家文化。趣学车的家文化是指让每一个员工后面的家庭，都能够支持企业。为什么要有家文化？因为家人的理解和支持是每一个创业者最重要的后盾力量。

二　驾培行业开展企业文化体系建设的必要性

（一）驾校内部变革需要企业文化体系的支持

驾培行业现在面临前所未有的挑战，这些挑战来自三个方面：第一，来自客户的变化，学员总量在逐渐降低，供需关系发生了明显变化，学员个性化需求在不断上涨，学员的需求更加有层次化和复杂化；第二，来自驾校内部，长期的经营惯性导致内部管理机制老化，没有改革的基因，虽然有改革的动力，但总是无从下手，无疾而终；第三，来自外部政策环境的变化，随着驾培政策的不断改革，整个行业越来越市场化和公开化，倒逼所有的驾校进行实质的改革才能在新的环境中生存下去。

每一个驾校都是一个企业，想在这样的挑战环境中生存下去，最需要的是组织变革，提高效率，建立壁垒。所有的组织变革底层最需要的是思想的变革，因为只有思想的变革才能驱动组织和业务进行变革，所以建立一个企业文化体系是每一个驾校都应该去思考和推进的关键事项。

（二）行业从业人员综合素质需要提升

驾培行业的基础较薄弱，高素质人才较少，从我国驾培行业的发展过程来看，一方面，很多驾校是由行政机构转变而来，由于后期发展快速，从业人员数量快速增长，没有经过充分的培训，而且对于从业人员专业技能的要求不是很高，所以整体基层从业人员的学历和综合素质不是太高，大部分从业人员的学历是高中。另一方面，驾培行业作为一个有过百万从业人员的行业，其实并没有专门的教育机构或学校专门为行业培养专业人才，导致行业内人才都是来自自己学习或自我培养，无法得到专业的培养和人才的输送。最后由于驾培行业的局限性，高素质员工的升迁机制和上升空间有限，也在一定程度上影响和制约了整个行业员工的整体素质和服务水平。

正是因为从业人员的综合素质偏低，我们更需要企业文化体系的支撑，企业文化针对的就是企业在自驱力不足，且没有流程、制度规范的时候，给予员工解决问题的思路，按照企业文化价值观做事，最大限度地提高员工的决策力和积极性。

（三）优质的驾培服务来源于企业文化理念

驾校的核心价值来自驾校为学员提供的优质服务。市场上常见的产品性企业为顾客提供的是有形产品，生产和消费通常是分离的，而驾校提供的是无形产品，服务的过程就是生产产品的过程。服务提供的过程和生产有形产品的过程相比往往有更强的随机性，更取决于提供服务的人本身，很难通过强流程管控来对质量进行管理和把控，所以对于像驾培这样以服务作为主要产品的行业来讲，相对于产品生产性企业，更需要企业文化体系的建立。

只有通过企业文化体系将服务标准、服务理念、服务效果等通过服务过程传递到学员那里，才能建立服务的品牌和壁垒。只有通过坚持不懈的企业文化的宣导，才能指导员工的服务行为，形成员工的日常习惯和服务行动，促进和提升员工的服务理念和顾客意识，形成服务导向型的意识形态。

（四）驾校建立品牌的需要

驾校之间的竞争本质上是品牌的竞争，而品牌层面上最根本的差别就是服务上的差别，是员工服务意识和能力的差别，竞争的优势来源在于服务本身的优劣和特性，而企业文化可以帮助企业建立一套优势的服务体系，让驾校在竞争中占据优势。

三　驾培行业核心价值观的塑造

（一）驾校核心价值观

驾校的核心价值观是驾校在管理经营过程中处理内外矛盾的基本准则，是对事情评判的标准，一方面可以通过价值观对团队进行筛选，找到志同道合的人加入团队；另一方面可以极大地提高工作效率，有同样价值观的人在一起工作才能最大限度地发挥自己的工作能力。

一个好的驾校的核心价值观可以从以下几个方面起到积极的作用：

①能够提高员工专业技能和个人职业素养；

②能够提高团队凝聚力；

③能够提高教练员责任感和荣誉感；

④能够减少沟通成本、提高对企业的归属感和认可度；

⑤增加员工成就感。

（二）核心价值观引导员工建立起职业素养

提高教练员的教学水平，传递给教练员核心价值观，引导教练员以更加专业的态度、职业素养为学员提供培训的相关技能，同时，教练员将驾校以安全第一、学员为本等相关驾培行业的价值观传递给学员，将学员培养成为一名合格的机动车驾驶员。

案例 3　趣学车驾校提升教练员专业能力

趣学车成都校区教练员通过以下标准动作，提升科目二的产出数量，极大地提高了教练员的专业能力以及学员的满意度。

①课件准备：图片、视频、音频、文档等。

课前：安排学员复习之前课程，同时预习新课。

课中：思路清晰、讲解表述流畅、多问多互动。

课后：布置简单作业，加深印象。

②提高教练员个人的教学素质：在整个教学过程中绝对不向学员吃拿卡要，而且对学员要做到使用文明礼貌用语。

③要求教练员平等对待每个学员，不能有性别和年龄等相关歧视。

图 3 是学员根据教练的讲解进行的总结。

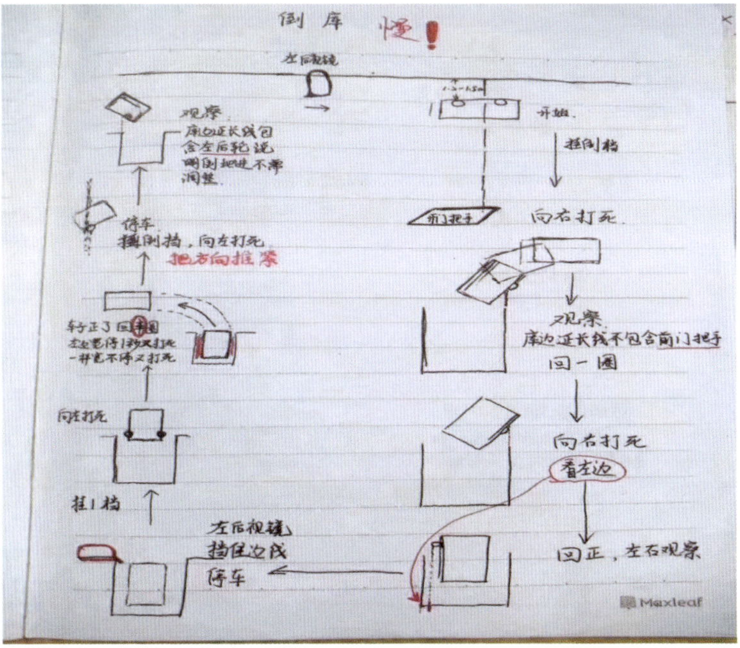

图 3　学员的总结

④员工进行自我情绪管理、心态把控。

⑤获得学员认可（图4为学员给教练员送锦旗），在教学过程中有荣誉感。

图 4　学员给教练员送锦旗

（三）核心价值观可以吸引到志同道合的人才

好的使命能鼓励人，又能吸引到优秀的人才，而价值观最主要的作用是对人才进行识别和筛选，所以价值观在面试和考核中，对于人才的筛选起到了至关重要的作用。

案例 4　趣学车的用人观

趣学车从自己的价值观总结出了一套自己的用人观，并且用这个用人理念在早期吸引了全国各地众多的优秀人才。趣学车的用人观如下：

①尊重知识，不迷信学历；

②优秀的人不一定合适，合适的人终将优秀；

③傻乎乎不相负，相信年轻人的力量。

（四）核心价值观帮助建立和用户的连接

核心价值观中一般都会有为用户创造价值的部分，通过这条核心价值观，员工可以用心与用户建立较强的连接。

①教学之余可以和学员在生活、学习等方面有沟通和关怀，发送生日祝福、节假日祝福。

②学员科目考试通过（发放电子版奖状）、拿证、拿证周年日等时机发送祝福。

③与学员日常在朋友圈、空间动态等进行互动。

（五）核心价值观可以营造团队氛围，进行场域维护

①积极参会：早晚会、周会、月会、团队拓展、誓师大会等。

②形象管理：着装发型、打造个人 IP。

团队中的每一个个体都需要把团队目标与自我工作紧密地结合起来，这样就要求每个个体与时俱进，跟随团队的节奏、个体的成长来促进团队的提升。

案例 5　郸城职专驾校的团队成长方案

郸城职专驾校是从以下十几个方面来促进团队成长的：① 文化墙；② 荣誉墙；③ 目标墙；④ 英雄墙；⑤ 形象墙；⑥ 外出培训；⑦ 早朗读；⑧ 成长日志；⑨ 学习分享；⑩ 演讲比赛；⑪ 红地毯；⑫ 专属荣誉；⑬ 拓展；⑭ 晋升；⑮ 才艺展示。

以着装为例，从形象文化来看，教练员着装整体统一起来，给客户的感觉都是舒服的，团队如果着装干净整洁，成交率就可能会提高，对外给客户呈现的是比较正规、干净、整洁的团队形象，对内它是一种约束，提高自身的纪律性，还有自信心，从而达到企业和员工的共同成长。图5是着装整齐的教练员。

团队拓展（见图6）。其实每一次拓展，都在无形中凝聚了团队的向心力、积极性，以及克服困难的决心和信心，帮助参加者来认识自我，激发个

图 5　教练员整齐着装

人的潜能，客观地进行自我的定位，还有增强员工的自信心，克服心理惰性，磨炼战胜困难的毅力，客观面对工作和生活的挑战等。

团队建设活动：生活团建（聚餐、自助烧烤等）、思想团建（裸心会、批评与自我批评）。

案例 6　重庆鼎吉驾校的军旅主题文化

重庆鼎吉驾校的核心价值观：牢记使命、服从指挥、敢打必胜。企业精神：绝对服从、荣辱与共、初心不忘、方得始终。企业理念：让学员愉快地实现驾驶梦，让员工开心地实现家庭梦。

该校教练员整体素质高，对教练员工作有崇高的职业荣誉感，延续了军

图6 团队拓展

人的素养，他们的价值观鲜明，纪律严明，执行力强，不论招生还是产出，质量都非常高。

（六）核心价值观促进团队的学习与成长

①技能提高：教练员团队进行教学方法分析、讨论与总结，通过率高产出高说明其方法有可取之处，取长补短、提高专业技能。

②互联网软件使用学习：微信、抖音、快手等。

③看书学习、参加培训、述职总结。

④户外拓展、出国旅游等。

案例 7　河南邓州驰诚驾校团队学习

河南邓州驰诚驾校的团队学习，通过以下方式进行。

1. 内部标杆学习

在驾校内部形成相互学习的氛围，让员工彼此相互欣赏和合作，最大限度地消除部门与部门之间的隔阂。最终达到的目的是通过充分的信息共享，实现高效率的沟通。图 7 为驾校团队在进行分享。

图 7　团队分享

2. 外部标杆学习

学习对象：向最好的企业学习，比如学习联想的管理、海尔的品质、华为的企业精神、戴尔的市场观、日本企业的安全意识培训等。

学习方向：向竞争对手学习，为自己的企业找到一个竞争对手，促进企业向上的活力。

四　如何塑造驾校企业文化

在塑造企业文化、树立企业价值观的过程中，要考虑以下几个方面。

（一）塑造企业文化的方式

①社会生产方式、人们生活方式的变化和进步，必然导致人们生产、生活行为的变化。所以要根据社会发展趋势和文化的演变渐进，结合驾校的发展目标建立、塑造企业文化模式。

②根据企业外部客观环境和内部现实条件，要形成企业的共性和个性文化。各企业在自然资源、经济基础、人员构成等方面存在差异，客观上会产生和要求不同的文化特点。例如投资大、见效慢、风险性较大的企业，需要深思熟虑、严谨的态度和作风，而生产生活消费品的企业则要根据市场的变化做出反应，要求灵活、机敏的作风。

③重视企业的个性发展。一个企业的文化个性，是这个企业在文化上与其他企业不同的特性。国内外的优秀企业，都是具有鲜明的文化个性的企业。因此，企业文化建设首先要搞清楚企业的特质，发挥本企业及其文化素质的某种优势，在自己经验基础上发展本企业的文化个性。

（二）强化并落实企业文化，持之以恒

驾校员工的价值观、信条、口号、作风、习俗、礼仪等文化要素，是持续进行积极强化的产物。在驾校发展过程中需要对员工行为给予持续积极的强化。企业文化建设应是驾校的长期行为，由组织的一部分人创造、倡导到传播给组织的每个团体，再由一个个团体传播给每一位员工，让企业文化在驾校发展中，真正生根、开花、结果，这是一个长期的过程。

教练员管理篇

B.13 机动车驾驶教练员资质与资格管理研究

熊燕舞　张绵绵 *

摘　要：本报告通过分析我国机动车驾驶教练员从业资格管理、职业技能鉴定的发展历程，剖析和探讨目前管理现状与弊端，提出岗前培训缺失、继续教育造假、培训内容粗糙、监督管理匮乏等问题，以美国、英国、德国教练员从业资格体系为鉴，提出优化培训管理体系、完善从业资格管理、制定教练员从业团体标准以及强化教练员授课能力、规范化教学和服务的对策等思考建议。

关键词：驾驶培训　教练员　从业资格　职业技能鉴定

人们常说，驾驶员培训是保障道路交通安全的守护神，教练员是驾驶技

---

* 熊燕舞，中国交通运输协会驾驶培训分会副秘书长、交通运输部科学研究院交科传媒首席研究员、高级工程师，研究方向为驾培、客运、物流；张绵绵，郑州驾萌企业管理咨询有限公司高级研究员。

能的传授者，安全驾驶习惯的引路人，是培养安全意识强、有文明理念的启蒙者和主力军，是落实驾驶员素质教育的实践者，其重要性不言而喻。

没有高素质的教练员，就没有高质量的驾驶员。没有负到责任的教练员管理体制，就没有蓬勃发展的机动车驾驶培训行业。目前，缺乏从业资格管控的具有特殊意义的教练员队伍，面临着管理上的诸多尴尬。

与人民教师做个简单的比较，教师上岗需要教师资格证，这是教育行业从业的许可条件，在管理上要五年一审，参加统一考试等通过系列测评后才能获得，幼儿园、小学、初级中学、高级中学、中等专业学校、技工学校、职业高级中学、高等学校教师等无一例外。

国外发达国家均十分重视教练员的培养，建立了比较完善的教练员培训体系。我国经历多年的实践探索，初步形成了以非职业教育为核心的教练员培训体系，但由于体系的不完整，在一定程度上制约了我国教练员整体素质的提升，间接对我国道路交通安全产生了不良影响。

一　国内教练员职业的形成

新中国成立前，汽车驾驶执照已经出现了，但学员稀缺，没有形成驾校的条件。学习驾驶技术，只能向老司机拜师学习，按照传统习俗，行大礼、三拜九叩，方能学习。在一些可见材料中，还可以看到请证人入座，师傅入座，徒弟由引师、保师、代师用“如意”带进现场等场景的描述。有数据显示，1949 年全国民用汽车保有量只有 5.09 万辆。①

从新中国成立到 1979 年这段时期，呈现的是一种非职业培训发展的模式。个人购车寥寥无几，国家道路运输与单位使用才是购车的主要阵地。要求学习驾驶的人员基本上是职业驾驶员，培训场所一般是交通技工学校，参加驾驶培训的名额完全靠分配，且都是单位定向培养，有资格签订“师徒合同”学习驾驶的人少之又少，学习周期长达两年多，考证后跟车实习，属于

① 《“机动车驾驶培训教练员”新职业建议报告》，交通部职业技能鉴定指导中心，2008。

交通内部非典型的职业培训。

十一届三中全会吹响改革号角之后，国内的经济腾飞，汽车保有量逐年增多，驾校开始进入人们的视线，驾驶培训开始有了市场化的趋势，机动车驾驶培训教练员开始有了职业化的倾向。

1988 年 3 月国务院发布《中华人民共和国道路交通管理条例》，放开了机动车驾驶的身份限制，允许私人学习报考机动车驾驶执照。1993 年 11 月，国务院明确了交通与公安的分工，交通部门开始整顿治理全国驾驶培训市场。但驾校发展依然缓慢，教练员队伍依然没有形成，驾驶员培训的市场化、机动车驾驶培训教练员工作的职业化受到阻碍。

当时，机动车驾驶培训教练员没有学历要求，没有驾龄限制，只要有驾照就可以从事教练员工作。直到 20 世纪 80 年代末，对教练员驾龄开始有 2 年的限制，并要求高中学历，其准教兼容范围与机动车驾驶证的准驾兼容范围相同。即具有 A 证的可以准教 B、C，具有 B 证的可以准教 C，具有 C 证的只准教 C。当时录取机动车驾驶培训教练员的考试科目、内容与初学驾驶员考试完全相同。

1989 年公安部颁布实施的《机动车驾驶员培训学校（班）管理办法》明确教练员实行教练员证资格管理，准备从事教练员工作的人员，经过第三方培训机构的短期培训后，即可报名参加行业管理部门的从业资格考试，考试通过后发放教练员证。

1995 年 3 月 27 日交通部下发的《汽车驾驶员培训行业管理办法》（交公路发〔1995〕246 号）指出，驾驶操作教练员须持有《中华人民共和国机动车驾驶证》和中级以上技术等级证书；具有高中以上文化程度和机动车驾驶基本理论知识和教学能力。当时，驾校管控力度偏弱，驾校与教练员数量均偏少，此管理办法并未得到有效实施。

2004 年《中华人民共和国道路交通安全法》实施，驾培行业的管理逐渐细化，其中第二十条规定：“机动车的驾驶培训实行社会化，由交通主管部门对驾驶培训学校、驾驶培训班实行资格管理。”

同年，《中华人民共和国道路运输条例》颁布实施，《机动车驾驶培训机构资格条件》（JT/T 433—2004）对机动车驾驶培训教练员条件提出了新的要求。

根据《国务院关于第三批取消和调整行政审批项目的决定》（国发〔2004〕16号）和全国道路交通安全工作部际联席会议第一次会议审议通过的《预防道路交通事故“五整顿”“三加强”实施意见》等有关法律和文件精神，交通部于2004年11月12日发布《关于公布交通部经国务院批准取消和调整以及依法继续实施的行政许可项目的通知》（交体法发〔2004〕633号），教练员资格管理纳入国务院决定改变管理方式的交通行政审批项目，对机动车驾驶培训教练员采取资格考试发证方式的资格认定，资格考试实行全国统一，由交通部负责制定全国统一的机动车驾驶培训教练员考试大纲、考试题库、考核标准，制定机动车驾驶培训教练员考试工作规范和考试程序，规范教练员考试工作。

于是，机动车驾驶培训教练员资格考试作为省级道路运输管理机构实施的一种具体行政行为而出现。根据《中华人民共和国行政许可法》第十二条关于可以设定行政许可的事项（三）规定，由于机动车驾驶培训教练员所从事的职业和工作直接关系道路交通安全等公共利益，从事这些行业具备特殊技能，须通过国家统一考试，考试合格后，核发相应的资格证件即“机动车驾驶培训教练员证”。

《国务院关于第三批取消和调整行政审批项目的决定》（国发〔2004〕16号）规定，机动车驾驶培训教练员资格考试属于改变管理方式的交通行政审批项目，即机动车驾驶培训教练员资格由原公安机关交通管理部门实施行政许可改由交通部门实施，而交通主管部门将机动车驾驶培训教练员的资格认定工作下放给省级道路运输管理机构具体实施。省级道路运输管理机构根据交通部统一安排，每年举行两次。

2006年，我国关于教练员证行政许可法律法规先后出台了《机动车驾驶员培训管理规定》、《道路运输从业人员管理规定》（交通部令2006年第9号）和《中华人民共和国机动车驾驶培训教练员从业资格考试大纲》（交公路发〔2006〕416号）等，形成了教练员从业资格管理制度体系，机动车驾驶培训教练员工作的职业化开始在这些法律规章的土壤中茁壮成长。

其中，《机动车驾驶员培训管理规定》第十条内容如下。

（1）有与培训业务相适应的理论教练员。理论教练员应当持有机动车驾驶证，年龄不超过60周岁，具有汽车及相关专业中专以上学历或者汽车及相关专业中级以上技术职称，具有两年以上安全驾驶经历，熟练掌握道路交通安全法规、驾驶理论、机动车构造、交通安全心理学、常用伤员急救等安全驾驶知识，了解教育学、教育心理学的基本教学知识，具备编写教案、规范讲解的授课能力。理论教练员总数的80%应当经全国统一考试合格，持有中华人民共和国机动车驾驶培训教练员证。

（2）有与培训业务相适应的驾驶操作教练员。驾驶操作教练员应当持有相应的机动车驾驶证，年龄不超过60周岁，具有汽车及相关专业中专或者高中以上学历，符合一定的安全驾驶经历和相应车型驾驶经历，熟练掌握道路交通安全法规、驾驶理论、机动车构造、交通安全心理学和应急驾驶的基本知识，熟悉车辆维护和常见故障诊断、车辆环保和节约能源的有关知识，具备驾驶要领讲解、驾驶动作示范、指导驾驶的教学能力。具体要求按照行业标准《机动车驾驶培训机构资格条件》（JT/T 433—2004）相关条款的规定执行。驾驶操作教练员总数的90%应当经全国统一考试合格，持有教练员证。

根据交通部发布的《中华人民共和国机动车驾驶培训教练员从业资格考试大纲》、交通部公路司审定的机动车驾驶培训教练员指定培训教材，培训内容主要包括机动车驾驶培训教练员的职责与职业行为规范、道路交通安全与道路运输法律法规、交通安全心理学与交通事故防范、交通事故现场应急处理、教育学与教育心理学及其应用、教学手段与教学方法及规范化教学、教案编写、车辆结构与安全性能及维护、车辆安全检视与环保节能、特殊环境安全行车方法与应急驾驶、道路客货运输知识、道路危险货物运输知识等。

二　职业技能鉴定制度的形成

2006年，教练员从业资格考试启动。全行业针对机动车驾驶培训教练员的培养方式，大致按照专业对口、教学经验丰富的原则，以交通类普通高等院校或职业高等院校骨干教师为主体、以校外驾培知名专业人士为补充的指导思想，组建起一支庞大的机动车驾驶培训教练员培训教师队伍。

截至 2018 年底，我国共有教练员 91.8 万人。其中，理论教练员 5.82 万人，驾驶操作教练员 84.22 万人（见图 1），从业资格培训教练员 1.15 万人，驾驶操作教练员逐年上升，从业资格培训教练员保持平稳，理论教练员先升后降，较好地支撑了机动车驾驶培训行业的发展。

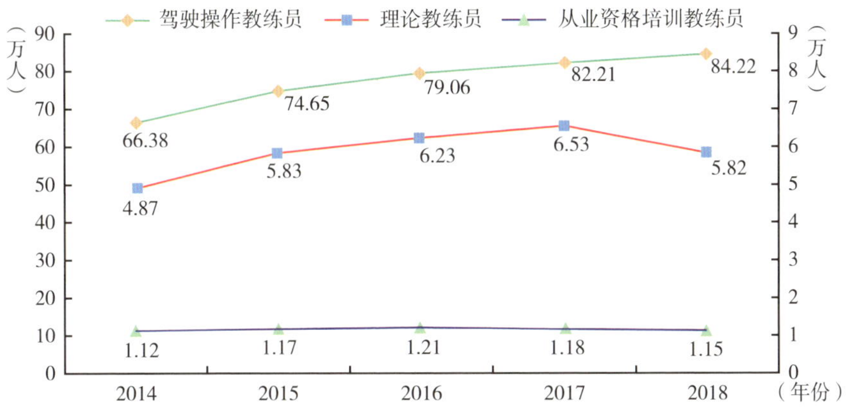

图 1 我国近 5 年的各类教练员数量变化趋势

从业资格考试 2006 年起步，由于这项考试是进入教练员行业的门槛，考察的是准备从事这一职业相关人员的学识、技术和能力的起点标准，所以跨过这一门槛的教练员素质、能力和水平有高有低，没有衡量的标准。2011 年，交通运输部、人力资源和社会保障部联合颁布了《机动车驾驶教练员国家职业标准》，明确将机动车驾驶教练员职业技能鉴定分为四、三、二、一共 4 个等级。[①] 五级则是从顶层设计的角度考虑了职业技能鉴定制度与从业资格的衔接。五级是取得了教练员从业资格证，就达到了职业技能鉴定五级的要求。这样的职

① 孟兴凯：《我国教练员管理和素质现状及思考》，https://mp.weixin.qq.com/s/gEAHYe6OuMzEuP28RPk2vQ，2019 年 12 月 23 日。

业技能鉴定使教练员进入这个门槛以后，如果想继续提升能力水平，而驾校想选择更加优秀的人才，就有了一个切实可行的方法。驾培行业中，一些岗位需要教练员中能力强、水平高、素质过硬的人才来从事，这样就有了很好的评价手段。

教练员的职业技能鉴定制度起步于 2011 年，2013 年正式组织实施。

2013 年 1 月 1 日起施行的《机动车驾驶培训教学与考试大纲》中明确规定："考核员由二级以上教练员担任"。由国家质量监督检验检疫总局和国家标准化管理委员会于 2013 年 12 月 31 日正式发布；从 2014 年 6 月 1 日起正式实施的《机动车驾驶员培训机构资格条件》（GB/T 30340—2013）明确提出"结业考核员应持有二级（含）以上教练员资格证，近两年的教学质量信誉考核记录均为合格以上"。

上述大纲和标准出台后，各地更加重视对教练员能力水平的培养提高，纷纷组织教练员参加职业技能鉴定工作，为行业人才评价和人才培养起到了促进作用。

根据工作需要，机动车驾驶教练员职业技能鉴定分为三大部分。一是 2011 年，组织制定并由人力资源和社会保障部和交通运输部共同发布了《机动车驾驶教练员国家职业标准》；二是组织编制了机动车驾驶教练员的职业技能等级培训教材；三是从 2013 年开始组织实施教练员的职业技能鉴定工作。截至 2019 年底，全国 27 个省、自治区、直辖市的运输管理机构组织了等级机动车驾驶教练员综合考评工作，12.75 万余人获得了机动车驾驶教练员国家职业资格证书，一级 300 人，二级 30000 人，三级 43000 人，四级 50000 人，五级 4500 人，为保障机动车驾驶培训行业考核人员的素质提供了有力的支撑。[①]

这样，机动车驾驶培训教练员职业资格就包括两项，一项是准入类的，一项是水平评价类的。

准入类的教练员从业资格，依据《机动车驾驶员培训管理规定》设置。

---

① 作者采访交通运输部职业资格中心所得数据。

规定明确，教练员分为理论教练员和驾驶操作教练员，教练员总数的一定比例应经全国统一考试合格。考试每年举行两次，由省级道路运输管理机构组织实施并颁发教练员证。这项资格启动比较早，各省（自治区、直辖市）基本上都在组织实施，是目前教练员队伍管理的主要手段。

水平评价类的教练员职业资格，指的是机动车驾驶教练员职业技能鉴定，由人力资源和社会保障部颁发国家职业资格证书，分为四、三、二、一 4 个等级，分别对应中级工、高级工、技师和高级技师。其实施过程是由交通运输部、人力资源和社会保障部依据《中华人民共和国职业分类大典》，编制《机动车驾驶教练员国家职业标准》，开展职业技能鉴定，具体工作由人力资源和社会保障部授权交通运输部职业资格管理中心负责。

三　教练员从业资格的重大改变

自 2014 年以来，国务院先后分批取消了 434 项职业资格许可和认定事项，占国务院部门设置的职业资格许可和认定事项的 70% 以上，彰显了政府部门简政放权、转变职能、改变重许可轻监管的决心和力度。[①]

2016 年 2 月 3 日，国务院公布了《关于第二批取消 152 项中央指定地方实施行政审批事项的决定》（国发〔2016〕9 号），文件明确：取消机动车驾驶培训教练员从业资格证认定。文件公布后，在行业引起了巨大反响。

随后，交通运输部的《机动车驾驶员培训管理规定》《道路运输从业人员管理规定》等相关的行业管理法规进行相应的调整，取消了教练员从业资格考试和管理的相关规定和要求。自此，在我国实施十年的教练员从业资格管理制度终结，仅留下“培训机构可以根据自身需求择优聘用所需教练员”的绝唱。

2015 年，国办发〔2015〕88 号文件对机动车驾驶培训行业的重大改革进行了部署。2016 年 2 月，公安部、交通运输部印发了《关于做好机动车

① 《总理力推，国务院已取消 434 项职业资格！》，中国政府网，http://www.gov.cn/xinwen/2017-02/21/content_5169530.htm，2017 年 2 月 21 日。

驾驶人培训考试制度改革工作的通知》(公交管〔2016〕50号),细化了改革措施和任务。这次改革涉及很多方面,教练员队伍管理也是其中的重要内容之一。在这样的大背景下,国务院公布取消机动车驾驶培训教练员从业资格证认定,实际上是改革任务的一部分。

简政放权、转变职能,清理职业资格,究竟是怎么回事呢?

职业资格证书是国家对从事某一职业所必备的学识、技术和能力的鉴定证明,是世界各国基本上普遍采用的制度。1993年,党的十四届三中全会提出"实行学历文凭和职业资格两种证书制度"的要求。1994年,我国开始建立职业资格证书制度。

之后的清理职业资格不是废除制度,恰恰相反,职业资格清理工作是为了更好地完善职业资格证书制度,使制度真正发挥促进劳动者职业健康发展、维护市场公平、保证公共安全等方面的作用。其关键在于,抛弃以考为本,让用人单位成为评价主体,形成科学评价人才体系和机制。

虽然国务院本次取消了准入类从业资格,但这与教练员队伍素质是否需要提高、是否需要加强管理是两回事,二者之间没有矛盾。

机动车驾驶员培训离不开机动车驾驶培训教练员,教练员这个职业绝对不涉及"奇葩"资格、"鸡肋"证书,在教练员从业资格取消后,教练员职业技能鉴定制度已是目前唯一合法合规的职业资格,在下一步教练员队伍管理和教练员人才评价、选拔和使用上必将发挥越来越重要的作用。

2017年9月12日,根据《人力资源和社会保障部关于公布国家职业资格目录的通知》(人社部发〔2017〕68号),共公布140项国家职业资格项目继续保留。其中涉及交通运输行业的专业技术人员职业资格有7项,技能人员职业资格有5项。机动车驾驶培训教练员国家职业资格被保留下来。

四　教练员管理:难度大,问题层出

争天下者必先争人,取市场者必先取人,驾校管理者都接受这个理念,但是苦于没有很好的抓手，使得教练员队伍素质没有得到根本改善，从业资格取消后，此问题更为突出。

目前，我国教练员培训和管理的主体均为驾校，他们自主聘用、管理、辞退理论教练员和驾驶操作教练员。即教练员从业前无须参加任何培训，在符合《机动车驾驶员培训管理规定》和驾校自身相关规定的前提下，驾校就可聘用其为教练员；驾校对聘用的教练员进行监督管理、教学评议等，且每年对教练员进行为期一周的脱岗继续教育。此外，运输管理机构对教练员进行教学质量信誉考核制度，考核教练员的教学业绩、教学质量排行、继续教育等情况；同时学员可对其教学行为和服务情况进行监督。

在各地管理教练员的体系中，基本采用了岗前培训、继续教育等手段不断提升教练员教学和服务能力，但从行业现状来看，我国教练员综合素质参差不齐，普遍存在教练员专业理论知识和驾驶技能需要进一步强化、教学指导能力和风险管控能力严重不足、综合素质还需进一步提升的问题。在没有从业资格许可之后，这些问题将更加放大。

（一）岗前教育及培训缺失

我国驾驶员培训相关的法律法规和部门规章未明确提出教练员要进行岗前教育和培训，岗前教育和培训的管理及其培训内容一直处于真空状态。因为缺乏约束，驾校往往为了节约成本，在自主聘用教练员时，放弃对教练员开展岗前培训，致使教练员缺乏必要的基本教学能力、理论与实操相结合讲解的能力、专业驾驶知识和良好的服务意识，进而影响教学培训质量与服务质量，降低学员满意率；部分对教练员进行岗前培训的驾校，由于缺乏科学的岗前培训教学大纲作为指导，岗前培训和教育的效果甚微。

（二）继续教育内容粗放、流于形式

《机动车驾驶员培训管理规定》明确，驾校要加强教练员的职业道德、驾驶新知识和新技术的再教育，每年对教练员进行至少为期一周的脱岗培训，赋予了驾校对教练员继续教育的职责。

但是，目前大多数驾校对教练员的继续教育也只是上几天课，讲授时不注重教练员职业素质、教学能力、规范服务和文明施教等内容的培训，且聘用授课的部分教师往往由于专业能力不高、知识涵盖面窄等，影响教练员继续教育的效果和质量，致使继续教育流于形式。

法规明确规定驾校要每年对教练员进行为期一周的关于职业道德、驾驶新知识和新技术等内容的脱岗培训，但没有配套细化的教练员继续教育培训内容，导致驾校在开展教练员继续教育时，缺乏宏观的教练员继续教育培训教学大纲作为指导，使得驾校难以掌握教练员继续教育的方向和培训内容的重点、难点。

（三）驾校未严格组织、管理和监督教练员培训

教练员的从业资格认定取消之后，驾校是教练员培训和管理的主体。目前对教练员的培训，驾校未严格组织、管理和监督，主体责任还需进一步有效落实。

在对教练员培训时，驾校往往从经济利益的角度出发，聘用授课费用较低的授课老师；在有教学任务时，往往安排正在参加培训的教练员进行教学；同时不重视教练员参加培训时的监督、记录与考核，许多教练员未真正参加培训，或是签到后直接早退，无法发挥督促教练员培训的作用。

（四）行业管理部门和学员对教练员培训的监督薄弱

行业管理部门和学员在教练员的培训体系中担当监督者的角色，行业管理部门监督驾校是否有效落实教练员相关的培训，学员可以监督教练员教学行为、服务意识和文明施教的具体情况，间接给驾校反映教练员哪些方面需提高。目前，行业管理部门对教练员的继续教育、岗前培训情况监管薄弱；学员也因胆小怕事、维权意识不足等对教练员教学行为、服务意识和文明施教的情况监督不足。

（五）教练员理论、教学能力、安全管控能力弱

重技能，轻理论。一般培训机构往往比较注重对教练员的基本专业理论知识的教学，但对专业理论知识的拓展和延伸往往不足，同时，由于培训时间短（约5天时间）、师资水平能力弱，对知识内容的细化和深入程度不足。另外，教练员年龄偏大（40岁以上的教练员群体占教练员总数的60%以上），他们对专业理论知识的学习能力较弱，学习主动性和积极性较差，短时间很难掌握系统教学的专业理论知识。行业内不少教练员连最基本的《机动车驾驶培训教学与考试大纲》的理论知识内容都没有真正掌握，自己测试科目一都无法达到90分。

安全驾驶技能不足。《机动车驾驶员培训管理规定》明确要求，教练员需要具备一定的驾龄和安全驾驶经历，从执行情况看，从事教学的人员的驾龄普遍在3年以上，但安全驾驶经历的要求执行效果不一。在有驾龄要求的条件下，各地也相应弱化了教练员安全驾驶技能的培训和考核。实际上，目前行业内从事驾驶培训教学的人员尽管都能掌握不同道路和环境条件下驾驶要求，但对规范操作车辆完成相应驾驶动作的能力还有待提升，比如驾驶过程中规范完成超车、倒车以及典型危险情景下的防御性驾驶等技能，对驾驶过程中影响安全行车的关键细节和核心动作掌握不牢固，甚至有部分教练员仅能驾车，但对规范操作和防御性驾驶等一知半解。

教学指导能力欠缺。教学指导能力的高低决定了能否培养出安全文明合格的驾驶员。培训机构往往注重理论知识培训，对教学指导能力培训重视程度不足，缺乏相应的培训内容和评判标准，尤其是在教练员语言表达能力、沟通交流能力和教学组织能力方面。致使部分教练员不能言简意赅，不能及时沟通交流并加以指导分析，以及调动学员积极性和控制教学进程等，从而影响教学质量。

风险管控能力需要进一步提高。据不完全统计，近年来，驾驶培训发生了百余起教学安全事故，数百名学员死亡，经济损失严重。主要是由于教练员教学过程中风险识别和管理较差，以及对教学过程中潜在风险的控制能力较弱。

五 发达国家教练员从业资格管理

（一）英国

英国的教练员从业资格必须通过车辆管理局的授权教练员（以下简称：ADI）三个部分的考核，包括理论知识、驾驶技能和教学服务能力的考核。其中，理论知识主要考核道路驾驶、交通信号、交通标志、车辆机械常识、交通法律法规和危险感知等内容；驾驶技能主要考核车辆技术的安全检查、不同道路和环境条件的安全驾驶；教学服务能力主要是考核教练员教学技术、技巧以及教练员教学特性等，采用一对一模拟教学的形式。

英国教练员技能考试非常严格。据考试数据统计，ADI 理论考试的通过率约为 50%，驾驶技能的通过率约为 45%，教学服务能力的通过率仅为 28%，且英国车辆管理局每 4 年进行一次 ADI 标准检查，ADI 标准检查内容涵盖专业理论知识、风险管理、驾驶技能和教学指导等方面。①

（二）德国

德国采用“教练员培训中心 + 驾校”的职业培训模式，类似于我国的职业教育，教练员在培训中心参加法律法规常识、交通行为学、交通教育与心理学、汽车构造常识、节能与环保、教育心理学、驾驶知识等理论培训和实操训练，并通过考试，再到驾校接受培训教练员的授课，通过相应的教学能力考核，方可从事教学。

以小型汽车教练员为例，申请者年龄必须达到 22 周岁，参加过职业培训或具有高中以上学历，持有相应车型的驾驶证，且具有 3 年以上驾龄的要求。满足条件者可报名参加为期 9 个月的教练员职业培训，总共包括 700 个学时。即教练员必须在国家认可的教练员培训中心经过 5 个

① 孟兴凯：《我国教练员管理和素质现状及思考》，https://mp.weixin.qq.com/s/gEAHYe6OuMzEuP28RPk2vQ，2019 年 12 月 23 日。

月的系统培训后，通过驾驶实操和专业知识考试后；再在驾驶培训学校经历4个月的系统培训，理论试教和实操试教考核合格后，方可从事教练员职业。德国教练员培训的教学项目、内容及学时安排见表1。

表1 德国教练员培训的教学项目、内容及学时安排

序号	教学项目	教学内容	学时安排
1	交通行为	包括驾驶员自我行为、驾驶行为、交通规则、驾驶对人和环境的责任等	280
2	法律法规	包括刑法、吊销驾驶执照和禁止驾驶、责任法和保险法等有关驾驶的法律法规	70
3	车辆技术	包括发动机和联动装置、发动机燃料、车辆动力传送、驾驶器械、车身和装备、电动设备和电子设备、挂车技术等内容	90
4	环境保护和节能驾驶	包括道路交通和环境、温室效应、臭氧形成、节省能源驾驶等内容	10
5	规范驾驶	包括改进和完善驾驶方式、驾驶技巧等内容	15
6	交通教育学	包括驾驶过程中学习教学形式和教学过程、教练员和学员的沟通方式、授课方法、授课媒体、教学实践等内容	235

教练员从业后，还需每隔4年参加一次继续教育。继续教育的内容包括新颁布的相关法律法规、新的技术、教学方法等内容，培训一般为期三天，以提升和保持教练员的综合素质。①

（三）美国

根据美国内华达州驾驶培训学校的不同，教练员可以分为培训驾驶员的教练员、交通安全培训的教练员和酒后驾驶培训的教练员（DUI学校）三类。

内华达州的教练员统一由该州的车辆管理局实施管理，实行教练员执

① 孟兴凯：《我国教练员管理和素质现状及思考》，https://mp.weixin.qq.com/s/gEAHYe6OuMzEuP28RPk2vQ，2019年12月23日。

照管理制度。申请人在满足基本条件后，向车辆管理局申请法规、安全驾驶技术实务和机动车辆驾驶操作要求的考试。考试通过后，发放统一的教练员执照。

申请的基本条件包括：具有良好的道德品格；通过内华达州车辆管理局组织的考试；具有良好的身体条件；持有国家颁发的有效驾驶执照；年龄在21岁以上。

申请成为培训驾驶员的教练员除应满足基本条件外，还应当与相应的驾驶培训学校签订雇佣证明，且同时满足以下几点要求。

①持有的驾驶执照应能驾驶其将要指导的培训教学车型，且至少持有该驾驶执照5年以上，在申请前24个月内没有发生超过两次交通规则违法行为，在过去三年内驾驶执照没有被暂停或撤销，且在过去三年内没有涉及酒精或管制物质的定罪；

②具有高中学历或同等学力；

③申请商用车辆驾驶培训的教练员，应当在申请前7年内，积累有不少于5年的商用汽车驾驶经验；

④申请为18周岁以下学生提供驾驶课堂培训教学的教练员，应当在申请前完成至少40学时的该类课程培训；

⑤身体条件良好，能够安全地驾驶车辆，并能安全对他人进行车辆驾驶操作训练。

同时，申请驾驶培训学校教练员执照的人员在申请时，必须向申请的车辆管理局提交一套完整的指纹和一份授权联邦调查局根据其提交指纹查询自身犯罪记录的书面授权书。此外，申请成为驾驶培训学校的教练员，还必须提供申请人的社会安全号码。

通过车辆管理局笔试，或（和）车辆安全驾驶技术实务和机动车辆驾驶操作考试，且各科成绩达到总成绩80%的，在符合其他申请条件的情况下，车辆管理局签发教练员执照，执照有效期为1年。

教练员执照有效期满后，按照原许可条件进行续签。教练员执照续签时，应当向车辆管理局提供其在执照期间，至少修满18个学时的继续教育课程。

该继续教育课程可以是经车辆管理局批准的指导培训驾驶员的课程，或是州乃至全国性认定的继续教育学分会议和课程。[①]

六　从业资格的思考建议

决定驾培市场发展的主要因素是驾校，决定驾校发展的关键是机动车驾驶培训教练员。驾校兴衰的决定因素是人才，驾校的竞争归根到底还是人才的竞争，教练员占驾校人力资源的主体，是驾校的顶梁柱，识别、选拔、任用、考核和激励教练员的能力是驾校的首要任务，驾校的竞争归根到底还是教练员素质与修养的竞争。

在没有从业资格护持的驾培行业，在没有对教练员素质与修养把关的当下，本文特提出如下思考与建议。

（一）行业主管部门可从引导资质等级认定、健全信用管理机制、形成黑名单制度方面入手，想方设法弥补从业资格缺失带来的弊端

（1）引导资质等级认定。取消教练证只是取消教练资格证，并未取消教练职业资格等级证，这是目前能够把控的唯一全国通用的合法的教练资质证件，在驾培领域发挥着越来越重要的作用。

2018 年 11 月 14 日，交通运输部职业资格中心印发《机动车驾驶教练员职业资格制度实施办法》，教练员国家职业资格由低到高依次分为国家职业资格五级（初级工）、四级（中级工）、三级（高级工）、二级（技师）、一级（高级技师）等 5 个等级。

申请参加职业技能鉴定的教练员应具备以下基本条件：①政治合格；②有良好的职业道德和职业操守；③身体健康；④ 3 年内无重大交通安全责任事故；⑤无不良从业记录。

教练员职业技能鉴定分为理论知识考试和技能操作考核。理论知识

① 孟兴凯:《美国内华达州如何对教练员管理?》，https://mp.weixin.qq.com/s/CXLOr_qWr6Os4N2HU4lcHQ，2019 年 10 月 10 日。

考试原则上采用无纸化考试方式，技能操作考核采用实操、答辩等方式。教练员国家职业资格证书实行定期登记制度，自发证之日起每3年登记一次。

教练资格证的取消说明教练从业的准入门槛更高了，建议相关部门出台相关文件，用各种激励措施举措引导教练员获得相应的教练职业资质等级认定。

另外，还可以引导“驾校一点通”平台、“驾考宝典”平台、车轮大数据平台等第三方平台，充分借用市场力量认可，让拥有国家职业资格证书的善于学习的教练员得到尊重，用市场行为倒逼教练员重视学习。

例如，可以在“教练排名”模块中植入拥有证书加分项，使其排名越高，人气越高，曝光越多，或优先展示证书认证过的教练员。

（2）强化事中、事后监管。为持续保障教练员教学与服务质量，强化事中事后监管，江苏、江西等地区行业管理部门主动作为，建立健全教练员信用管理机制体制，完善信用管理手段，对存在收受和索取学员财务、参与驾驶证考试舞弊等严重违法违规行为的教练员，实施教练员黑名单管理制度，健全教练员退出机制，在行业里做出了表率。①

随着“互联互通”及大数据时代的到来，任何人的诚信缺失必将影响限制到个人的相关权利。国办发〔2015〕88号文件指出“建立健全驾驶培训行业诚信体系。健全驾驶培训机构培训质量考核机制，建立健全信用档案和违法违规信息披露制度”。

公交管（2016）50号文件也提出：“要推进驾驶培训行业诚信体系建设，将诚信监管纳入日常工作，开展驾驶培训机构质量信誉考核，建立教练员‘黑名单’制度，考核结果记入信用档案，并向社会公布。要发挥行业协会作用，加强行业自律，进一步加大驾驶培训机构失信成本。”

（3）持续优化教练员培训管理体系。鼓励驾校增加教练员的岗前培训和教育，使新入职的教练员掌握基本的教学技巧、岗位服务和文明施教

① 《清理职业资格　政府放手更要放心》，http://www.mohrss.gov.cn/SYrlzyhshbzb/dongtaixinwen/buneiyaowen/201602/t20160201_232836.htm，2016年2月1日。

等内容，更好胜任教练员岗位工作；鼓励建立教练员岗前培训和继续教育考核体系，完善教练员培训质量监控，驾培行业管理部门应制定细化继续教育培训内容文件，指导驾校开展教练员继续教育；强化教练员的日常监督和管理，对存在重大教学事故、安全事故等情况的教练员及时处理；强化驾校的主体责任，严格组织、监督和考核教练员培训，建立退出机制。

（二）行业协会可从自律机制、团体标准制定入手，想方设法弥补从业资格缺失带来的弊端

（1）建立健全自律机制。教练员从业资格取消后，部分地方行业协会充分发挥协会自律作用，健全教练员管理组织机构、完善教练员考核体系，对协会会员单位的教练员实施统一岗前培训、技能素质考核和过程行为管理，如江苏省、呼和浩特市等地的行业协会针对教练员管理发布相关的考核和管理制度文件。这种方式从制度上较好衔接了教练员从业资格取消的要求，有效填补了教练员管理的真空和漏洞。[①]

例如，江苏省驾驶人培训行业协会（简称驾协）不断完善教练员培训评估工作，改善教练员系统，让教练员评估工作制度流程更标准化、科学化、规范化，通过行业自律加强驾培行业规范，建立健全行业标准和行业制度，制定了《江苏省机动车驾驶培训教练员岗前培训评估规范（试行）》。对从事机动车驾驶人培训的教学人员（含理论教练员、操作教练员、客货运输驾驶员从业资格培训教练员），都应按《江苏省机动车驾驶培训教练员服务证发放办法》要求取得驾校发放的《江苏省机动车驾驶人培训教练员服务证》，实行持证上岗。

江苏省驾协负责全省教练员岗前培训评估点的认定；培训、评估规范的制定；《教练员从业能力评估证明》和《教练员服务证》监制及发放工作的监督协调；教练员继续教育工作的指导服务。

---

① 《清理职业资格　政府放手更要放心》，http://www.mohrss.gov.cn/SYrlzyhshbzb/dongtaixinwen/buneiyaowen/201602/t20160201_232836.htm。

（2）培育发展、讨论制定教练员从业团体标准。建议具备相应能力的学会、协会、商会、联合会等社会组织和产业技术联盟协调驾培市场主体共同制定满足市场和创新需要的标准，供市场自愿选用，增加标准的有效供给。

教练员从业资格团体标准制定实施不仅能够有效指导驾校聘用教练员，同时也为驾校的岗前培训指明方向。教练员从业标准可以对从事和准备从事教练岗位的人员提出基本要求，是根据教练员的职业特征和岗位职责，借鉴国外发达国家教练员管控内容，从职业道德规范、教学、驾驶技能、讲解沟通能力、服务等方面规范从业。

根据《国务院关于印发深化标准化工作改革方案的通知》（国发〔2015〕13号），改革措施中指出，政府主导制定的标准由6类整合精简为4类，分别是强制性国家标准和推荐性国家标准、推荐性行业标准、推荐性地方标准；市场自主制定的标准分为团体标准和企业标准。政府主导制定的标准侧重于保基本，市场自主制定的标准侧重于提高竞争力。

当前，国家在标准管理上对团体标准不设行政许可，由社会组织和产业技术联盟自主制定发布，通过市场竞争优胜劣汰。国务院标准化主管部门会同国务院有关部门制定团体标准发展指导意见和标准化良好行为规范，对团体标准进行必要的规范、引导和监督。在工作推进上，选择市场化程度高、技术创新活跃、产品类标准较多的领域，先行开展团体标准试点工作。支持专利融入团体标准，推动技术进步。

2018年1月1日，新修订的《中华人民共和国标准化法》正式实施，新法赋予团体标准明确的法律地位，团体标准、企业标准作为市场自主制定的标准，与国家标准、行业标准、地方标准等政府主导制定的标准共同构成国家标准体系。新法为开展团体标准化工作提供了重要的法律制度保障。①

制定团体标准应遵照《团体标准管理规定》，这是目前对团体标准管理

① 赵子军:《解码〈团体标准管理规定〉》,《中国标准化》2019年第5期。

的重要规范性文件。①

（3）适时提出将机动车驾驶教练员职业更改为准入类的相关建议，供高层领导参考。由于教练员取消了准入限制，一些驾校出于自身利益考虑，只能采用权宜之计，聘用大批“污点”教练员，且流动性较大，使教练员队伍整体素质严重下降，驾校培训质量和服务质量无法得到保障，训练中的安全风险隐患增大，学员安全意识缺乏。长此以往，上述情况不断发展，必定对我国道路交通安全形势产生较大影响，不利于经济和社会的健康发展。

当然，国务院文件刚刚废除从业资格，恢复的可能性并不大，但业内人士应抱定“知其不可为而为之”的决心，使各方悉知提高全国 90 余万名教练员的整体素质工作的重要意义，对涉及公共安全、人身健康、生命财产安全的教练员特殊工种，应尽量提高准入条件。

（三）驾校应从夯实用人机制入手，想方设法弥补从业资格缺失带来的弊端

按照《国务院办公厅转发公安部、交通运输部关于推进机动车驾驶人培训考试制度改革意见的通知》（国办发〔2015〕88 号）和《公安部、交通运输部关于做好机动车驾驶人培训考试制度改革工作的通知》（公交管〔2016〕50 号）的要求，培训机构是教练员的管理主体，要做好教练员的管理工作。四川、陕西等省份的驾校按要求落实教练员管理，按需聘用教练员，同时强化教练员岗前培训以及教学过程管理，确保教练员技能和素质。具体的，驾校可从以下七个层面入手。

道德关。教练员应有较高的思想境界和道德情操。职业道德优良，才能讲诚信、树清风，在教学过程中，严格按照大纲规范施教，杜绝学时造假、吃拿卡要等违法、违规行为。

聘用关。驾校应当严把教练员聘用的技能和素质关，做好教练员的岗前

① 《〈团体标准管理规定〉正式发布！》，搜狐网，https://www.sohu.com/a/290462082_99999899，2019 年 1 月 21 日。

培训和考核，并按照相应要求进行教练员信息登记，选用驾驶和教学经验丰富、安全文明驾驶素质高的驾驶人担任教练员；不得聘用有交通违法记分满分记录、发生交通死亡责任事故、组织或参与考试舞弊、收受或索取学员财物的人员。

授课关。具备良好的授课能力是教练员文明施教的基础和前提。岗前培训是掌握从事教练员岗位必备的交通安全知识、车辆技术构造、教学讲解、教学心理学等知识的重要手段，应制定内容完善的岗前培训教学大纲，内容应包括交通安全相关法律法规、车辆技术构造、教学心理学、规范化教学、节能驾驶和规范驾驶以及规范服务等，重视培养示范讲解能力、规范化教学能力、语言表达能力、差异化教学能力。

服务关。注重对教练员与学员的沟通能力和服务能力培养，将教练员塑造成为沟通意识强、服务意识好的人员，有效提升驾驶培训质量和服务质量，为驾校的可持续发展培养学员的忠诚度。杜绝骚扰、侮辱、歧视或打骂学员，在无烟区域吸烟或者训练时在车内吸烟，长时间接听电话，使用移动终端玩游戏、网络聊天等不良行为。

安全关。掌握行车条件下的风险识别、预判以及采取相应的防御性驾驶等，在其实施教学时，才能将整个理念和相关知识贯穿于培训教学中。

考核关。驾校应严格对教练员的专业理论知识和驾驶技能进行考核，让教练员真正成为一个知其然且知其所以然的老师，不具备条件的驾校，可以尝试委托给第三方机构和组织实施。

退出关。严格教学活动监督管理，对学员投诉多、培训质量和职业道德差的教练员，严格考核和退出机制。试点开展教练员职业教育，完善教练员继续教育制度，提高教练员队伍素质和教学水平。

（四）可借鉴国外优秀管理模式，想方设法弥补从业资格缺失带来的弊端

（1）明确教练员基本条件要求。2016 年国家取消教练员从业资格认定，

道路运输管理机构不再对教练员的专业理论知识和驾驶能力进行认定和考核，由培训机构统一组织和实施。当前，驾驶培训学校成为我国学车群体接触道路交通安全知识的主要途径，立足于交通安全角度，作为给学员传授交通安全知识的人员，国外发达国家美国（内华达州、纽约、加利福尼亚）、英国、日本和澳大利亚都是由行业管理部门统一对教练员技能和素质进行考核测试的，我国应对教练员的基本条件提出相应的要求，包括教练员年龄要求、驾龄要求、安全驾驶经历要求、违法违规要求、教育经历要求等，并不是所有持有驾驶证的人员都能进行驾驶技能教学或具备驾驶技能教学的能力。

（2）实施教练员继续教育。美国的内华达州教练员执照续签时，教练员需要提供接受过 18 学时培训教育的证明或记录。继续教育是确保教练员保持和不断更新自身知识的重要手段，新法律法规、新修订的标准规范、管理规定和新技术、新设备的应用，需要采用继续教育的手段使教练员掌握这些知识内容。与此同时，确保继续教育实施效果的核心在于课程内容的质量，内华达州采用行业管理部门对课程认可的形式，鉴于此，当前我国可以采用驾驶培训学校把教学计划报备管理部门的形式，或采用第三方机构对课程内容认定的形式。

（3）规范教练员标识管理。内华达州对教练员执照的管理非常严格，注销和吊销、终止合同关系后要交还相应的发放部门，且驾驶培训学校要在显著位置公示教练员的执照。我国新修订机动车驾驶员培训管理规定中提出了教练员标识，教练员标识替代了以前教练员从业资格证的作用，因此驾驶培训学校要规范本校的教练员标识的印制、使用、回收、留存等管理，行业管理部门要做好监督工作。

（五）可从构建教练员职业教育与非职业教育两种模式入手，从系统教育方面弥补从业资格缺失带来的弊端

重构我国教练员的职业教育，对教练员进行系统教育和规范培训。驾校要积极联合相关职业院校或技工学院，借助院校的师资力量、设施设备等优

势平台，采用定向委培形式，以能力为本位、职业为导向，开展教练员的职业教育，建立教练员培养新途径，提升教练员教学和服务水平；对已经从事多年教练员岗位的人员，驾校要充分利用院校的优势平台，采用回炉再造、短期培训的形式进行非职业教育和培训，形成教练员职业教育与非职业教育的培训框架体系。

B.14

驾校双师型教练员的培养与塑造

何晓平　陈祖豪*

摘　要：　教练员队伍建设是驾校工作中的重要环节，关系着驾校的生存与发展。驾校竞争是人的竞争，而教练员则是竞争中的主体力量。如何关心教练员的成长与发展是驾校面临的一个新的课题。本报告分析了双师型教练员产生的背景、双师型教练员的培养、双师型教练员的发展与未来，并结合实际案例，阐述了双师型教练员在驾校经营中发挥的重要作用，为驾校教练队伍建设提供了新思路。

关键词：　教练员队伍　双师型教练员　驾校

目前，驾校的竞争，从拼场地大小、车辆多少以及分校多少，发展到拼有无自己的社会化考场、考场大小以及考场地点远近，再到拼有无营销团队、营销团队人员多少等。竞争不断且激烈又残酷，要想在这样的竞争中立于不败之地，最重要的是提供优质的服务，这才是驾校的核心竞争力。

而提供优质服务的核心是提供优质的教学培训服务，这样才能树立口碑，占有更多市场。驾校教练员是实施服务的主体。中国交通运输协会驾驶培训分会自2019年为配合全国驾培行业的发展开始打造双师型教练员，提出了

*　何晓平，中国交通运输协会驾驶培训分会专家、湖南鸿运驾培玉林驾校执行校长；陈祖豪，中国交通运输协会驾驶培训分会专家、吉林省长春市兴隆驾驶员培训有限公司校长，研究方向为教练员规范化教学、企业文化。

“教练强驾校则强”的培训理念，促使全国驾校双师型教练员队伍全面的建设，给驾校的生存与发展带来了新的思路。

一　双师型教练员产生的背景

随着我国经济社会和交通运输业的发展，机动车驾驶员培训机构应运而生，教练员的责任也在发生着变化。

（一）从历史看教练员职责的变化

新中国成立后第一本驾照诞生在山东省。早期的汽车基本属于政府机构，驾驶员都是全职专业的汽车操纵者，想要成为一名合格的驾驶员需要“师带徒”，并且要经历多年的跟车学习。我国的驾照办理机构于 1958 年设立，后发展成为一个专门机构，要想成为一名合格的驾驶员，必须经过政审、驾驶学习、考核等多项步骤。师傅的主要责任就是教会徒弟，达到能独立驾驶，能完成简单的车辆维护的能力。机动车驾驶教练员是按照《中华人民共和国职业分类大典》及《机动车驾驶教练员国家职业技能标准》设置的一项国家职业技能资格，机动车驾驶教练员这个名称在 2011 年开始正式启用。

教练员最初只承担培训责任，其后又承担驾校营销招生的责任，这些变化使得教练员的职责发生了变化。

（二）从管理看教练员责任

2006 年，中华人民共和国机动车驾驶教练员证推行后，教练员证成为申办驾校的必备条件之一，进一步提升了教练员职业的含金量。

2013 年 1 月 1 日，交通运输部与公安部联合发布《机动车驾驶培训教学与考试大纲》的正式实施。大纲贯穿了素质教育理念，更注重安全文明驾驶意识的培训、实际道路驾驶能力的培养以及职业驾驶人素质的养成，在培训与考试内容上更注重实用性，明确了教练员的责任，重在教学培训，确保教学内容、教学组织与教学管理场地落实。

随着社会化考场普及，各地机动车驾驶员培训机构迅猛发展，市场竞争日益激烈，驾校单靠报名处招生已经不能满足驾校培训与生存的需求。在全员营销的时代，驾校要想占领市场，保证生存与发展，在发挥教练员培训主体作用的同时，还应发挥教练员的其他作用，使其以成为双师型教练员为目标，打造强有力的教练员队伍，实现驾校生存、发展的宏图。

二 双师型教练员的价值

汽车作为现代文明发展的产物，不断改变着人们的工作和生活方式，促进着经济的繁荣和发展。人们驾驶汽车不仅为了谋生，更是为了提高自己的出行效率和生活的便利程度。学车性质的变化，使得人们的具体需求也发生变化。局限于应付考试的教练员不受学员的欢迎，这样的驾校也不受市场认可。

双师型教练员的价值在于以下几点。

（1）教练员成长的需要。25 岁至 45 岁的教练员是驾校教练员队伍中的主体。把培养与塑造双师型教练员作为教练员的成长目标，引导教练员把从事教练员工作当成一份事业，能促成教练员队伍的建设与发展。

（2）驾校提升服务的需要。每个驾校都意识到服务的重要性。为此，驾校经营者天天讲、月月讲，把口号挂在墙上、门上。但对于驾培行业来讲，形式上的服务固然重要，但核心的服务是教学培训，双师型教练员，要求教练员有培训理念，能讲、能示范、能指导，保证学员每课时教学培训的含金量，从本质上提升驾校的服务。

（3）驾校招生的需要。招生是驾校生存根本，如何在市场竞争中保持自己的市场份额，有稳定的生源是驾校面临的问题。有实力的驾校，可设置专职的营销团队，但最有效、最直接、最稳定的营销是全员参与。全员营销中，教练员是主体，教练员接触学员时间长、频次高，相对有优势。如果把每一个教练员都培养成为营销师，那么就相当于建立了一家分校，教练员越多，分校也就越多，营销能力也就越强。

（4）社会的需要。如果驾驶员缺乏安全意识，一个失误就可能导致生命瞬间被夺走，一个幸福美满的家庭就破灭了。

教练员是学员学习驾驶的导师，承担着传播安全驾驶理念的重任，学员在学习驾驶中，其安全意识、驾驶技能和良好的驾驶习惯主要来源于教练员的传授。为了给社会培养更多的合格驾驶员，减少交通事故的发生，需要双师型教练员。

三　双师型教练员的培养

当前，机动车驾驶教练员不仅要有培训能力，还要有拓展资源、招生的能力，只有这样才能够适应驾校经营的需要。教练员强，则驾校强。这是改变驾校经营模式，提升竞争力的根本途径。

（一）重新定位教练员角色

2015 年，中国交通运输协会驾驶培训分会专家委员会就提出了教练员的角色定位。驾培行业教练员的角色定位是：基础教练员应该是负责任的安全员、遵守章程的驾驶员；中级教练员应是在基础教练员之上加上热情的服务员，专业的心理辅导员，优秀的管理员，富有激情的营销员。而双师型教练员则还要充当另一种角色，即学员学车生活的美好记录员，通过视频、照片等方式把学员自报名到拿证的美好瞬间记录下来。

案例 1

河南省周口市华夏驾校张新华教练，在驾校主要负责大车 B2 科目二的教学工作。在驾培行业一干就是 11 个年头，经过长期的培训经验积累，张教练总结出成为一名优秀的双师型教练员需具备的三个条件：第一，安全永远放在第一位；第二，专业的教学培训；第三，良好的服务意识。凭借这三点，张教练一年曾招到 120 名大车学员，并多次被评为优秀员工和获得华夏之星等称号。

他把大车训练的每一项评判标准、扣分规则，都熟记于心。教学时先给学员讲解评判规则，再上车示范分解动作，让学员依次练习，最后给每名学员纠正动作。为了方便学员记忆，他还会把每一项的重点难点编成顺口溜。

（二）确定教练员的成长目标

选择做教练员的人，需求可分为三个层次：高层次需求是为了借助平台，发挥自己专长，追求快乐与成长；中层次需求的是为了有一个平台，获得一份稳定的收入；低层次需求是为了生活需要。作为驾校的管理者应该做好引领教练员的工作，给他们一个成长目标，发挥各自的优势。

确立双师为教练员的成长目标，符合教练员的价值需求，成为讲师型教练员、营销型教练员，能给他们带来成就感，提高工作的收益，从而提升生活品质。

（三）营造教练员成长氛围

环境可以改变人，可以造就人。教练员在驾校工作，如果表现好坏，做多做少得到的反馈都一样，他们就会缺乏激情，缺乏战斗力。

人的价值需求需要得到社会、企业和他人的认可，教练员也一样。美国管理学大师杰克·韦尔奇在自传中总结到：在管理中要打破均衡观念。他认为应该鼓励有能力的员工脱颖而出，优秀的人就应该有不一样的待遇和成长机会。

把成为双师型教练员作为教练员成长目标后，驾校应营造争当双师型教练员的环境，把成为双师型教练员纳入日常的绩效考核，月度、季度和年度评比。同时，在驾校建设中把双师型教练员列为后备干部培养，引导、鼓励他们参与管理，让他们在驾校中获得存在感，促进成长进步。

（1）明确培训师的培养条件和奖励制度。培训师应细化为月度培训师和年度培训师，评比为每月或每年有培训合格率指标，还应包括培训服务过程中有无学员投诉。如果达到了评定条件，颁发荣誉证书，并给予物质奖励。

（2）明确营销师的培训条件和奖励制度。营销师的评比，可根据各驾校市场份额、市场条件，确定每月或每年招生达标的人数或招生金额。如果达到了评定条件，颁发相应荣誉证书，并给予物质奖励。

（3）持续追踪动态。用数据说话，给教练员每天进行排名，定期公示和点评，让教练员熟知标准，并长期坚持执行。

（4）正向引导。表扬优秀的教练员，树立典型，引导更多的教练员参与其中。根据教练的实际情况，在双师型教练员的培养过程中讲究方式方法，因材施教。

案例 2

长春市兴隆驾驶员培训有限公司是长春市的一类驾校。2019 年，驾校重视双师型教练员培养与塑造工作，努力发挥双师型教练员作用，全员营销，在同行业招生普遍下滑 30% 的情况下，兴隆驾校 2019 年招生相比 2018 年增长 27% 以上。

2019 年初，公司董事长刘法富先生提出“快乐工作、健康成长、幸福生活”的经营理念，驾校组织了誓师大会，有 46 人参与了三个营销级别 50 万元、80 万元和 100 万元目标的挑战，激发了双师型教练员成长的欲望。

从 2019 年起，驾校每个月都会进行双师型教练员培训。对月培训合格人数在 20 人以上，合格率达到 80% 以上的教练员，驾校颁发培训冠军荣誉证书。

坚持营销技能培训，促进教练员向营销师转化。

（四）重视培养，协助成长

双师型教练员招聘要因地制宜。在招聘原则上，以内部培养为主，以“空降”为辅，视不同地区情况而定，除了人才市场及网络招聘以外，还可以采取内部奖励“增员”及“共享人才”等补强措施。

驾校经营中往往会出现一个错误倾向，过度重视外聘，否定现有人员成长的潜质。正确的做法是给教练员设立成长目标，进行针对性培训，提升他们的能力，协助成长。

对教练员的培养可以从以下几方面来入手。

（1）教练员思想的培养。教练员向培训师发展，就要具备培训师的理念，有思想、有理论、有方法。有思想就是要有社会安全法治意识，交通法规观念强，能指导并培养学员养成文明驾驶的习惯；有理论就是教练员有一定的汽车专业知识，善于解答问题，能形成良好的教与学的关系；有方法就是针对不同的人，对不同的需求能快速、准确、有效地满足。

（2）教练员培训能力的培养。引导教练员向培训师发展，首先教练员在熟悉本专业培训的基础上，提升讲解能力。学员培训遵循的规律本身就是讲解—示范—讲解的过程，能讲是第一位的。驾校可根据总结的《教练员四步讲解法》，结合每一培训科目，组织教练员从自我介绍开始练习。其次，提升教学的计划组织能力。培训师技能的重点是培训内容专业、严谨、授课重点突出、效果明显。驾校应让教练员制定教案，并进行模拟、评点和完善。

（3）教练员营销能力的培养。第一，引导教练员转变观念，教练员不仅要做好学员培训，还要有招生的意识；第二，定好目标，激起教练员招生创收的动力；第三，进行营销技能与方法的培训；第四，指导应用，掌握微信、抖音、短视频等营销方法；第五，坚持跟踪和总结评点。

案例 3

传统的关系营销是教练员亲朋好友的亲情报名，起初招生数量还可以，后期资源就相对匮乏。优秀的双师型教练员，通过短时间与学员们建立起来的信任，能够把学员发展成“粉丝级”招生人员。

湖南长沙玉林驾校的吴志海教练，家到驾校的距离开车要一小时，他带的学员特别多，朝五晚十，晚上十一点下班是常事。他几乎没有外出招新的时间，但在2019年，他招生数量超过400名，居驾校招生榜前列。数据显示，他招新的学员大部分来自老学员的介绍。

吴志海介绍，他所培训的学员会发动身边想学车的、有意向学车的朋友来帮他招生，还有几个铁粉学员一直在驾校报名站点帮忙。

（五）改善薪酬体制和激励措施

教练员是可培养和塑造的，及格率差、招生任务不能完成，绩效考核不合格有其本身的原因，但也与管理者和管理制度有一定关系。

很多传统驾校的薪酬体制相对固化，激励措施少甚至没有。因此，驾校要适当调整薪酬制度，考虑团队激励政策，把全校员工变成不同的战斗小组，以小组为单位来进行考核，设立团队排名奖、阶段荣誉奖、目标任务奖等。

四　双师型教练员的发展途径

新冠肺炎疫情正在改变着人们的生活，在疫情之下各行各业都在自救，驾校也一样。很多教练员借助网络线上招生，缓解了驾校资金困难的状况，特别是双师型教练员在招生中发挥了他们的优势。

事实证明，加强双师型教练员的培养与塑造，正是驾校教练员队伍建设的目标，是教练员自我成长的目标，也是驾校经营的目标之一。未来，双师型教练员将发挥更大的示范作用。

（一）提高双师型教练员占比

教练员是有差异的，有的教练员善于培训，转变成培训师型教练相对容易，有的教练员沟通能力强，招生意识强，转化成营销型教练员相对容易。驾校管理者应给他们一定时间，先实现单向目标转化，再鼓励教练员向双师型教练员发展，努力提高双师型教练员的占比。

在双师型教练员的带动下，驾校除一线教练员以外，都要争做学员学习理论与流程的培训师，提升服务品质，提升驾校竞争力。

（二）服务、招生、培训相互促进

双师型教练员核心能力是培训和招生。在驾校，培训能力好，如果有营销意识，招生业绩自然就优秀。服务、招生、培训是相互促进的关系，不是对立的。

营销招生进来的生源，如果做好了培训与服务工作，就能扩大营销的战果。服务是培训与营销的纽带，驾校要引导双师型教练员增强服务意识，避免出现“招而不管”的现象。

（三）双师型教练员的考核

双师型教练员在成长过程中，主要有两个评判标准：一是培训能力，二是招生能力。在这个过程中，不断提高双师型教练员的含金量。无论培训师、营销师还是双师型教练员，都要具备规划能力，不仅指导学员学习了解不同的车型各自的特点，还要在学员学习驾驶过程中给予帮助。学员拿证后购车，教练员也可以提供指导，帮助学员进行车辆养护，成为学员的良师益友。

五　总结

当下很多驾校出现了教练员年龄结构偏老龄化的情况，这有可能成为驾校推广双师型教练员的阻力，也是驾校改革中亟待解决的问题。

双师型教练团队的培养与塑造，不能一概而论，也不能照本宣科执行，一定要因地制宜，对本校的实际情况进行细致的剖析。是改变经营模式还是调整需要管理者审时度势，每所驾校的员工基本情况不一样，当地的市场环境也不尽相同，这就要求驾校管理者视当地的情况和教练员队伍现状而分步骤、有条理的来推进改革，既不要急于求成，也不要轻言放弃，努力坚持一定会有所收获。

皮 书

智库报告的主要形式
同一主题智库报告的聚合

皮书定义

皮书是对中国与世界发展状况和热点问题进行年度监测，以专业的角度、专家的视野和实证研究方法，针对某一领域或区域现状与发展态势展开分析和预测，具备前沿性、原创性、实证性、连续性、时效性等特点的公开出版物，由一系列权威研究报告组成。

皮书作者

皮书系列报告作者以国内外一流研究机构、知名高校等重点智库的研究人员为主，多为相关领域一流专家学者，他们的观点代表了当下学界对中国与世界的现实和未来最高水平的解读与分析。截至 2020 年，皮书研创机构有近千家，报告作者累计超过 7 万人。

皮书荣誉

皮书系列已成为社会科学文献出版社的著名图书品牌和中国社会科学院的知名学术品牌。2016 年皮书系列正式列入“十三五”国家重点出版规划项目；2013~2020 年，重点皮书列入中国社会科学院承担的国家哲学社会科学创新工程项目。

中国皮书网

（网址：www.pishu.cn）

发布皮书研创资讯，传播皮书精彩内容
引领皮书出版潮流，打造皮书服务平台

栏目设置

◆ **关于皮书**
何谓皮书、皮书分类、皮书大事记、
皮书荣誉、皮书出版第一人、皮书编辑部

◆ **最新资讯**
通知公告、新闻动态、媒体聚焦、
网站专题、视频直播、下载专区

◆ **皮书研创**
皮书规范、皮书选题、皮书出版、
皮书研究、研创团队

◆ **皮书评奖评价**
指标体系、皮书评价、皮书评奖

◆ **互动专区**
皮书说、社科数托邦、皮书微博、留言板

所获荣誉

◆ 2008 年、2011 年、2014 年，中国皮书网均在全国新闻出版业网站荣誉评选中获得“最具商业价值网站”称号；

◆ 2012 年，获得“出版业网站百强”称号。

网库合一

2014年，中国皮书网与皮书数据库端口合一，实现资源共享。

S 基本子库
UB DATABASE

中国社会发展数据库（下设 12 个子库）

整合国内外中国社会发展研究成果，汇聚独家统计数据、深度分析报告，涉及社会、人口、政治、教育、法律等 12 个领域，为了解中国社会发展动态、跟踪社会核心热点、分析社会发展趋势提供一站式资源搜索和数据服务。

中国经济发展数据库（下设 12 个子库）

围绕国内外中国经济发展主题研究报告、学术资讯、基础数据等资料构建，内容涵盖宏观经济、农业经济、工业经济、产业经济等 12 个重点经济领域，为实时掌控经济运行态势、把握经济发展规律、洞察经济形势、进行经济决策提供参考和依据。

中国行业发展数据库（下设 17 个子库）

以中国国民经济行业分类为依据，覆盖金融业、旅游、医疗卫生、交通运输、能源矿产等 100 多个行业，跟踪分析国民经济相关行业市场运行状况和政策导向，汇集行业发展前沿资讯，为投资、从业及各种经济决策提供理论基础和实践指导。

中国区域发展数据库（下设 6 个子库）

对中国特定区域内的经济、社会、文化等领域现状与发展情况进行深度分析和预测，研究层级至县及县以下行政区，涉及地区、区域经济体、城市、农村等不同维度，为地方经济社会宏观态势研究、发展经验研究、案例分析提供数据服务。

中国文化传媒数据库（下设 18 个子库）

汇聚文化传媒领域专家观点、热点资讯，梳理国内外中国文化发展相关学术研究成果、一手统计数据，涵盖文化产业、新闻传播、电影娱乐、文学艺术、群众文化等 18 个重点研究领域。为文化传媒研究提供相关数据、研究报告和综合分析服务。

世界经济与国际关系数据库（下设 6 个子库）

立足“皮书系列”世界经济、国际关系相关学术资源，整合世界经济、国际政治、世界文化与科技、全球性问题、国际组织与国际法、区域研究 6 大领域研究成果，为世界经济与国际关系研究提供全方位数据分析，为决策和形势研判提供参考。

法律声明

“皮书系列”（含蓝皮书、绿皮书、黄皮书）之品牌由社会科学文献出版社最早使用并持续至今，现已被中国图书市场所熟知。“皮书系列”的相关商标已在中华人民共和国国家工商行政管理总局商标局注册，如LOGO（ ）、皮书、Pishu、经济蓝皮书、社会蓝皮书等。“皮书系列”图书的注册商标专用权及封面设计、版式设计的著作权均为社会科学文献出版社所有。未经社会科学文献出版社书面授权许可，任何使用与“皮书系列”图书注册商标、封面设计、版式设计相同或者近似的文字、图形或其组合的行为均系侵权行为。

经作者授权，本书的专有出版权及信息网络传播权等为社会科学文献出版社享有。未经社会科学文献出版社书面授权许可，任何就本书内容的复制、发行或以数字形式进行网络传播的行为均系侵权行为。

社会科学文献出版社将通过法律途径追究上述侵权行为的法律责任，维护自身合法权益。

欢迎社会各界人士对侵犯社会科学文献出版社上述权利的侵权行为进行举报。电话：010-59367121，电子邮箱：fawubu@ssap.cn。

社会科学文献出版社